Zorro Vela

Norbert Zähringer, 1967 in Stuttgart geboren, wuchs in Wiesbaden auf. 2001 erschien sein Romandebüt »So«, das gefeiert wurde als »eines der komischsten, schrägsten und absurdesten Debüts der letzten Jahre« (Süddeutsche Zeitung). Seither veröffentlichte er weitere Romane für Erwachsene. »Zorro Vela« ist sein Debüt als Kinderbuchautor.
Norbert Zähringer lebt mit seiner Familie in Berlin.

Mehr über unsere Bücher, Autoren und Illustratoren auf:
www.thienemann-esslinger.de

NORBERT ZÄHRINGER

ZORRO VELA

EIN MÄRCHEN AUS DEM KALTEN KRIEG

THIENEMANN

Für meine Kinder

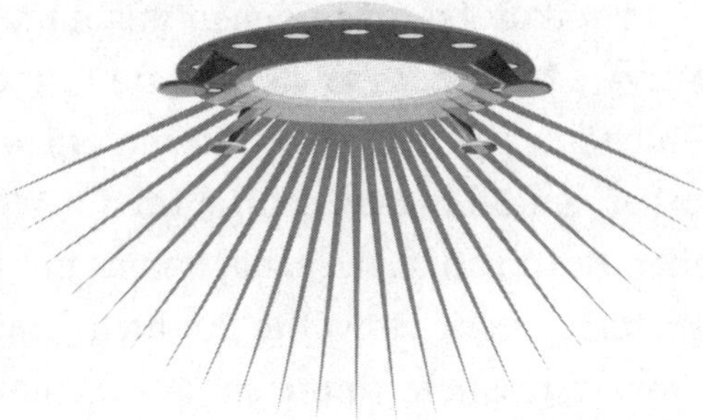

1. KAPITEL:

DER RABE

Der dicke Junge jenseits der Fensterscheibe lag in seinem Bett auf dem Bauch, bis zum Hals in seine Decke gehüllt. In der Hand hielt er eine Taschenlampe und leuchtete damit auf das Comic-Heft, das vor ihm lag. Er hatte eine Brille auf, mit dicken, schweren Gläsern, er musste ziemlich kurzsichtig sein. Er hieß René Reinhardt, und einmal mehr fragte ich mich, wie ihm seine Eltern so einen Namen geben konnten und wie dieser halbblinde Kerl mir helfen sollte. Aber – wie die Maschinisten sagen würden – er war Teil des Plans. Warum sich also Gedanken machen?

René, der Junge auf dem Bett, hatte meine Landung auf dem Fensterbrett vor seinem Zimmer nicht bemerkt, so vertieft war er in seinen Comic. Seine Lippen bewegten sich lautlos, während er las, und seine Hand zitterte ein wenig, wenn er die Seiten umblätterte. Fehlte nur noch, dass seine Brillengläser beschlugen.

Okay, sagte ich mir, also los. Wird Zeit, dass ich's hinter mich bringe. Diese Kontaktaufnahmen gehen mir immer am meisten auf die Nerven. Man muss so viel erklären. Meistens zweimal. Hinter mir fegten gerade zwei Wolken am winterlichen Vollmond vorbei, ein Steinkauz schrie: Uh-hu! Wie in einem dieser irdischen Horrorfilme. Ich scharrte mit meinen Krallen etwas am Fensterrahmen, ich wollte ihn nicht gleich erschrecken. Keine Reaktion. Leicht tippte ich mit meinem Schnabel auf das Glas, aber René nahm seinen Blick nicht von seinem Comic-Heft. Also gut, dachte ich, du hast es nicht anders gewollt. Ich klopfte ein paarmal mit meinem Schnabel gegen die Fensterscheibe, und da – endlich – bequemte er sich, seine Nase aus dem Comic zu nehmen, den Kopf zu drehen und durch sein Nasenaquarium Richtung Fenster zu glotzen.

Dabei blieb es dann zunächst einmal. Er schaute einfach zum Fenster, nahm die Brille ab, kniff die Augen zusammen, betrachtete seine Brille, setzte sie dann wieder auf. Der Schein seiner Taschenlampe ruhte weiter auf dem Heftchen vor ihm. Ich tippelte erwartungsfroh von einem Bein aufs andere. ›Hier!‹, hätte ich ihm am liebsten zugerufen, ›leuchte hierher!‹ René schüttelte nur den Kopf. Hatte er mich nicht gesehen? Jedenfalls wandte er sich wieder seinem Heft zu.

Langsam reichte es mir. Ich hämmerte mit meinem schwarzen Schnabel gegen das Fenster, so stark ich konnte, ohne das Glas zu zerbrechen. René hielt inne, drehte sich wieder zu mir um, und jetzt leuchtete er mit seiner Funzel zu mir. Er rieb sich die Augen, kroch unter der Decke hervor, stand auf und wollte gerade losgehen, da drehte er sich noch einmal um und schob den Comic unter die Bettdecke. Dann kam er zum Fenster.

Durch die Scheibe betrachtete er mich, und ich betrachtete ihn. Er klopfte gegen das Glas und rief leise: »Huh!«; und als ich nicht wegflog, machte ihn das, wie zu erwarten war, neugierig.

Ich muss betonen, dass bis dahin alles normal, ja, ich möchte sagen, nahezu perfekt lief. Alles gemäß den galaktischen Vorschriften für eine erste Kontaktaufnahme. Wie gesagt, ich flog nicht weg. Er war neugierig geworden. Er öffnete das Fenster.

»Nanu?«, fragte er. »Wer bist du denn?«

Gut, okay, ich gebe es zu, da hab ich es vermasselt. Ich weiß auch nicht, warum. Manchmal, also manchmal, da weiß ich nicht, was mit mir los ist. Es ist so, als ob ich es dann einfach vermasseln muss – vielleicht, weil ich es vermasseln will. Außerdem – das sei zu meiner Entschuldigung gesagt –, die Frage »Wer bist du denn?« sollte man einem Onari einfach nicht stellen. Also jedenfalls, in dem Moment, als sich dieser René da zu mir vorbeugte, und so ganz süßlich fragte »Nanu, wer bist du denn?«, da ging er mir dermaßen auf die Nerven, dass ... nun ja, dass ich nicht anders konnte, als ihm – zu antworten.

»Mein Name ist Zorro Vela«, sagte ich mit leicht krächzender Stimme, »ich bin nicht, was du denkst, dass ich bin, ich bin ein Onari und komme vom Planeten Oneiros im Sternbild ›Segel des Schiffes‹, ungefähr zweihundert Lichtjahre von hier; die Maschinisten haben mich geschickt, damit ich zusammen mit dir die Erde vor ein paar ziemlich üblen Außerirdischen rette.«

Sein Mund öffnete sich, die Taschenlampe in seiner Hand zitterte, (weil seine Hand zitterte) und – er fing an zu schreien. Er brüllte einfach los. Damit hatte ich nicht gerechnet. Er schrie das ganze Haus zusammen. Ich überlegte, wie ich ihn beruhigen könnte. Aber es war bereits zu spät. Ich hörte Schritte, die sich auf dem Flur vor seinem Zimmer näherten. Ich flog auf und suchte mir auf dem Baum vor Renés Fenster einen sicheren Ast, der mir eine halbwegs gute Aussicht bot.

Die Zimmertür öffnete sich, und eine Frau kam herein – Renés Mutter. René stand immer noch vor dem Fenster. Als seine Mutter ihn in die Arme nahm, ging sein Gebrüll in ein herzzerreißendes Schluchzen über.

»Ist ja gut, mein Schatz«, beruhigte ihn seine Mutter, »was ist denn los?«

»Er hat mit mir gesprochen!« René deutete zum Fenster.

»Wer?«

»Der Rabe!«

»Das hast du nur geträumt«, sagte Renés Mutter, »es gibt keine sprechenden Raben, geh wieder ins Bett.«

René ließ die Schultern hängen, starrte zum offenen Fenster, das seine Mutter nun schloss. Nur noch gedämpft konnte ich ihre Stimmen hören.

»Er hat gesagt, er kommt vom Planeten Oneiros«, sagte René, und seine Mutter sagte: »Ist ja gut.«

»Zweihundert Lichtjahre entfernt.«

Sie runzelte die Stirn (obwohl zweihundert Lichtjahre ja überhaupt keine Entfernung sind), und noch bevor René das Bett erreicht hatte, zog sie die Decke zurück – und hielt das Comic-Heft in der Hand. Es zeigte einen maskierten Mann in einem eng anliegenden grün-schwarzen Superheldenanzug, der an einer Hand einen Ring trug, aus dem grelle Blitze gegen ein lilafarbenes, vielarmiges Monster schossen.

»Was ist das?«, fragte sie – eine typisch menschliche Eigenart übrigens, Fragen zu stellen, deren Antwort sie schon längst kennen.

René bekam keine Zeit zu antworten. Stattdessen kassierte er eine schallende Ohrfeige. Dann kassierte seine Mutter das Comic-Heft und die Taschenlampe und verließ wutschnaubend das Zimmer, und dann war da nichts mehr, außer der Dunkelheit und Renés leisem Schluchzen in ihr.

Wie gesagt, ich hatte es gründlich vermasselt.

Andererseits: Ich war nicht unglücklich darüber. Insgeheim hoffte ich, Morpheus, der Maschinist, der mich mit dieser Mission betraut hatte, mochte meine Unfähigkeit, was die Rettung der Erde anging, endlich einsehen. Soll doch jemand anderes sich um diesen mickrigen Planeten kümmern! Warum ich?

Weil du Teil des Plans bist, würde Morpheus antworten. Vom »Plan« erzählen alle Maschinisten gerne. Davon, dass es ihn gibt, und dass wir ein Teil davon sind. Aber woraus dieser Plan eigentlich besteht, worauf er hinausläuft, was das Ziel ist, darüber sprechen sie nie. Ich finde, das ist dann genauso gut wie gar kein Plan, oder?

Ich flog von dem Ast auf, gewann schnell an Höhe und kreiste noch ein paar Minuten über dem Haus, in dem René, seine Mutter und sein Vater, der gefürchtete DDR-Grenztruppenkommandeur Oberst Reinhardt, genannt Oberst Brillo, unweit des über drei Meter hohen Metallgitterzauns, der Deutschland in zwei Hälften teilte, im ersten Monat des Jahres 1989 irdischer Zeitrechnung, lebten.

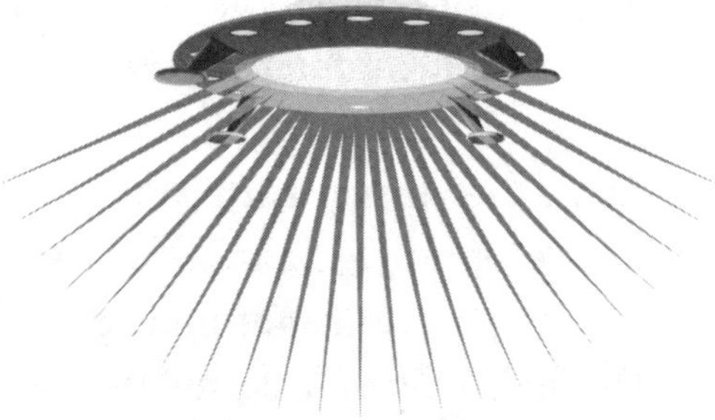

2. KAPITEL:

DIE SUCHE

Ich kann mich verwandeln. Ich kann mich in alles verwandeln, was lebt. Natürlich gibt es Grenzen, was die Größe angeht. Aber zwischen einer irdischen Laus und einem eurer Blauwale ist alles möglich.

Ich heiße Zorro Vela. Ich bin ein Onari und komme vom Planeten Oneiros, den ihr im Sternbild »Segel des Schiffes« finden könntet – wenn ihr Menschen bereits eine Zivilisation der Klasse 2 wärt, über die entsprechenden Raumschiffe verfügen und dort danach suchen würdet. Aber erstens seid ihr Menschen noch keine Klasse-2-Zivilisation, und zweitens sieht Oneiros nicht besonders einladend aus. Ich bin mir ziemlich sicher, ihr würdet die Nase rümpfen und einfach an ihm vorbeifliegen. Mein Planet ist nämlich beinahe vollständig von einem grünen, stinkigen Ozean bedeckt, den wir Onari die Frühsuppe nennen. Aus dieser trüben Tunke kommen wir, dieser Ozean gebiert uns: schleimige, formlose Klumpen, die aber nach und nach lernen, sich in alles zu verwandeln, was sie wollen. Ich werde es kurz machen und euch jetzt nicht mit irgendwelchen Kleinkindgeschichten langweilen: Irgendwann, wenn wir groß genug sind, wenn wir das Verwandeln zur Genüge geübt haben, begibt sich jeder von uns auf eine große Reise durch die Galaxie.

Das war nicht immer so. Genau genommen verbrachten die Onari Jahrtausende damit, sich in die wenigen Lebensformen zu verwandeln, die ihr Planet so bot. Es gibt beispielsweise eine Gattung von vierbeinigen Amphibien, die in etwa aussehen wie eure Tische, aber behaart sind. In unserem Ozean schwimmen Mollusken, die gelben Tintenfischen ähneln. Auf den wenigen Inseln krabbeln große grüne Käfer mit drei Augen und einem rüsselähnlichen Fühler. Das war's dann aber auch schon fast. Tisch, Tintenfisch oder Käfer – viel mehr kannten wir nicht, und in viel mehr konnten wir uns folglich auch nicht verwandeln.

Die Verwandlung hat zudem einen großen Haken: Je älter wir werden, desto kürzer wird die Zeit, die wir in einer Gestalt verharren können. Wenn ein Onari nämlich zu lange an seiner angenommenen Gestalt festhält, wenn er vergisst, sich vom fremden Selbst rechtzeitig zu lösen – dann kann er sich nicht mehr zurückverwandeln. Dann bleibt er, was er gerade ist, für den Rest seines Lebens, bleibt behaarter Tisch, Tintenfisch oder Käfer, wobei Letzteres als besonderes Unglück gilt, da die Käfer regelmäßig von den behaarten Tischen gefressen werden.

All das änderte sich mit dem Auftauchen der Maschinisten. Eines trüben Morgens schwebte eines ihrer riesigen Schiffe über unserer stinkigen Brühe.

Es war nicht das erste Raumschiff, das unseren Planeten besuchte. Doch alle anderen hatten sich wenig für uns interessiert, ja die meisten wussten nach ihrem Besuch noch nicht einmal, dass es uns überhaupt gab – sie hatten nur die behaarten Tische, die Tintenfische und die Käfer gesehen.

Die Maschinisten, davon bin ich überzeugt, wussten bei ihrem Eintreffen ganz genau, wonach sie suchten. Und als sie uns gefunden hatten, kamen sie ohne Umschweife zur Sache.

Die Raumschiffe der Maschinisten sind, wie gesagt, sehr, sehr groß. Die Maschinisten selbst aber sind recht klein. Tatsächlich reichen sie einem von euch Menschenkindern gerade mal bis zur Hüfte, würde ich schätzen.

Der Hauptteil eines Maschinisten ist eine Art Zylinder, ein metallenes Fass, das auf drei mit Rädchen ausgestatteten Beinchen munter durch die Gegend rollt. Aus dem Metallzylinder, den ich jetzt mal der Einfachheit halber »Körper« nenne, kommen bei Bedarf zwei unterschiedlich lange Teleskoparme herausgeschossen, und zwar immer dann, wenn die Maschinisten etwas untersuchen, greifen und mitnehmen wollen. Ansonsten sind die Arme in dem Torso verborgen, hinter einer Klappe oder so was. Oben kommt dann noch so ein kurzer Staubsaugerschlauch heraus, auf dem die »Augen« sitzen. Dieser Teil erinnert an euer irdisches Fernglas. Allerdings sind die Augen nicht genau gleich. Ein rundes »Auge« ist größer als das andere und hat in seinem äußeren Ring eine Lampe eingebaut, die so hell ist, dass man mit ihr bequem eines eurer Fußballstadien ausleuchten könnte. Das andere, etwas kleinere Auge glimmt rot, wobei sich Helligkeit und die Art der Röte ändern können, wenn man mit einem Maschinisten spricht. Viele halten diese Farbwechsel für Gefühlsregungen der Maschinisten, doch ich glaube nicht daran. Die Maschinisten haben keine Gefühle.

Womit wir bei ihrer seltsamen Seltsamkeit wären.

Der Onari, der als Erster einem Maschinisten gegenüberstand – oder sagen wir mal, gegenüberlag, denn habt ihr schon mal von einer stehenden Pfütze gehört? –, hieß (in eure menschlichen Laute übertragen) Zafflak Vela. Zafflak war das, was man nicht nur bei euch, sondern überall im Universum einen Angeber nennt. Er war sogar ein ziemlich großer Angeber. Kaum hatte er den Maschinisten die Rampe des Raumschiffes herunterrollen sehen, hatte er seinen halbstarken Altersgenossen, die wie jeden Morgen verschlafen und gelangweilt als große, im Licht der zwei Sonnen violett schimmernde Fettaugen unweit der Sandbank, über der das Maschinisten-Raumschiff schwebte, in der Ursuppe trieben, zugerufen: Sprakotz! Was so viel heißt wie: »Showtime!«

Glucksend und prustend war er aus der Tunke aufgetaucht und hatte versucht, dem unwiderstehlichen Nachahmungstrieb der Onari folgend, sich in den kleinen, brummenden Besucher zu verwandeln. Nur – es ging nicht. Was bei Zafflaks Versuchen herauskam, war so eine Art Staubsauger aus Wackelpudding. Immer wieder verlor Zafflak die Form, kaum sah er dem Maschinisten halbwegs ähnlich, zerfloss er auch schon zu grünem, stinkigem Glibber.

»Was soll das? Wer seid ihr?«, blubberte Zafflak verwirrt.

Der Maschinist richtete surrend seine Glubscher auf die Zafflak-Pfütze. »Wir sind viele.«

»Da sind noch mehr von euch drin?« Zafflak gab ängstliche Rülpslaute von sich.

»Nein.«

»Gerade hast du aber was anderes behauptet!«

»Ich bin einer von vielen«, sagte der Maschinist, mit einer seltsam tonlosen, unbeteiligten Stimme.

»B-bist du«, stammelte Zafflak, »lebendig?«

»Was ist lebendig?«, fragte der Maschinist, und sein eines Auge glimmte feuerrot. »Was ist tot?«

»Na ich bin zum Beispiel ziemlich lebendig«, gluckerte Zafflak und ließ eine Stinkwolke ab.

»Du bist Teil des Plans«, sagte der Maschinist. Zafflaks Stinkerei schien ihn wenig beeindruckt zu haben.

»Ich weiß von keinem Plan.«

»Das wissen wir.«

»Und vor allem weiß ich von keinem Plan, der mit mir irgendwas zu tun hat.«

»Ihr seid alle Teil des Plans.«

»Oh, habt ihr gehört? Wir sind alle Teil des Plans! Na, wenn das so ist ... Und wie geht der jetzt weiter, euer schöner Plan? Wollt ihr unseren Planeten erobern? Uns auskochen? (Damit meinte Zafflak »ausrotten«) Versklaven? Oder was? Widerstand ist zwecklos? Pass mal auf du, du Blecheimer, wir sind –!«

»Wir wissen, wer ihr seid«, surrte der Maschinist ruhig. »Wir brauchen eure Hilfe.«

»Unsere Hilfe, so, so ... Spraaks (etwa: »Jungs«)! Habt ihr gehört? Die oder vielmehr der eine hier will, dass wir ihm helfen!« Zafflak hatte wieder etwas Oberwasser – soweit man das von einem in der Ursuppe treibenden Onari behaupten kann. »Und was können wir – mhm – uns als Gegenleistung erhoffen? Komm mir jetzt bitte nicht mit so einer ›Dabeisein ist alles‹-Scheiße, ja?«

Der Maschinist richtete seine Augen zum Himmel, dann sagte er mit der gleichen unbeteiligten Stimme, mit der er die ganze Zeit gesprochen hatte: »Eine ganze Galaxie. Millionen Lebensformen. Millionen Möglichkeiten der Verwandlung.«

Kaum hatte er das gesagt, hob ein allgemeines Geblubber und Gestinke in der Ursuppe an. Aber Zafflak gab sich noch nicht geschlagen. Er wollte wenigstens sein Gesicht (falls man bei einem Fettauge davon sprechen kann) gegenüber seinen Freunden waren. Darum fragte er höhnisch: »Nun, Großer Einer-von-vielen, jetzt mal angenommen, jetzt wirklich nur mal angenommen, ich hätte gerade keine Lust dazu? Nur mal angenommen – ich sage: Nein?«

Der Maschinist richtete seine komischen Augen auf Zafflak, der gerade die Form eines behaarten Tisches angenommen hatte, vielleicht um irgendwie bedrohlich zu wirken. Zafflaks Spraaks wichen ängstlich zurück. Das eine Auge des Maschinisten leuchtete orange. »Du wirst aber nicht Nein sagen.«

Tat er dann auch nicht. Keiner tat das. Ich glaube, nicht einer meiner Vorfahren, von Zafflak mal abgesehen, hat danach auch nur einen Moment gezögert oder nachgefragt, worin der Plan der Maschinisten eigentlich bestand. Man muss wissen, dass der Drang zur Verwandlung in allen Onari ziemlich groß ist und erst mit zunehmendem Alter langsam abnimmt. Die

Aussicht, sich in Millionen von Lebensformen zu verwandeln, nicht als Tisch, Tintenfisch oder Käfer zu enden, war einfach zu verlockend.

Genauso wenig störten sich die Onari an der sehr seltsamen Seltsamkeit. Dass wir uns nämlich nicht in einen Maschinisten verwandeln können, hat einen einfachen Grund: Sie sind Maschinen, Roboter, künstliche Lebensformen, die eine unbekannte Macht vor vielen Tausenden von Jahren geschaffen hat.

Wir Onari willigten also ein und wurden zu den fähigsten Helfern der Maschinisten, den eifrigsten Erfüllern des Plans.

Es ist nicht immer einfach. Nicht, weil uns dieser Plan im Geringsten jucken würde. Auch nicht, weil es Maschinen sind, denen wir bei etwas helfen, das wir nicht verstehen. Das eigentliche Problem sind die vielen Möglichkeiten. Tisch, Tintenfisch oder Käfer, das waren die Möglichkeiten bis zum Auftauchen der Maschinisten. Aber jetzt? Es gibt Trilliarden von Lebensformen, und auch wenn die meisten davon für eine Verwandlung nicht wirklich attraktiv sind (glaubt mir, es gibt eine Menge hässlicher Käfer in der Milchstraße), bleiben immer noch genügend übrig, zwischen denen sich ein Onari, wenn der Tag kommt, entscheiden muss. Wisst ihr, wie die fieseste Frage lautet, die ihr einem jungen Onari stellen könnt? Sie lautet: Na, mein Kleiner, was willst du denn mal werden, wenn du groß bist?

Weil wir das nicht wissen, helfen wir den Maschinisten, weil wir das nicht wissen, begibt sich jeder Onari, wenn er groß genug ist, wenn er das Verwandeln zur Genüge geübt hat, auf eine große Reise durch die Galaxie, begibt sich auf die Suche nach der letzten Gestalt.

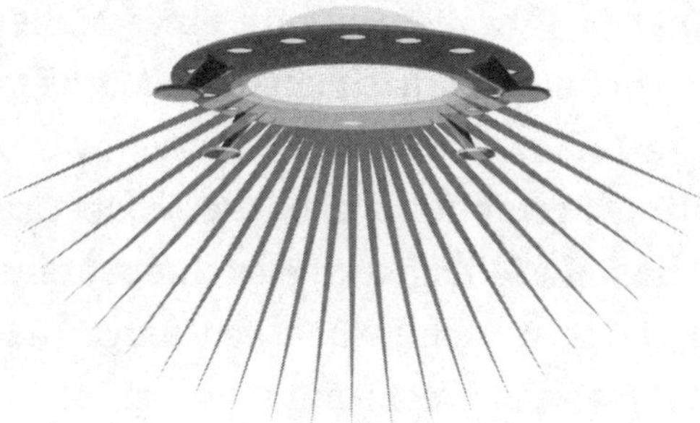

3. KAPITEL:

DER VORHANG

In meiner Rabengestalt flog ich über das Haus der Reinhardts, immer höher flog ich, bis ich nicht nur das Haus sah, sondern das Dorf, zu dem das Haus gehörte, und noch höher, sodass ich schließlich die Grenze überblicken konnte.

Diese Grenze, die das Land (das ihr Deutschland nennt) in eine linke und eine rechte Hälfte, oder, euren irdischen Himmelrichtungen folgend, in Osten und Westen teilte, war ein seltsames Ding, dessen Sinn und Zweck ich in jenem Moment, im Januar des Jahre 1989 (irdischer Zeitrechnung), da ich sie das erste Mal sah, immer noch nicht recht verstand. Sie wurde »der Eiserne Vorhang« genannt, aber da war natürlich nirgendwo ein Vorhang. Im Wesentlichen bestand die Grenze nicht aus einem, sondern aus mehreren hintereinander aufgestellten hohen Zäunen, zwischen denen ein Streifen Brachland und eine Straße verliefen. Das Ganze wurde jetzt, da es Nacht war, von einer langen Reihe Scheinwerfer beleuchtet.

Dieser leuchtende Pfad lief entlang einer Mauer durch das in eine West- und eine Osthälfte geteilte Marksdorf, das jetzt aber in beiden Teilen nahezu völlig dunkel war. Wahrscheinlich schliefen die Bewohner, egal ob West- oder Ostdörfler, allesamt. Hinter dem Dorf kroch die beleuchtete Grenze durch das Tal und den Wald und schließlich den Berg hinauf, was von oben – ich gebe es zu – recht hübsch anzusehen war. Wachtürme standen in regelmäßigen Abständen auf dem Grenzland, und oben auf dem Berg verschwand der Leuchtstreifen kurz hinter den Resten eines viel älteren Bauwerks, das ihr Erdlinge »Burg« nennt. Die Grenze hörte hinter der Burg nicht einfach auf, sondern führte wieder den Berg hinab, weiter durch dunkle Wälder und die Mitte eines großen Flusses bis ans Meer. Das Meer konnte ich natürlich nicht sehen. Aber ich wusste, dass oben im Norden das Meer war, und stellte mir vor, wie jenseits des Meeres am anderen Ufer die Zäune wieder aus dem Wasser auftauchten, rostig und mit kleinen Muscheln beklebt und seetangbehangen – und dann weiterliefen durch das Land der stillen Seen und über die verschneiten Ebenen, die ich vom Raumschiff der Maschinisten aus gesehen hatte, hinein in die ewige Polarnacht eures Planeten.

Bei dieser Vorstellung fröstelte mich, ich kam mit dem Rhythmus meines Flügelschlages durcheinander und wäre um ein Haar abgestürzt! Als ich mich wieder fing, hatte ich ein wenig die Orientierung verloren. Verflucht! Ich hätte mich mal besser in eine Eule verwandeln sollen! Aber jetzt war es zu spät. Das Verwandeln geht bei Licht ziemlich leicht, doch schon in eurer Dämmerung wird es schwierig!

Wir Onari sind die Dunkelheit nicht gewöhnt. Wir sind die Kinder eines Doppelsternsystems, auf Oneiros wird es niemals dunkel, weil immer mindestens eine Sonne über uns scheint. Bevor ich mit den Maschinisten aufbrach, hatte ich nicht einmal gewusst, was das Wort »Nacht« bedeutete!

»Du wirst dich daran gewöhnen müssen«, hatte Morpheus gesagt, und als ich ihn fragend angesehen hatte, wandte er sich ab, sah aus einem der Raumschifffenster und fügte mit seiner komischen Maschinenstimme hinzu: »Das Universum ist groß, alt und sehr, sehr dunkel.«

Na toll! Ich hatte geglaubt, ein Rabe, selbst ein sprechender Rabe, wie er in vielen eurer alten Geschichten, euren Märchen vorkommt, sei etwas Vertrautes, ein Tier, dem ihr von vornherein wohlgesonnen wärt! Ach, wenn ich geahnt hätte, dass der Junge gleich zu schreien anfangen würde, hätte ich mich zuvor auch in eine Fledermaus verwandeln können! Am besten in einen gemeinen Vampir, die sehen mit ihren Zähnen echt zum Fürchten aus! Dann hätte der Junge auch geschrien, aber es hätte mir eindeutig mehr Spaß gemacht. Jetzt war es wie gesagt schwierig. Mit großer Anstrengung verbunden. Es ist schon kompliziert genug, sich tagsüber in eine der zigtausend Arten von Lebewesen zu verwandeln, die so auf eurem Planeten herumschwimmen, -kriechen, -hüpfen, -laufen und – na ja – eben -fliegen. In der Abenddämmerung hätte ich mich vielleicht von einer Spitzmaus in eine Wühlmaus verwandeln können, sozusagen eine kleine Variation, aber nicht von einem Raben in eine Eule. Und überhaupt, wisst ihr, wie viele Eulenarten es auf eurem Planeten gibt? Ich auch nicht. Aber es werden ziemlich viele sein. Da kommt man schnell durcheinander, und statt einem großen Uhu ist man plötzlich ein klitzekleines Käuzchen, und dann hat man ein verdammtes Problem, das in die eine auf fremden Planeten alles entscheidende Frage mündet:

Wer ist dein Fressfeind?

Ihr wisst nicht, was das ist? Nun, es ist ganz einfach: Das ist der Typ, der größer ist als du und der dich fressen will, und weil er das will, ist er logischerweise dein Feind. Es ist ungemein wichtig, egal auf welchen öden Felsbrocken in der Galaxis einen die Maschinisten schicken, sich erst mal über die Nahrungskette auf dem jeweiligen Planeten zu informieren, damit man nicht, um mal das Beispiel meines armen, entfernten Ursuppengenossen Pifflak Vela zu nennen, beim ersten Oberflächenausflug im schleimigen, stinkigen Rüssel eines krojanischen Riesensaugers landet.

Ich fing an, mich in der Dunkelheit richtig unbehaglich zu fühlen. Ich hatte zwar auf dem Hinflug an Bord des Maschinistenraumschiffes recht eifrig »Erdkunde« gebüffelt, aber nicht alles auf Anhieb behalten können. Wer war noch gleich mein Fressfeind? Mir fiel ein, dass Rabe-sein als relativ sicher galt, aber sooo sicher, dass es nicht doch irgendetwas Größeres, Fliegendes geben könnte, auf dessen Speisekarte ich gerade stand, war ich mir auch wieder nicht. Ich gähnte und sehnte mich nach dem sanften Dauerlicht meines heimatlichen Zweigestirns. Euer käsiger Mond war da nur ein schlechter Ersatz. Weil ich also nicht nur Angst hatte, gleich gefressen zu werden, sondern auch ziemlich müde war, beschloss ich, auf dem hell erleuchteten Grenzstreifen unter mir ein kleines Nickerchen zu machen. Schließlich war das ja eine Menschengrenze. Für Wesen, die fliegen konnten, für Vögel, hatte sie keinerlei Bedeutung.

Ich landete auf einem sauber geharkten Feld zwischen zwei Zäunen und fühlte mich gleich behaglich. Durch die Bogenlampen, die die Mitte des Grenzstreifens beleuchteten, war alles angenehm hell, so hell, dass ich bestimmt gleich einschlafen würde. Weit und breit war kein Mensch zu sehen, der nächste Wachturm stand in gebührendem Abstand. Nur einige Dutzend Meter entfernt, vor dem letzten Zaun, unter ein paar zu seltsamen Kreuzen geschmiedeten Eisenstelzen, entdeckte ich ein paar zusammengekauerte, kleine, pelzige Wesen – Kaninchen, die dort wohl die Nacht verbrachten. Aber warum machte ich mir überhaupt Gedanken? Dies war, wie gesagt, eine Menschengrenze, von Zweibeinern gebaut, um andere Zweibeiner, die von einem Teil des Landes in den anderen laufen wollten, aufzuhalten, Zweibeiner, die nicht fliegen konnten und die sich für einen Kolkraben, selbst für ein so großes Exemplar wie mich, wohl kaum interessieren dürften. Erneut fühlte ich mächtige Schläfrigkeit in mir aufsteigen, tippelte von einem Rabenfuß auf den anderen und nickte ein.

Ich hatte die Rechnung ohne die irdischen Vierbeiner gemacht. Kurz bevor ich die Augen schloss, war mir eine lange, ziemlich dicke Leine aufgefallen, die entlang des einen Zaunes gespannt war. Ich hatte mir nichts dabei gedacht. Nun, als ich schon beinahe in einen tiefen Rabenschlaf gesunken war, spürte ich plötzlich, dass die Erde sich irgendwie bewegte. Sie wackelte, nein zitterte! Ein Planetenbeben? Hier? Nein, das konnte nicht sein. Gerade noch rechtzeitig öffnete ich die Augen und erschrak: Etwas rannte auf mich zu: ein Wolf oder ein Hund oder irgendetwas dazwischen. Ich sah nur sein Maul und seine gefletschten Zähne und wie Sabber seine gierigen Lefzen hinunterrann. Mein Fressfeind, na wunderbar!

Im letzten Augenblick breitete ich meine Schwingen aus und flüchtete – halb hüpfend, halb fliegend – auf den Zaun. Das Vieh war über Halsband und Kette mit der Leine verbunden. An deren Ende angelangt, sprang der Wolfshund nun wütend bellend den Zaun hoch. Dass er mich nicht erreichen und fressen konnte, machte ihn rasend. Er knurrte, Schaum trat aus seinem Maul. Ob die Leine, an der seine Kette befestigt war, wohl noch lange seinen wütenden Sprüngen standhalten würde, vermochte ich nicht zu sagen. Was ich außerdem nicht wusste, war, dass meine Flucht auf den Zaun im nächsten Wachturm ein rotes Lämpchen hatte aufleuchten lassen. Der Zaun war nämlich ein Signalzaun, der jedes Mal auslöste, wenn ihn etwas berührte, das größer als eine Maus war. Während unter mir nun dieses Monster bellte, wurde auf dem Wachturm ein Suchscheinwerfer angemacht, der die Straßenlaternen des Lichtkorridors an Helligkeit um einiges übertraf. Schon hatte der Scheinwerferkegel den Kläffer ins Visier genommen, der jedoch nicht aufhörte, hochzuspringen, dann traf sein Strahl mich.

Onari lieben das Licht. Doch befand ich mich in der Gestalt eines irdischen Raben, und dessen Augen waren für so viel

Licht nicht geschaffen. Als sie den Scheinwerfer auf mich richteten, verlor ich vollends die Orientierung. Ich war geblendet und wusste kaum mehr, wo oben und unten war. Gerade gelang es mir noch, auf der anderen Seite vom Zaun herabzuflattern, dann hüpfte ich von dem Lichtstrahl weg, torkelte und trippelte weiter, unfähig, mich wieder in die Lüfte zu erheben. Ich hörte die Rufe der Grenzsoldaten: »Da war was!« »Wo?« »Ist ja gut, Siegfried!« (Damit war anscheinend das Hundemonster gemeint) »Siehst du was?« »Leuchte hier hin!« »Dort ist wer!« »Halt!« »Stehen bleiben!«

Wahrscheinlich wäre es schlauer gewesen, ich wäre tatsächlich einfach stehen geblieben. Sie hätten gemerkt, dass sie nur einen verwirrten Raben verfolgten, und ihre Suche abgebrochen. Aber ich hatte Angst und war völlig durcheinander. Also hüpfte ich weiter – und blieb prompt mit meiner rechten Kralle in einer Drahtschlinge hängen. Fast im selben Augenblick hörte ich neben mir ein Zischen, dann einen Knall: mit dem Draht hatte ich eine Signalrakete abgeschossen, die jetzt hoch über mir zerplatzte. Rote Funken regneten herab. Unten war nun vollends die Hölle los. Scheinwerfer schwenkten hektisch über den Grenzstreifen, die Grenzer riefen Kommandos: »Keinen Schritt weiter, oder wir schießen!« Licht und Lärm hatten die Kaninchen aufgeschreckt, die jetzt wild durcheinanderstoben. Ich schaffte es, mich aus dem Draht zu befreien, hüpfte weiter, doch, warum auch immer, der Lichtkegel der Scheinwerfer war mir immer noch auf den Fersen, sprich Krallen. In Sichtweite entdeckte ich die rettende, letzte Barriere. Zosch! Ich hatte eine weitere Signalrakete ausgelöst! Wenigstens erkannte ich jetzt wieder, wo oben und unten war. Vor mir ragte der höchste der Zäune – die eigentliche Grenze – auf. Für einen Menschen wäre hier Endstation gewesen! Aber du bist ja ein Vogel! Du bist ein Vogel!, Zorro! Ein Vogel!, sagte ich mir immer wieder. Ich breitete meine Flügel aus, hüpfte auf eine der Eisensperren, unter denen gerade noch die Kaninchen geschlafen hatten, da machte es Peng! Eine weitere Rakete? Nein, ein Schuss!

Einen Augenblick lang war ich wie gelähmt.

Hatten sie mich getroffen? Würde ich hier sterben, würde jetzt das große Nichts beginnen, hier, auf diesem albernen, blöden dunklen Planeten, an dieser albernen blöden Grenze? In der Gestalt eines Raben? War das meine letzte Gestalt?

Nein, dem Universum sei Dank, ich war unversehrt! Kurz streifte mich ein Lichtstrahl, da flog ich schon auf, mühsam am Anfang, dann immer leichter. Ich gewann an Höhe, überwand den hohen Zaun, um dann auf dem ausladenden Ast einer hohen Fichte dahinter zu landen. Ich war im Westen.

Von meinem Baum aus konnte ich die Szenerie überblicken. Zwei Soldaten standen auf dem hell erleuchteten Grenzstreifen herum. Vor ihnen, auf dem Boden, lag etwas. Der eine Grenzer hielt eine Pistole, der andere redetet wild gestikulierend und offenbar verärgert auf den mit der Pistole ein. Eine leichte Brise lies meine Federn erzittern und trug mir die Worte heran: »Bist du verrückt? Einfach losballern! Der Papierkram! Was hast du dir dabei gedacht?«

Es hatte angefangen zu schneien, dicke schwere Flocken irdischen Schnees, und ich hob kurz mein Köpfchen, sodass die

Flocken wie aus dem Nichts aus der Dunkelheit auf mich herabzustürzen schienen. Dann sah ich wieder zur Grenze, sah die beiden Männer stumm im Scheinwerferlicht stehen und wie der Schnee den Körper des toten Kaninchens zu ihren Füßen langsam bedeckte.

Der Morgen dämmerte bereits, als ich aufwachte, mein Gefieder von einer dünnen Schicht frischen Schnees bedeckt. Zwar hatte es aufgehört zu schneien, aber der Himmel war trüb und die Landschaft vor mir in graues, kaltes Licht getaucht. Der Grenzstreifen war wieder ruhig, und nichts deutete auf die kleine Show mit Hundedressur und Feuerwerk hin, die ich in der vergangenen Nacht geboten hatte. Ich wusste, der Auftrag verlangte, dass ich bald wieder in den Osten zurückkehren musste, aber angesichts der Sache mit dem Kaninchen hatte ich in jenem Augenblick keine große Lust dazu. Alles war ruhig, ja friedlich, da spürte ich plötzlich, wie sich der Ast, auf dem ich saß, bewegte.

Zuerst dachte ich, es wäre der Wind, aber es ging ja gar kein Wind. Der Ast knarrte, und ich drehte meinen Kopf nach rechts.

Neben mir saß ein Rabe. Genauer gesagt ein Weibchen, eine Rabin. Nun muss ich euch sagen, dass es keinesfalls so wie in euren zahllosen Märchen und Kindergeschichten ist, dass die irdischen Tiere nämlich wirklich sprechen können. Bis auf ganz wenige Ausnahmen (auf die ich noch zurückkommen werde) können sie das nicht. Allerdings haben eure Tiere, zumindest die höher entwickelten, Gehirne, und Gehirne senden Strahlungen aus, so wie etwa ein Rührmixer Wellen abstrahlt, wenn man ihn einschaltet und damit Omas Küchenradio stört. Probiert das ruhig mal aus. Und seid euch darüber im Klaren, dass euer Gehirn auch nichts anderes als so ein Rührmixer ist. Zumindest, was die Abstrahlung von unsichtbaren Wellen angeht. Jedenfalls sind die meisten intelligenten Lebensformen in der Galaxis mehr oder weniger in der Lage, Hirnwellen wahrzunehmen, und mit ein wenig Übung und Konzentration auch fähig, diese teilweise zu verstehen. Nur ihr Menschen, obwohl euer Gehirn relativ groß ist, könnt das nicht. Wodurch, lasst mich das noch sagen, ein großer Teil eurer Probleme entsteht. Wisst ihr, wie man die Erde außerhalb des Sonnensystems nennt? Den Lügenplanet. Tja.

Das Raben-Weibchen neben mir tippelte auf dem Ast unruhig von einem Bein auf das andere. Ihre Gehirnwellen sagten mir in etwa: Hallo! Du auch hier? Wollen wir zusammen etwas Aas naschen gehen? Ich kenne da eine Stelle, wo es totes Kaninchen gibt! Ach, ich finde dich soooo wahnsinnig cool!

Die Rabin hatte offenbar ein Interesse daran, sich mit mir zu paaren. Eine Paarung! Jetzt, mitten im Winter! War dafür auf der Erde nicht das Frühjahr vorgesehen? Wo war ich da bloß hineingeraten! Das wirkliche Problem war allerdings nicht, dass sie Interesse an mir hatte, sondern dass mir das gefiel. Ich fand sie sogar recht attraktiv – für einen Vogel ... und der Gedanke an etwas Kaninchenfleisch erinnerte mich daran, dass ich Hunger hatte.

Au weia! Wie viel Zeit war seit meiner letzten Verwandlung vergangen? Begann ich schon wie ein Rabe zu denken, wie ein Rabe zu fühlen? Und Appetit auf irgendwelches halbverwestes Getier zu bekommen? Igitt! Ich musste aufpassen, sonst dauerte es vielleicht nicht mehr lange, und ich würde ein Rabe BLEIBEN! Es war Zeit, die Gestalt zu wechseln, aber natürlich nicht hier vor allen Leuten beziehungsweise Vögeln. Erst musste ich wieder über die Grenze gelangen.

Ich breitete meine Flügel aus, sprang vom Ast und flog los. Nach Osten, Richtung Marksdorf, um diesem René, so wie es die Maschinisten verlangt hatten, zu erklären, dass ohne seine Hilfe, die Erde bald von ein paar Außeriridischen erobert und vernichtet werden würde.

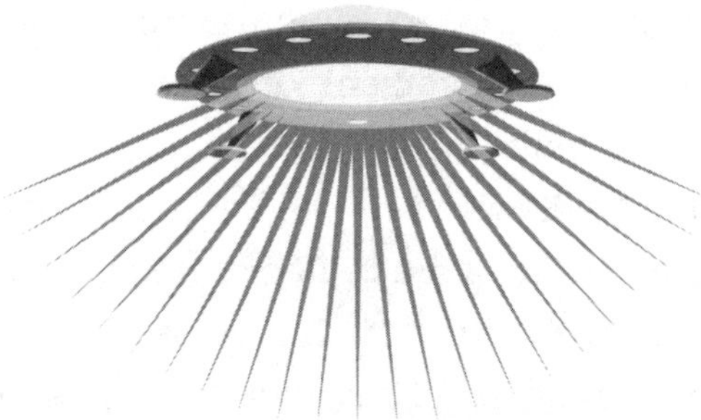

4. KAPITEL:

FALSCHER HASE

Als der Wecker klingelte und René Reinhardt aufwachte, wusste er nicht genau, welchen Teil der Geschichte er nur geträumt hatte. Er tastete unter seinem Kopfkissen nach dem »Grüne-Laterne«-Comic-Heft, und als er es nicht fand, war ihm klar, dass er den Teil, in dem ihm seine Mutter eine Backpfeife gegeben und danach das Heft einkassiert hatte, höchstwahrscheinlich nicht geträumt hatte. Oder doch? Er erinnerte sich, dass er das Heft gestern Abend aus seinem Versteck geholt und mit ins Bett genommen hatte, was ihm seine Mutter streng verboten hatte. Vor einiger Zeit hatten seine Mutter und er eine Abmachung getroffen, und dazu gehörte, dass er die verbotenen Hefte unter gar keinen Umständen mit ins Bett nahm.

Das mit dem sprechenden Raben war mit Sicherheit ein Traum gewesen. Obwohl er sich sehr deutlich daran erinnerte, viel deutlicher, als man sich gemeinhin an einen Traum erinnerte, sagte ihm sein Verstand, dass es nicht sein konnte. Vielleicht hatte seine Mutter ja tatsächlich recht, und die verbotenen Comic-Hefte aus dem Westen führten dazu, dass man verrückt wurde. Vielleicht hatte er nicht richtig geträumt, war aber so in seinem Comic gefangen gewesen, dass er sich eingebildet hatte, der Rabe, der vielleicht tatsächlich vor seinem Fenster gehockt hatte – Raben sollen ja sehr neugierig sein –, habe angefangen zu sprechen. So musste es sein. Das einzig Seltsame daran war, was der Rabe erzählt hatte – dass er Zorro Vela heiße, vom Planeten Oneiros komme und von den »Maschinisten« beauftragt worden sei, mit ihm die Welt vor bösen Außerirdischen zu retten. René dachte nach, doch er hatte noch nie von Oneiros oder auch den mysteriösen »Maschinisten« gehört oder in einem der verbotenen Comics gelesen. War es nicht so, dass man in seinen Träumen oder in seiner Einbildung immer nur das wiederholte, wovon man schon irgendwann einmal gehört hatte? Vielleicht, überlegte er, war es aber auch so, dass sich das, was der Rabe da im Traum erzählt hatte, aus vielen einzelnen Teilen der Wirklichkeit zusammensetzte, die er einfach nur vergessen hatte.

»Maschinisten«? Hatte er sich nicht gestern mit Egon unterhalten? Der alte Egon war der Dorfidiot, das sagte selbst sein Vater hinter vorgehaltener Hand, aber er war nett zu René, und René revanchierte sich, indem er sich manchmal mit ihm unterhielt, das heißt, Egon erzählte dann von seiner Jugend, in der er Traktorist gewesen war, und in diesen Erzählungen ging es meistens um Egons Traktoren.

Daher also kamen die »Maschinisten« in seinem Traum mit

dem Raben!, schlussfolgerte René. Und Zorro? Mhm. War das nicht so ein mexikanischer Degenfechter? War unter den verbotenen Heften nicht auch eines versteckt, in dem es um diesen Zorro ging? Sobald sich die Gelegenheit bot, musste er in sein Geheimversteck schlüpfen und alle verbotenen Hefte durchsehen, ob nicht auch eines davon von einem Zorro handelte!

René stand auf, und als er aus seinem Zimmer Richtung Bad schlurfte, um sich die Zähne zu putzen, war er schon wieder halbwegs beruhigt. Ein Traum, was sonst! Den letzten Beweis dafür lieferte ihm im Bad sein Spiegelbild.

René sah sein Gegenüber an: Er war ein großer, dicker Junge. Er hatte eine dicke Brille, die er nur zum Schlafen und zum Zähneputzen abnahm. Er sah sich und war überzeugt, dass er blöde aussah. Nicht, dass ihm das mal jemand offen ins Gesicht gesagt hätte. Dafür hatten die anderen Kinder in Marksdorf viel zu große Angst vor ihm. Er wusste es einfach. Er hatte die Superhelden in den Comics aus dem Westen gesehen, mit ihren Muskeln und ihren kantigen, entschlossen wirkenden Gesichtern und spätestens von da an wusste er, dass er dick und, ja, nicht besonders mutig war. In einem engen Anzug, wie ihn einer seiner Lieblings-Superhelden, die »Grüne Laterne« trug, würde er aussehen wie eine grüne Leberwurst. Auch deswegen konnte das mit dem Raben in der vergangenen Nacht nur ein Traum gewesen sein. Falls es wirklich Außerirdische gab, die vorhatten, die Erde zu vernichten, und falls es wiederum andere Außerirdische gab, die das verhindern wollten, würden sie bestimmt nicht einen dicken Jungen aus Marksdorf um Hilfe bitten, sondern in Moskau auf dem Roten Platz landen, schnurstracks in die Akademie der Wissenschaften gehen, und sich dort Rat holen, beziehungsweise sich mit der Roten Armee verbünden, um die Welt, einschließlich der Amerikaner, zu retten. Und angenommen – nur einmal angenommen, es gäbe tatsächlich irgendeinen Grund, warum die Welt nun ausgerechnet hier in Marksdorf gerettet werden musste, dann würden die guten Außerirdischen sich einfach an seinen Vater wenden. Denn sein Vater sah alles, hörte alles, wusste alles. Wenn einer hier die Welt retten konnte, dann er!

Er wusch sich sein Gesicht mit kaltem Wasser. Er war so echt gewesen, dieser Rabe! Ob er anfing, verrückt zu werden? Es hieß, dass man vom Westfernsehen verrückt werden konnte, weil die Kapitalisten unsichtbare Botschaften darin versteckten, die man nicht sehen konnte. »Kauft Coca-Cola« zum Beispiel. Aber konnte man auch durch Comics verrückt werden?

Er sah wieder sein Spiegelbild an, wie er da so stand im Bad, im Unterhemd, ohne Brille und der alte Schauder überfiel ihn wieder. War das wirklich er, den er da sah? Und wenn ja, wer war er? Wie er sich da so betrachtete, kam er sich plötzlich komisch vor. Den er da sah, kannte er den? Die Gestalt im Spiegel schien so gar nicht zu ihm zu passen, schien so wenig mit dem René zu tun zu haben, der er glaubte zu sein. Der Junge im Spiegel war ein Fremder. Wenn er sich nur auf diesen Gedanken konzentrierte, konnte er es ganz genau spüren. Aber wenn der im Spiegel nicht er war, wer war er dann?

Wortlos stellte ihm seine Mutter sein Frühstück hin, eine Scheibe Mischbrot mit Jagdwurst und dazu Hagebuttentee, und er nahm das Brot und hielt es sich unter die Nase, um diesen Duft von Brot und Wurst zu riechen, bevor er hineinbiss.

»Passt dir was nicht?«, fragte seine Mutter und sah ihn verärgert an. Sie fragte das jedes Mal, wenn er an Essen roch, und eine Weile lang hatte er versucht, ihr zu erklären, dass er an dem Brot zum Beispiel nur roch, weil er den Geruch so liebte, genauso wie den säuerlichen, warmen Dunst, der von den Klopsen aufstieg, die es ab und zu und eigentlich viel zu selten an Sonntagen gab. Aber meistens hatte sie gar nicht zugehört oder er war zu langsam mit seiner Erklärung gewesen, und sie hatte ihm das Wort abgeschnitten und ihn nicht ausreden lassen.

Die Erwachsenen sind so ungeduldig. Sie haben so wenig Zeit. Und die wenige Zeit, die sie haben, wollen sie nicht verlieren. Irgendwann hatte er es dann aufgegeben, ihr zu erklären, warum er gerne an Essen roch, an ihrem Essen roch, bevor er den ersten Bissen aß. Es hatte ihn traurig gemacht, denn schließlich war es ja so was wie ein Lob, aber seine Mutter wollte es einfach falsch verstehen. Sie glaubte, dass er das Essen nicht mochte.

»Wenn dir was nicht passt, lässt du's eben stehen, aber bild dir ja nicht ein, dass ich dir noch ein Pausenbrot extra schmiere!«

»Nein, Mama, alles gut«, sagte er leise, kaute das Brot und starrte vor sich auf den Teller. Dann sah er auf und begann: »Mama, wegen gestern – es ist nicht so ...«

»Pssst!«, zischte seine Mutter und sah zur Küchentür. Im nächsten Moment stand Renés Vater im Raum.

Renés Vater trug seine Uniformhosen und sein Uniformhemd, aber die Stiefel und die Jacke mit den vielen Orden daran hatte er nicht angezogen. Stattdessen steckten seine Füße in einem Paar golddurchwirkter, hellgrauer Filzpantoffeln, die vorn spitz nach oben zuliefen. Renés Vater war Oberst der Grenztruppen der Nationalen Volksarmee der DDR, und er hatte diese Filzpantoffel von einem befreundeten Oberst der Roten Armee der Sowjetunion zum Abschied geschenkt bekommen. Dieser Oberst war auch bei den Grenztruppen, allerdings irgendwo in Asien, am südlichsten Zipfel der ruhmreichen Sowjetunion, wo die Sowjetmenschen ein wenig wie die Chinesen aussehen und in Zelten leben und wahrscheinlich die Grenzsoldaten alle noch auf Pferden reiten, weil in den ewigen Sandstürmen jedes Auto stecken bleiben muss. Der sowjetische Oberst hatte nicht schlecht gestaunt, als er die Grenze von Renés Vater zum ersten Mal sah, und hatte durch die Zähne gepfiffen und dann in seinem komischen Russisch gesagt, dass das die erstaunlichste Grenze sei, die er jemals gesehen habe. Bei ihm zu Hause, da wisse er manchmal gar nicht genau, wo die Grenze sei. Wahrscheinlich wegen dem Sand, hatte René sich gedacht, nachdem sein Vater ihm von dieser Bemerkung des fremden Oberst, der den ganzen Weg nur gekommen war, um einen Freundschaftsbesuch zu machen und sich Vaters Grenze anzugucken, erzählt hatte. An seinem letzten Abend kam der sowjetische Oberst dann zu den Reinhardts nach Hause und bei dieser Gelegenheit hatte er Oberst Reinhardt dann auch die golddurchwirkten Pantoffel geschenkt, die Renés Vater dankend angenommen hatte. Tatsächlich hatte er nicht vorgehabt, die Dinger auch zu tragen, hatte nur gewitzelt: »Darin sehe ich ja aus wie einer von Ali Babas vierzig Räubern«, und Renés Mutter hatte gelächelt, und der sowjetische Oberst, der kein Deutsch verstand, sagte: »Baba, höhöhö!«, und als er weg war, waren die Pantoffeln erst einmal im Schrank verschwunden. Doch dann wurde es Winter. Und dieser Winter drohte ein besonders kalter Winter zu werden und wenn sein Vater etwas hasste, dann waren es kalte Füße im kalten Winter. Und so hatte er die Pantoffeln eines Morgens aus dem Schrank geholt und angezogen. René fand, sie sahen gar nicht so schlecht aus. Sie machten, dass sein Papa wie ein Papa aussah und nicht wie der gefürchtete Oberst. Denn wenn sein Vater erst einmal die Pantoffeln aus- und seine Stiefel angezogen, die Uniformjacke zugeknöpft und die dicke Brille aufgesetzt hatte, dann veränderte er sich dadurch auch irgendwie. Er wurde größer, viel, viel größer, was nicht nur an den Absätzen der Stiefel liegen konnte, und alle Menschen in Marksdorf und auch anderswo, sahen ihn ehrfürchtig an.

Als er noch klein war, hatte René das ziemlich gut gefunden. Aber inzwischen fühlte er sich manchmal unbehaglich in der Nähe seines Vaters. Und er mochte es auch nicht mehr so sehr, wenn der Oberst jemanden, den René kannte, »zurechtstauchte«, wie er das nannte.

Der Oberst setzte sich und rückte seine Brille zurecht. Sie trugen beide fast die gleichen Brillen. Natürlich war Renés

Brille kleiner, aber die Form war dieselbe. Eine große, runde Brille mit dunklem Rahmen und jetzt schon relativ dicken Gläsern. Es war dasselbe Modell, das auf dem Foto in der Schule auch der Staatsratsvorsitzende trug, und es war das einzige Brillengestell, das der einzige Optiker weit und breit, Herr Schotschke, immer vorrätig hatte. René fürchtete sich davor, dass seine Augen noch schlechter würden, denn dann würde er eines Tages so aussehen wie sein Vater, dessen Brillengläser so dick waren wie Flaschenböden.

Wie jeden Morgen schlug Renés Vater seinem Sohn einmal kräftig auf den Rücken, brummte: »Morgen, mein Junge! Gut geschlafen? Süße Träume gehabt?«, und ließ sich dann auf seinen Stuhl vor dem Küchentisch fallen.

»Ja«, sagte René.

»Was denn, ja?«, polterte der Oberst, »ja – gut geschlafen, oder ja – süße Träume?«

»Ja, gut geschlafen.«

»Na also, geht doch. Immer präzise sein bei der Meldung, René, sonst geht alles durcheinander, sonst rennt die ganze Armee in die falsche Richtung!« Sein Vater streckte sich, nahm seine Tasse und trank einen Schluck Kaffee. »Ach«, sagte er, »ich wünschte, ich hätte noch einen so tiefen Schlaf wie du, mein Junge.« Er sah René scharf an. René wurde mulmig.

Ob sein Vater etwas bemerkt hatte? Ob er längst wusste, dass René bis spät in die Nacht heimlich Comics aus dem Westen las? Wenn das so wäre, dann würde es jetzt gleich eine schreckliche Strafe geben.

»Du hast ja keine Ahnung, Junge«, sagte sein Vater leicht

lächelnd, mit ruhiger Stimme, »hast nichts mitbekommen, mhm?«

René schüttelte den Kopf. Sein Vater begann zu lachen und hieb ihm ein weiteres Mal fest auf den Rücken.

»Schläft wie ein Murmeltier! Na, ob aus dir mal ein anständiger Soldat werden kann? Hast das ganze Feuerwerk verpasst!« Der Oberst zwinkerte seinem Sohn zu. »Hat einen Fehlalarm gegeben in der Nacht, mit Signalraketen, Sirenen, allem Pipapo, und du hast verschlafen. Schade, was?«

René nickte.

Sie waren mit dem Frühstück gerade fertig, als draußen vor dem Haus eine Autohupe ertönte. Das war der Fahrer, der Renés Vater jeden Morgen zur Kaserne der Grenztruppen brachte. Und weil die Schule auf dem Weg zur Kaserne lag, nahmen sie René immer noch ein kleines Stück mit. Schnell zog sich René seine Jacke und die Mütze über und steckte die Handschuhe in seine Schultasche.

Es hatte geschneit in der Nacht, und als er vor seinem Vater den Weg vom Haus zum Gartentor hinunterging, hörte er das Knirschen seiner Schritte im frischen Schnee. Er sah sich um und war einen Moment lang versucht, hinter das Haus zu laufen. Sein Vater ging an ihm vorbei, stieg in den wartenden, olivgrünen Wagen und rief: »Wo bleibst du denn, René?«

»Hast du was vergessen?«, fragte ihn sein Vater, als er im Auto saß, das sich knatternd und ruckelnd in Bewegung setzte.

»Nein.«

»Diese Tagträumereien müssen aufhören, René.«

»Jawohl, Papa«, antwortete er. Wie hätte er ihm auch sagen können, dass er hinter dem Haus, unter dem Fenster zu seinem Zimmer nach Vogelspuren – nach Rabenspuren hatte suchen wollen.

Der Oberst seufzte. »Was war der Grund für das Theater heute Nacht, Uwe?«

Uwe war der Fahrer seines Vaters. Er war schon relativ alt, und seitdem René sich erinnern konnte, Vaters Fahrer.

»Einer der Hunde hat angeschlagen, dann wurde der Signalzaun ausgelöst.«

René hörte nur mit einem Ohr zu. Er sah aus dem beschlagenen Seitenfenster hinaus auf ein verschneites Feld.

»Und was hat den Zaun ausgelöst?«

»Ein Vogel, Genosse Oberst«, sagte Uwe, »ein Rabe oder so was.«

»Ein Rabe?«, fragte René.

»Wahrscheinlich nur eine Krähe«, meinte sein Vater und lachte, »oder eine Amsel. Da hat sich ein Sprutz in die Hosen und aus einer Mücke einen Elefanten, will meinen – Raben gemacht!« Der Oberst lachte, und Uwe, der Fahrer lachte auch, wobei es nicht so klang, als ob er den Witz wirklich lustig fand.

Ein »Sprutz« war ein »Neuer«, ein ganz junger Grenzsoldat, der eben erst in seine Uniform gesteckt worden war. Ein Sprutz hatte nichts zu sagen und überhaupt nichts zu lachen, er stand ganz unten in der Rangordnung und wurde deshalb häufig Opfer böser Streiche seiner Soldatenkameraden. Ein

Sprutz zu sein musste schlimmer sein, als in irgendeiner fremden Stadt als »Neuer« in eine neue Schulklasse zu kommen. Wenn sein Vater wirklich, wirklich böse auf ihn war, dann drohte er René, dass er dafür sorgen werde, dass René nach seinem Schulabschluss (der ja noch in weiter Ferne lag), als dummer Sprutz seinen Armeedienst antreten müsse und nicht als Offiziersanwärter und Sohn des Grenztruppenkommandeurs.

Weil er der Sohn des Grenztruppenkommandeurs war, mussten seine Mitschüler in der Schule immer lachen, wenn er einen Witz erzählte, auch wenn der gar nicht richtig witzig war. Seine Schulkameraden lachten dann in etwa so, wie Uwe gerade über den Amsel-Sprutz-Witz seines Vaters gelacht hatte. Es hatte eine Weile gebraucht, bis René begriff, dass die anderen Kinder nur über seine Witze lachten, weil er der Sohn des Genossen Oberst war.

Weil er der Sohn des Grenztruppenkommandeurs war, foulte ihn niemand, wenn er beim Fußballspielen auf das gegnerische Tor zulief, und wenn er dann schoss, warf sich der Torwart regelmäßig in die falsche Ecke. Weil er der Sohn des Grenztruppenkommandeurs war, bekam er sein Essen bei der Schulspeisung immer als Erster und durfte sich zudem auch Nachschlag nehmen, soviel er wollte. Weil er der Sohn des Grenzgruppenkommandeurs war, hatte er in keinem Schulfach eine schlechtere Note als Zwei. Weil er der Sohn des Grenzgruppenkommandeurs war, wagte ihm niemand zu widersprechen, machte sich niemand über ihn lustig, obwohl er, wie er ja heute Morgen im Badezimmerspiegel wieder mal hatte sehen können, dick war und mit seiner dicken Brille irgendwie lächerlich aussah. René war groß und kräftig, aber auch schwer und langsam, keineswegs unbesiegbar, doch weil er der Sohn des Grenztruppenkommandeurs war, legte es niemand, auch nicht der stärkste Junge aus den höheren Klassen, auf eine Rauferei mit ihm an; kurz: weil er der Sohn des Grenztruppenkommandeurs war, hatten alle, die Starken wie die Schwachen, Angst vor ihm. Und weil alle Angst vor ihm hatten, hatte René keine Freunde. Nicht einen einzigen.

Der Wagen rumpelte in die Kurve, an deren Ende die Mauer zu sehen war, die Marksdorf teilte. Auf der anderen Seite, jenseits der Mauer und der Grenze, die sein Vater zu bewachen hatte, lag der andere Teil des Dorfes, bewohnt von ein paar, wie es hieß »ewig Gestrigen«, bösen Menschen, die mal »Faschisten«, mal »Kapitalisten«, dann wieder »Revanchisten« genannt wurden. Man konnte jenseits der Mauer noch die Giebel und Dächer der Häuser dieser bösen Finsterlinge sehen, nur schaute keiner der Ost-Marksdorfer in diese Richtung. Dabei wäre es noch nicht einmal verboten gewesen. Es war streng verboten, einem der Revanchisten auf der anderen Seite der Mauer zuzuwinken, zuzurufen oder Zeichen zu geben, und sei es auch nur im Spaß.

Rüberschauen war also nicht unbedingt verboten. Aber wenn nun einer der Grenzsoldaten behauptete, dass ein Marksdorfer nicht nur rübergeschaut, sondern auch gewunken habe, wer wollte ihm da widersprechen? Wer aber einmal gewunken hatte, der wurde für alle Zeit aus Marksdorf verbannt, wenn er nicht gar vor ein geheimes Gericht und danach in ein noch viel geheimeres Gefängnis für Volksfeinde und Verräter kam. Und deswegen hatten es sich die Marksdorfer schon vor vielen Jahren, lange bevor René überhaupt auf der Welt war, abgewöhnt, rüberzuschauen. Eigentlich war es so, dass es kaum noch einer wagte, nur die Mauer anzusehen. So kam es, dass die wenigen Fußgänger, die René an diesem Morgen sah, mit gebeugtem Rücken gingen, dabei die Köpfe komisch zum Bürgersteig verdreht hatten, während sie gleichzeitig mit einer Hand dem Wagen des Grenztruppenkommandeurs zuwinkten, was für jeden Fremden, der es das erste Mal gesehen hätte, sehr lustig gewesen wäre, René aber inzwischen traurig machte.

Der Wagen bog an der Ecke eines Hauses ab, dessen Fenster zur Grenze hin zugemauert waren, wahrscheinlich, dachte René, damit die Bewohner des Hauses gar nicht erst in Versuchung kamen.

Kurz bevor Uwe den Wagen um die Ecke lenkte, fiel René etwas an dem Haus auf: eine rostige Eisentür in der Wand des zugemauerten Hauses. Aber erst als sie daran vorbeigefahren waren, fragte er sich: Eine Tür? Er war nun jahrelang immer an diesem Haus morgens vorbeigefahren und abends vorbeigegangen, aber nie war ihm eine Tür aufgefallen.

Sie näherten sich der Schule. Die lag auf einer kleinen Anhöhe. Das graue Gebäude war früher einmal das Lustschloss des Grafen von Marksdorf gewesen, der auf der Burg Marksdorf gelebt hatte, aber ab und an ins Tal gekommen war, um – ja, was eigentlich zu tun? »Das, wozu er Lust hatte«, hatte Renés Mutter erklärt, »deswegen heißt es ja ›Lustschloss‹.«

Renés Großvater hatte da ganz andere Geschichten auf

Lager. »Ein ganz übler Ausbeuter war er«, wusste Opa Erich zu berichten, »ein Menschenschinder! Wenn du in deinem Klassenzimmer lernst, René, dann denke immer daran, dass der böse Graf draußen auf dem Platz vor dem Schloss aus Spaß Leute auspeitschen ließ, nur weil sie nicht ihren Hut gezogen hatten, als er mit seiner Kutsche vorbeigefahren war. Denk daran, wenn du auf dem Platz stehst, dass wir alle daran arbeiten, den besseren Menschen, den sozialistischen Menschen zu formen, der niemanden mehr auspeitschen muss.« Von der Sache mit dem Auspeitschen erzählte Opa Erich öfter, und auch davon, dass die Nachfahren des schrecklichen Grafen jetzt auf der anderen Seite der Grenze wohnten und nur darauf warteten, wieder zurückzukommen, um ihn, René, auf dem Platz vor der Schule auszupeitschen.

Er wollte schon die Treppe zum Haupteingang des Schulhauses, dem Lustschloss des Auspeitschers Sigismund Graf von Marksdorf, hinaufgehen, als er innehielt und auf seine Armbanduhr schaute.

Es war noch zu früh, der Haupteingang war noch verschlossen. Da sein Vater so zeitig Dienst hatte (und Langschläferei sowieso nicht duldete), war René meistens der Erste in der Schule. Er wandte sich nach rechts und ging durch den frischen Schnee um das Gebäude herum, zum Hintereingang neben der Schulküche. Während er so über den Schulhof trottete, musste er immer wieder an die vergangene Nacht denken. Er hatte sich das alles eingebildet, so viel war klar. Vielleicht war da ja tatsächlich ein Rabe an seinem Fenster gewesen, aber der hatte natürlich nicht mit ihm gesprochen. Wieder fragte sich René, ob er wohl langsam verrückt wurde. Der alte Egon, der Traktorist, soll angeblich sein ganzes früheres Leben lang normal gewesen sein, bis er eines Tages – als junger Mann – von heute auf morgen zu spinnen anfing. Er habe in die Kristallkugel geschaut, behauptete er seitdem. Er wisse nun von allem, was passiert sei, schwadronierte er regelmäßig, wenn es nicht gerade um seine Traktoren ging. Aber was er damit eigentlich meinte, mit der Kristallkugel nämlich, und was er darin gesehen haben wollte, wurde nie ganz klar.

»Er ist eben verrückt«, hatte Renés Mutter ihm erklärt, »verrückte Menschen leben in ihrer eigenen Welt. Aber sie halten diese Welt für wahr. Etwas in ihrem Gehirn funktioniert nicht mehr richtig, aber das wissen sie nicht.«

Wenn er nun eine Krankheit hatte, die sein Gehirn langsam zersetzte? Stimmen hören, hatte er gelesen, damit fing es an! Was konnte er dagegen tun? Zu seiner Mutter gehen und ihr davon erzählen? Vorerst besser nicht. Falls er nicht krank war, würde sie ihn nur unnötigerweise untersuchen lassen und sich Sorgen machen. Und wenn er tatsächlich an einer unheilbaren, tödlichen Krankheit litt, wäre es dann nicht besser, wenn seine Eltern erst ganz spät davon erführen, sagen wir, eine Woche vor seinem Tod? Das wäre bestimmt das Beste. Nein, er würde nichts sagen. Und sollte er wieder Wahnvorstellungen bekommen, dann würde er zu sich selbst sagen: Das bilde ich mir nur ein. Es gibt keine sprechenden Raben, es gibt überhaupt keine sprechenden Tiere!

Nachdenklich ging er so die alte Mauer entlang, die den Hof

und den großen Garten hinter dem Schulgebäude umschloss, bis er an das Tor gelangte. Unmittelbar neben dem Tor stand ein kleines Häuschen mit spitzem Dach, in dem wohl in der alten Zeit einmal ein Wachsoldat aus der Armee des Grafen von Marksdorf gestanden und sich an einem Tag wie diesem wahrscheinlich die Nase abgefroren hatte. Er war schon beinahe an dem Wachhäuschen vorbei, als er neben sich ein »Ssst!« hörte.

Er drehte sich um, konnte aber niemanden sehen.

»Sssst! He! Hier! Im Häuschen!«

René wandte sich dem Häuschen zu. Und im nächsten Moment wusste er: Er war eindeutig verrückt geworden.

»Hee, Moment mal, was guckst du denn so komisch? Nicht wieder schreien, okay, ja, geht das?«

»Ich werde nicht schreien. Ich werde überhaupt nicht mit dir sprechen«, sagte René und versuchte dabei möglichst ruhig zu sein.

»Ähm, wieso denn nicht? Gut – ein schwarzer Rabe, da hast du dich erschreckt, kann ich verstehen, der bööőse schwarze Rabe und so, aber jetzt, schau her, huhu, wer wird wohl vor einem süßen, kleinen Kaninchen Angst haben?«

»Du bist aber kein Kaninchen«, sagte René langsam.

»Bingo, ganz genau! Es gibt nämlich keine sprechenden Kaninchen! Wenn ich aber kein Kaninchen bin, was bin ich dann? Kleiner Tipp: Ich hatte ja schon einmal erwähnt, dass ich vom Planeten Oneiros komme!«

»Du bist in meinem Kopf.«

»Hä?«

»Ich bilde mir das alles nur ein.«

»Wie … wie kommst du denn darauf?«

»Es gibt keine Außerirdischen.«

»Klar, und die Erde ist ein Scheibe, und wenn man bis zum Rand latscht, fällt man runter. Sonst noch was?«

»Vor allem gibt es keine … sprechenden –« René stockte, drehte sich um, schluckte und sagte dann leise: »Kängurus.«

»Kängu- was? He, Moment mal!«

… rief ich, Zorro Vela, ihm noch nach, aber da war er schon hinter der Mauer verschwunden. Ich aber sah an mir hinunter, sah im Fell diesen komischen Beutel und einen langen Schwanz, der neben einem meiner Hinterläufe lag. Au Backe! Da war mir doch in der Hektik und der Enge des Häuschens beim Verwandeln ein ganz, ganz dummer Fehler unterlaufen!

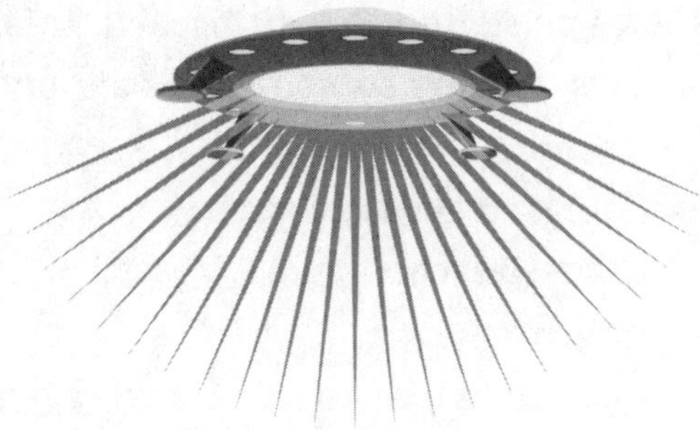

5. KAPITEL:

DER GONFA

»Der Fehler eines Anfängers«, sagte Morpheus, und sein rotes Maschinistenauge surrte, als er mich ansah und es scharf stellte. Wir saßen in seinem riesigen leeren Raumschiff, das er irgendwo zwischen Mars und Jupiter gut versteckt im Asteroidengürtel geparkt hatte. Gerade hatte er sich die Bildaufzeichnung meines Missgeschicks angeschaut. Ich fläzte mich auf einer Art Sofa in der Ecke der Kommandobrücke. Ich hatte die Gestalt einer corvianischen Katze angenommen, die haben blaues, flauschiges Fell, drei große Augen und sehen auf eine unglaublich doofe Art süß und unschuldig aus (natürlich sind corvianische Katzen in Wirklichkeit unheimlich gefährlich, man sieht's ihnen halt nur nicht an. Sie haben messerscharfe Zähne, und tatsächlich fehlen den meisten Großkatzenjägern von Algorab nachdem sie auf Corvian waren, Gliedmaßen, zum Beispiel mehrere ihrer hundert Beine, oder einer ihrer Fühler).

Morpheus' Auge pulsierte. »Aber du bist kein Anfänger mehr.«

»Bin ich nicht?«, entgegnete ich ganz naiv und schnurrte ein wenig.

»Deine Ausbildung ist abgeschlossen.«

»Ist sie das?«, säuselte ich.

»Sie war gründlich.«

»War sie das?«, fauchte ich genervt. Ich wusste nicht genau, worauf er hinauswollte, aber ich ahnte, dass er was ahnte, wobei erwähnt werden sollte, dass die Maschinisten eigentlich gar keine Ahnung haben.

Die Maschinisten wissen etwas, oder sie wissen es eben nicht. Dinge, die sie nicht wissen, nennen sie »noch nicht berechenbar«. Wir Onari und ihr Menschen, wir haben Ahnungen, und in diesem Moment, wie in vielen anderen, ahnte ich nichts Gutes. Morpheus war mir auf die Schliche gekommen.

»Tja, ich fand die Ausbildung damals ja eher langweilig«, stichelte ich, um Zeit zu gewinnen.

»Ob du dich dabei unterhalten hast oder nicht, ist unerheblich. Sie ist abgeschlossen.«

Seit jenem Tag, an dem die Maschinisten auf Oneiros gelandet sind, obliegt ihnen die Ausbildung der jungen Onari, die willens sind, in die Dienste der Maschinisten zu treten und die Galaxis zu bereisen. Es ist schon merkwürdig, dass wir das Handwerk der Verwandlung in alles Lebendige von ein paar Robotern erlernen. Die Blechbüchsen setzen uns auf irgendeinem Gestirn ab, und dann müssen wir unsere Gestalten schneller wechseln als ihr eure Unterhosen!

Besonders in Erinnerung geblieben war mir meine Abschlussprüfung auf Delta Bootis: Diese Blütensache.

Oh weh! Wir, die Prüflinge, mussten uns auf dem Dschungelplaneten von Delta Bootis in bestimmte Pflanzen mit bestimmten hübschen bunten Blüten verwandeln, wobei allerdings der kleinste Fehler tödlich sein konnte.

Denn auf Delta Bootis gibt es es einen ziemlich hungrigen Blütenfresser, Gonfa genannt, der eurer Wüstenspringmaus ähnlich sieht, aber wie euer Chamäleon die Farbe wechseln kann. Eigentlich ist der Gonfa friedlich, sieht man einmal von seinem großen Hunger auf bestimmte Arten der Bootinischen Moorlilie ab. Diese Blume ist gar keine richtige Blume, sie ist ein Mittelding zwischen Pflanze und Tier – oben sieht sie aus wie eine Blume, aber unten hat sie statt Wurzeln kurze, beinähnliche Tentakel, mit denen sie sich etwas schneller als eure irdischen Schnecken durch die Torfmoore und Sümpfe von Delta Bootis bewegt, sozusagen in Zeitlupe auf der Flucht vor dem blitzartig zuschnappenden Gonfa. Es gibt hundert Unterarten der Moorlilie, von denen die Gonfas aber nur die Hälfte fressen, während sie die übrigen fünfzig aus welchen Gründen auch immer verschmähen.

Die Aufgabe bestand nun darin, sich in den Sümpfen dieses Planeten in die hundert Formen der Moorlilie zu verwandeln – ohne sich zweimal in dieselbe Blüte zu verwandeln und natürlich, ohne gefressen zu werden. Das Problem dabei war: Wenn man sich zuerst in die fünfzig Unterarten verwandelte, die die Gonfas nicht fressen, kamen danach ja immer noch die anderen fünfzig, auf die sie einen Heißhunger haben! Und abhauen war nicht möglich. Man musste seine Verwandlung zum Bestehen der Prüfung also der Situation anpassen: War ein Gonfa in der Nähe, verwandelte man in sich in eine nicht-essbare Lilie, war die Luft rein, in eine essbare. Dabei musste man natürlich genau wissen, welche Blüten sie essen und welche nicht – verwandele ich mich jetzt in die mit den lila Pollen und den roten Blütenblättern oder in die mit den gelben Pollen und den türkisen Blütenblättern – ein Fehler konnte das Ende bedeuten!

Ich wollte damals diese Sache schnell hinter mich bringen und verwandelte mich in rasender Geschwindigkeit von einer in die nächste Blüte, immer auf der Hut vor den Gonfas. Ich hatte es fast geschafft – 99 Verwandlungen lagen hinter mir – gerade hatte ich die Gestalt einer essbaren Blüte angenommen, als dieser hungrige Gonfa vor mit stand! Jetzt schnell in eine nicht-essbare Blüte verwandeln, sagte ich mir. Doch oh weh! Ich hatte mich bereits in alle nicht-essbaren Exemplare verwandelt! Die hundertste Blüte war wieder eine essbare! Verwandelte ich mich in so eine, hätte ich zwar die Prüfung bestanden, würde aber im nächsten Moment gefressen. Ich musste mich also in eine nicht-essbare verwandeln! Dumm nur, dass die Sensoren des Maschinistenraumschiffes in der Umlaufbahn um Delta Bootis so eingestellt waren, dass sie unsere Verwandlungen nicht nur zählten, sondern auch aufzeichneten, wenn wir uns zweimal in dieselbe Blüte verwandelten. Kurz und (gar nicht) gut: ich hatte die Wahl zwischen Gefressenwerden und Durchfallen. Der Gonfa hatte bereits sein Maul geöffnet, sein fauliger Atem schlug mir schon entgegen, und gleich hätten sich seine klebrigen Lippen um Blüte samt Stengel geschlossen, als ich mich – in einen Gonfa verwandelte!

Mein Gegenüber glotzte ziemlich dumm, sein Maul stand weit offen. Verlegen presste er die Kiefer wieder zusammen, seine Farbe wechselte von rot zu lila, er drehte sich um und hoppelte davon. Kaum war er außer Sichtweite, verwandelte ich mich in die letzte Blüte!

Später, im Raumschiff der Maschinisten, ging ich trotzdem davon aus, durch die Prüfung gefallen zu sein. Mein kleiner Trick konnte den Blechkisten nicht entgangen sein, dachte ich.

»Zorro Vela?«, rasselte der Prüfer streng, und ich schlurfte (in der wenig imposanten, aber meiner Stimmung durchaus angemessenen Gestalt eines depressiven cephischen Zwergfaultieres) zu den beiden Konservendosen.

Dies war übrigens eine der wenigen Gelegenheiten, bei der ich mehr als einen Maschinisten auf einmal sah: Vor mir standen mein Prüfer und ein zweiter Maschinist, der eigentlich genauso aussah wie der erste.

»Bestanden«, sagte der Prüfer. »Neben mir steht einer von vielen, er wird dich von nun an anleiten, du wirst mit ihm auf die große Reise gehen. Tritt hervor! Hebe deine –« Mein Prüfer surrte kurz und stellte seine Augen scharf, als wäre ihm erst jetzt meine augenblickliche Gestalt aufgefallen, bevor er fortfuhr: »Hebe deine rrrrechte Pfote! Schwöre, dass du den Rat deines Unterweisers annehmen, seine Aufträge gewissenhaft ausführen und nicht gegen den galaktischen Plan verstoßen wirst.«

Den kenne ich doch gar nicht!, wollte ich entgegnen, verkniff es mir aber. Man bekommt bei dem Thema sowieso nur blöde Antworten. »Ich schwöre!«, gähnte ich. Viel wichtiger als dieser Schwur schien mir, herauszufinden, wer Blecheimer Nummero zwo war. Wie sollte ich ihn anreden? Meister? Oberboss? Heilige Donnerbüchse? Er kam mir zuvor:

»Ich bin dein neuer Mentor. Gratuliere.«

Ich verbeugte mich etwas geziert. »Danke, Euer Gnaden, aber wenn Ihr die Frage untertänigst gestattet – wozu? Dass Ihr mein Mentor seid?« (Zugegeben, das war etwas frech.)

»Ich hatte dich gewarnt, Einheit X-V-ZU2230-4560-50RT-M9000«, brummte der Prüfer.

Na wunderbar, dachte ich, mein Mentor hat keinen Namen, sondern nur eine blödsinnig lange Nummer.

Nummer X-V-irgendwas reagierte nicht auf den Einwand seines Blechkameraden. Er rollte ein wenig auf mich zu, surrte und blinkte, bevor er sagte: »Korrigiere: Gratuliere zum Bestehen der Abschlussprüfung, junger Onari. Nenne mich Morpheus.« Dann drehte er sich um und rollte leise davon.

Seit jenem Tag sind einige eurer Erdenjahre vergangen. Ich begleitete Morpheus und half ihm bei einigen kleineren Missionen – der Rettung der grusinischen Lurche vor einem Vulkanausbruch, dem Abfangen eines geheimen, ziemlich kleinen, und für ihren »Plan« irgendwie wichtigen Datenwürfels im Sternbild des Oktanten (dazu musste ich mich in einen der fiesen Piraten von Zosma verwandeln – es war ein Mordsspaß!), solche Dinge eben.

Die Mission auf der Erde war mir von Anfang an nicht geheuer. Erstens ging es nicht einfach um die Rettung seltener Kriechwesen vor einer Naturkatastrophe, sondern um die Rettung eines ganzen Planeten vor der Zerstörung durch eine fremde außerirdische Macht, über die – zweitens – Morpheus bisher nur wenige Worte verloren hatte. Um ehrlich zu sein, ich hatte zu diesem Zeitpunkt keine Ahnung, wer da eigentlich genau kommen wollte, um die Erde zu vernichten.

Das passte mir überhaupt nicht. Auch wenn es mir letztlich egal war, wer euren Planeten in Staub verwandeln wollte (es gibt eine Menge übler Spezies im Universum, und mir fielen auf Anhieb mindestens ein halbes Dutzend ein, die für so einen Planetenvernichtungsjob infrage kamen), ich wusste doch immer ganz gerne, mit wem ich es eigentlich zu tun hatte.

Aber Morpheus hatte mir nur erklärt, dass die Berechnung gestört und möglicherweise sogar der Plan selbst verändert werde, wenn ich zu früh zu viel wüsste.

Na wunderbar. Blindflug auf dem Lügenplaneten! Eure Redensart »Im Dunklen tappen« trifft es ziemlich genau, und sie hat für mich, den Onari, der im Dunklen hilflos ist, einen ganz, ganz üblen Klang.

Vorerst sah der Plan folgendermaßen aus:

Ich sollte ein paar Kinder davon überzeugen, dass ich
a) Außerirdischer war,
b) andere Außerirdische planten, ihren Planeten zu vernichten und
c) diese Kinder dazu ausersehen waren, den Planeten zu retten.

Das hörte sich selbst für mich seltsam seltsam an, klang aber zumindest nicht sehr gefährlich. Spätestens seit ich auf diesem schrecklichen Grenzstreifen beinahe erschossen worden wäre, war ich da anderer Meinung.

»Du hast dich absichtlich in ein Känguru verwandelt«, sagte Morpheus ohne die geringste Regung in seiner Stimme.

Ertappt!, durchfuhr es mich, der ich, von der Erde zurückgekehrt, in der Gestalt der blauen Katze auf dem Sofa in der Kommandobrücke des Maschinistenraumschiffes, versteckt hinter irgendeinem Asteroiden, irgendwo zwischen Mars und Jupiter lag. Abermals gähnte ich unschuldig. »Wie kommst du denn auf sooooo was, Morpheus?«

»Es war zu erwarten. Du hast Angst vor diesem Auftrag, und deswegen hast du absichtlich Fehler gemacht, damit dir dieser Auftrag wieder entzogen wird. Aber dieser Auftrag kann dir nicht entzogen werden.«

»Warum nicht?«

»Es ist dein Auftrag.«

»Da bin ich aber völlig anderer Ansicht. Ich bin überhaupt nicht der Richtige.«

»Doch, der bist du.«

»Warum ich?«, fragte ich und dachte: Warum überhaupt irgendwer?

»Du hast dich auf Delta Bootis in einen Gonfa verwandelt«, entgegnete Morpheus, drehte sich um und rollte, wie einst nach meiner Abschlussprüfung, wortlos davon, hinein in die surrende Dunkelheit des riesigen Raumschiffes.

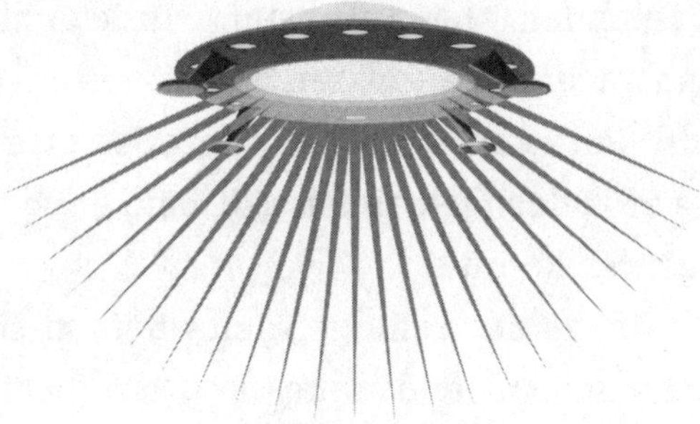

6. KAPITEL:

DIE KÖCHIN

Nun stand es also fest: Er war verrückt geworden! Wie ein Roboter setzte René einen Fuß vor den anderen im frischen Schnee auf seinem Weg zum Nebeneingang der Schule. Er wagte es nicht, sich noch einmal zum Häuschen umzudrehen, in dem er das sprechende Känguru gesehen hatte. Gesehen zu haben glaubte! Denn natürlich war dort kein sprechendes Känguru gewesen. Erstens lebten die Kängurus in Australien und nicht in der DDR, der Deutschen Demokratischen Republik, vom Tierpark in Berlin vielleicht mal abgesehen. Und weder in Australien noch in der DDR konnten sie sprechen!

René war völlig verzweifelt. Er war verrückt! Total plemplem! Aber was konnte er dagegen tun? Wem konnte er davon erzählen, ohne gleich für verrückt erklärt zu werden? Wirklich verrückte Verrückte steckte man in eine Zwangsjacke und dann in eine geschlossene Anstalt! Er würde seine Eltern nie mehr wiedersehen. Na ja, vielleicht zu Besuchen an den Wochenenden. Aber ansonsten würde er ein einsames Leben mit den anderen verrückten Verrückten fristen!

Er hatte die Rückseite des Schulgebäudes erreicht, da fiel ihm ein, dass es ja doch jemanden gab, dem er von seiner Verrücktheit erzählen konnte.

Auf der Rückseite des Schulgebäudes befand sich der Eingang zur Küche. Selbst wenn er um diese Zeit nicht schon wieder hungrig gewesen wäre, hätte er durch den Kücheneingang gehen müssen, um in das Treppenhaus und von da aus in sein Klassenzimmer im zweiten Stock zu kommen. Aber er machte eigentlich immer noch ein kleines Päuschen in der Küche. Dort herrschte die »Stille Berta«.

Vor nicht allzu langer Zeit hatte einer von Renés Klassenkameraden, der Jochen, sie »Dicke Berta« genannt, weil sie ja wirklich dick war und er gedacht hatte, sie würde es nicht hören, aber irgendjemand hatte es wohl doch gehört und den Jochen beim Schuldirektor verpetzt. Daraufhin hatte der Jochen eine Woche lang nur lauwarmen Blumenkohl zum Mittag bekommen und sonst nix.

Dicke Berta, hatte ihnen Frau Lohmann im Geschichtsunterricht erklärt, sei der Name für eine riesige Kanone gewesen, mit der im Ersten Weltkrieg die Militaristen von Zügen aus Paris beschossen hatten, so dürfe man keinen Menschen nennen. Der Jochen hatte ganz rote Ohren bekommen, als er sich diese Standpauke hatte anhören müssen, und dabei auch ein wenig dumm geguckt, denn von dieser Monsterkanone namens Berta hatte er noch nie zuvor gehört. Er hatte es schon bös gemeint, als er die Stille Berta »Dicke Berta« genannt hatte, aber eben nicht so bös. Als ihm aber dann das Strafmaß verkündet wurde, da drehte er sich zu René um und sah ihn ganz kurz, vielleicht nur für ein, zwei Sekunden, hasserfüllt an. Sie hatten zusammen in der Küche gestanden, er und René, als er Berta hinter ihrem Rücken recht laut »Dicke Berta« genannt hatte, und er glaubte jetzt wahrscheinlich, dass René ihn verpetzt hätte. Aber René war es nicht gewesen. Vielleicht hatte jemand an der Tür gelauscht, als sie beide da so vor Berta standen?

Die Köchin selbst konnte ihn jedenfalls nicht verraten haben. Sie war taubstumm. Und da sie bereits, wie es hieß, seit ihrer Geburt taubstumm war, konnte sie noch nicht einmal ordentlich Lippenlesen.

Als er durch die Tür zur Küche kam, stand Berta wie so oft mit dem Rücken zu ihm am Herd. Dem Geruch nach briet sie gerade Spiegeleier mit Speck. Und René wusste – sie briet sie nur für ihn. Lautlos huschte er neben sie, als wollte er auf diese Weise in ihre stille Welt eintreten, als dürfte er ihre Taubheit nicht durch Krach und Lärm stören. Sie erschrak ein wenig, als er sie an ihrem fleischigen, haarigen Arm berührte, und gab ein komisches quietschendes Geräusch von sich, drehte sich um (ohne die Hände vom Griff der Pfanne und dem Pfannenwender zu nehmen), und sah René für den Bruchteil einer Sekunde zornig an, bevor sie ein warmherziges, wenn auch etwas einfältiges Lächeln aufsetzte.

René lächelte ebenfalls, zog seine Jacke aus und setzte sich an den großen Tisch, der in der Mitte der Küche stand. Berta stellte ihm eine Tasse Kakao hin, einen Teller und legte Messer und Gabel daneben. Dabei summte sie die ganze Zeit vor sich hin, ein eigenartiger Singsang, der keine richtige Melodie war, aber auch nicht unangenehm klang. Vielleicht machen das Taubstumme so, um wenigstens irgendwelche Töne in der Welt zu hinterlassen oder um sich in ihrem Inneren selbst zu hören? Wie dem auch war – René fühlte sich immer seltsam wohl in Bertas Gegenwart, er spürte eine einzigartige, aufrichtige Zuneigung zu der Köchin. Berta war zwar taubstumm, aber andererseits konnte er ihr gerade deswegen alles erzählen. Sie würde es nie jemandem weitererzählen!

»Berta, weißt du«, begann er, »ich glaube, ich werde verrückt.«

Summend legte Berta ihm eine Scheibe geröstetes Brot auf den Teller, die er sofort mit Margarine bestrich. »Gestern hockte ein Rabe vor meinem Zimmerfenster und ... und hat mit mir gesprochen! Ich hab' natürlich gedacht, ich träume ...«

Berta schob ihm die Spiegeleier und den Speck auf den Teller, und René nickte ihr dankend zu, nahm den ersten Bissen, kaute und genoss den köstlichen Geschmack des warmen zerlaufenden Eigelbs auf seiner Zunge. Dann sagte er: »Aber heute Morgen, da hat mir ein sprechendes Känguru in dem alten Wachhäuschen aufgelauert!«

Einen Augenblick lang schien es ihm, als ob die Köchin ihr Summen bei den Worten »sprechendes Känguru« kurz unterbrochen hätte, aber erstens hatte er sich wahrscheinlich getäuscht, und zweitens wäre es sowieso nur Zufall gewesen, da die dicke Berta ihn ja nicht hören konnte. Also sprach er einfach mit vollem Mund (was sie ja auch nicht hören konnte) weiter.

»Isch scholl die Äärde voor ain poor böschen Auscherirdischen rättn, hatter geschagt. Schorro hat er sisch genannt, dasch Känguru, Schorro Vela, aber scho heischt doch keiner!« René schluckte. »Außerdem gibt es sowieso keine Kängurus hier, egal ob sie sprechen können oder nicht, was nur bedeuten kann, dass ich verrückt werde.«

Berta grinste René an. Er seufzte. Irgendwie wünschte er sich in diesem Moment, dass Berta ausnahmsweise doch hören könnte.

»Ich geh dann mal«, murmelte er, stand auf und bedankte sich mit einem Winken, bevor er die Küche verließ.

Das »Gespräch« mit Berta hatte ihn ein wenig beruhigt, doch kaum saß er im ersten Stock im Klassenzimmer, fiel ihm das Känguru wieder ein und dass er ja jetzt verrückt war, und er sah sich um und begann sich zu fragen, ob der Klassenraum, seine Schulkameraden und der Lehrer, kurz alles um ihn herum, alles, was er da sah, wirklich echt war. Was, wenn er sich den Deutschlehrer, Herrn Paffke, nur einbildete? Und die Schüler und die Schule gleich mit dazu? Vielleicht lag er noch zu Hause im Bett? Genau so musste es sein. Das war alles ein Traum! Ja, so musste es sein: in Träumen wechseln sich ja alltägliche Dinge mit völlig verrückten ab. Gerade noch hatte ein Känguru mit ihm gesprochen, jetzt saß er in seinem Klassenraum. Er musste nur einfach AUFWACHEN – dann wäre alles wieder gut!

René fackelte nicht lange. Mitten im Klassenzimmer begann er – sich selbst zu ohrfeigen. Zunächst nur leicht, aber als die ersten drei, vier Backpfeifen keine Wirkung zeigten, immer heftiger – klatsch, klatsch!, knallte es durch den Raum! Die Schüler starrten ihn fassungslos an. Jochen, der die Berta dick genannt hatte, lief ein langer Speichelfaden aus dem offenen Mund.

Wie alle anderen in Marksdorf, hatte auch Herr Paffke großen Respekt vor Renés Vater, dem Grenztruppenkommandeur, und deswegen auch vor René, obwohl er den Jungen eigentlich nicht ausstehen konnte. Was mach ich jetzt?, fragte er sich. Und was passierte da gerade? Eine neue Form von Epilepsie vielleicht? Nicht mit Schaum vor dem Mund, dafür mit Backpfeifen? Andererseits – sollte er überhaupt etwas sagen? Dieser – nun ja – »Anfall« war vielleicht gleich vorbei, und dann könnte er einfach weitermachen mit dem Unterricht, als sei nichts gewesen. Was also tun?

Herr Paffke hatte einige Erfahrung mit unangenehmen Dingen und wie man sie einfach übersah. Als er noch klein war, hatten sie in Marksdorf die Mauer gebaut und Klein-Paffke damit völlig verschreckt. Warum konnte man jetzt nicht mehr einfach von der einen Seite zur anderen gehen, Omchen besuchen? Aber sein Vater hatte ihm eingebläut, dass er die Mauer einfach nicht beachten, sie einfach ignorieren, sie nicht mehr ansehen, vor allem aber nicht mehr über sie im Allgemeinen und Omchen im Besonderen reden solle, dann würde die Mauer einfach verschwinden. Und siehe da! Eines Tages war sie weg – das heißt, sie war schon noch irgendwie da, aber er sah sie nicht mehr, er wachte nicht länger morgens auf und musste an sie denken, er hatte sie schlicht vergessen. Die Mauer, das war die Stelle, an der die Welt zu Ende war, so einfach war das. Nur, diese Mauer hatte sich auch nicht selbst geohrfeigt! Was also tun?, fragte sich Herr Paffke erneut. Ach, das Leben konnte so gemein knifflig sein!

Klatsch, klatsch!, machte es, und René rief: »Hier! Da! Und noch eine! Die ist für dich, du dummes Känguru!«

Langsam reichte es selbst Herrn Paffke. Bist du verrückt geworden!, wollte er schon brüllen, aber dann besann er sich und fragte stattdessen zaghaft: »Ehm, Entschuldigung, René, aber – geht es dir nicht gut?«

René hörte auf, sich zu schlagen und schaute den Lehrer an. Seine Backen waren krebsrot. Am liebsten hätte er geheult, aber das wäre ja schön blöd gewesen, sich selbst zu ohrfeigen und dann auch noch zu heulen.

»Das ist kein Traum hier?«, fragte er. Seine Stimme klang matt.

»Nein«, antwortete Herr Paffke irritiert. Wollte der Junge sich über ihn lustig machen? Vor der Klasse bloßstellen? Es war an der Zeit, das Heft des Handelns wieder selbst in die Hand zu nehmen!

Herr Paffke drehte sich um. »Aber manche«, donnerte er jetzt, »werden sich vielleicht gleich wünschen, dass es ein Traum ist!« Er machte eine kurze, effektvolle Pause, bevor er erklärte: »Hefte raus! Wir schreiben jetzt eine unangekündigte Klassenarbeit! Einen Aufsatz, Thema – was haben wir die letzte Woche gelesen, Jochen?«

Jochens immer noch offener Mund klappte zu wie bei einem Roboter, als könnte sich dadurch gleichzeitig Jochens Gehirn wieder in Gang setzten. Tat es aber nicht.

»Letzte Woche, Herr Paffke?«

»Annett?«

Annett, auch genannt »die Brillenanakonda«, stand auf.

»›Des Kaisers neue Kleider‹ von Hans Christian Andersen, Herr Paffke.«

»Wenigstens eine hier, die nicht träumt«, sagte Herr Paffke, biss sich dann aber auf die Lippen. Hoffentlich, dachte er, hatte der René das nicht falsch verstanden! »Also, ich möchte, dass ihr einen Aufsatz über ›Des Kaisers neue Kleider‹ schreibt, in dem ihr den Kaiser und seinen Hofstaat beschreibt und erklärt, warum niemand dem Kaiser die Wahrheit sagt.«

René hörte nur halb zu. Er träumte also nicht. Er war verrückt.

Da konnte ihm auch kein Paffke mehr helfen. Es würde früher oder später rauskommen, und dann würde er in einer Nervenheilanstalt verschwinden. Wenn er Glück hätte, käme er irgendwann als alter Mann wieder raus, und dann dürfte er für den Rest seines Lebens Traktoren reparieren.

»Also«, rief Paffke, der jetzt an der Tafel stand und schrieb, »neue Seite, Überschrift: Klassenarbeit – Hans Christian Andersen: Des Kaisers neue Kleider!«

René übertrug die Überschrift von der Tafel in sein Klassenarbeitsheft, aber als sie dann dort oben auf der frischen Seite stand, hatte er keine Ahnung, was er jetzt darunterschreiben sollte. Er konnte sich kaum mehr an Andersens Geschichte erinnern, und selbst das wenige, das ihm davon wieder einfiel (der Kaiser war einem Schwindel aufgesessen, aber niemand wagte, ihm das zu sagen), hatte seine Bedeutung für ihn verloren. Er war ja verrückt. Mindestens ebenso verrückt wie der Kaiser, der sich – jetzt fiel es ihm wieder ein – einbildete, Kleider zu tragen, die gar nicht da waren.

Die Deutschstunde verging, und René hatte nicht ein Wort geschrieben. Die Seite in seinem Klassenarbeitsheft war bis auf die Überschrift so weiß und leer wie der Südpol. Als es klingelte, klappte er das Heft zu und legte es zu den anderen vorne auf das Lehrerpult. Diesmal, dachte er, würde er wenigstens eine glatte Fünf bekommen! Er wusste nicht, wieso, aber irgendwie tröstete ihn das ein wenig.

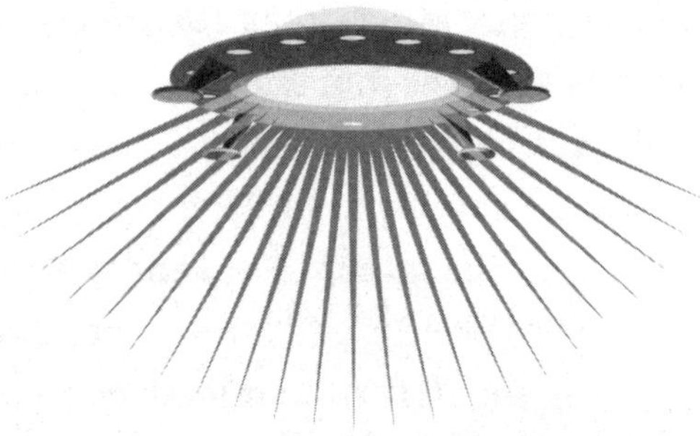

7. KAPITEL:

DIE BRILLENANAKONDA

Am Nachmittag ging er zu Fuß allein nach Hause. Er hätte in der Schule noch eine Stunde warten und darauf hoffen können, dass sein Vater früher Dienstschluss hatte und der Wagen, der ihn gebracht hatte, wieder an der Schule vorbeifuhr, sodass er nur hätte einsteigen müssen, doch ihm war nicht danach. Er wollte allein sein. Nun, da er wusste, dass er verrückt war, kam ihm die Welt ganz seltsam vor. Konnte er fortan noch sicher sein, dass ein Rabe ein Rabe war, ein Baum ein Baum? Und ein Hase kein Känguru?

»Heh! Sssst!«, hörte es René hinter sich. Nein, dachte er, nicht schon WIEDER!

Aber hinter ihm stand nur Annett, die Brillenanakonda.

Annett war das klügste Mädchen von Marksdorf. Genau genommen war sie auch eines der schönsten Mädchen von Marksdorf, aber das war niemandem aufgefallen. Sie hatte eine Brille, deren Gläser zwar nicht dicker, aber sogar noch größer waren als die von René. Sie hatte fast nur Einsen in ihrem Zeugnis. Sie wusste viel, vor allem wusste sie vieles besser, weswegen sie nicht sehr viele Freunde hatte. Annetts Eltern waren Bauern, und die Eltern von Annetts Eltern waren Bauern gewesen, und deren Eltern ebenso. Solange irgendjemand zurückdenken konnte, waren die Vorfahren von Annett Karsunke Leute gewesen, die kein Buch in die Hand nahmen, nicht, weil sie Bücher nicht interessiert hätten, sondern einfach, weil sie keine Zeit für so etwas gehabt hatten. Weil sie ihre Felder bestellen mussten, weil sie morgens um fünf Uhr aufstanden und den Pflug über die Felder lenkten und weil sie abends todmüde ins Bett fielen und keine Leselampe auf dem Nachttisch stehen hatten, geschweige denn ein Buch, das sich zu lesen gelohnt hätte.

Annett war das sechste Kind, das jüngste von sechs Geschwistern, von denen vier – ihre älteren Brüder – dazu bestimmt waren, einen Traktor zu fahren. Ihre ältere Schwester Simone war dazu auserkoren worden, im Dorf-Laden in Marksdorf zu arbeiten.

Annett hatte an mehreren Mathematik- und Physikwettbewerben teilgenommen und die Vorentscheide allesamt gewonnen. Doch dann war ihr klar geworden, dass sie ihre Familie verlassen müsste und vielleicht nie wiedersehen würde, wenn sie auch den Landesentscheid gewann. Also hatte sie ihn absichtlich verloren.

Nun wusste sie nicht so recht, wie es mit ihr weitergehen sollte. Die Schule war entsetzlich langweilig, weil sie ja schon alles wusste, was dort unterrichtet wurde. Insofern war René, der sich mitten im Unterricht scheinbar grundlos selbst ohrfeigte, mehr als nur eine Abwechslung, er war – ein Rätsel, eine knifflige Aufgabe, die gelöst werden wollte.

»Du?«, fragte René.

»Siehst du hier noch irgendjemanden?«, fragte Annett.

»Ausnahmsweise nicht.«

»Warum hast du dich vorhin im Unterricht selbst geohrfeigt?«

»Das geht dich gar nichts an.«

»Wenn du das bei dir zu Hause machst, vielleicht nicht, aber in unserem Klassenzimmer schon, denke ich.«

René seufzte, er wusste, wie hartnäckig Annett sein konnte.

»Ich habe mich gefragt, ob nicht alles, was ich gerade erlebe, ein Traum ist, und da wollte ich aufwachen aus dem Traum.«

»Faszinierend«, sagte Annett, »und?«

»Und – was?«

»Bin ich nun ein Traum oder nicht?«

»Du bist kein Traum.«

»Sehr interessant. Und daraus folgt?«

»Was soll daraus folgen?«

»Du hast dich geohrfeigt, um herauszufinden, ob du träumst oder nicht, und dafür muss es einen bestimmten Grund gegeben haben, das heißt, dass es auch eine Antwort gibt für den Fall, dass du nicht träumst.«

»Ach, das meinst du. Ja, da ich nicht träume, bin ich wohl verrückt.«

»Sehr interessant. Und wie bist du zu diesem Schluss gekommen?«

Was soll's, dachte sich René und entgegnete höhnisch: »Ich hab heute Morgen ein sprechendes Känguru getroffen.«

»Faszinierend.«

»Mehr fällt dir dazu nicht ein?«

»Ein eindeutiges Symptom für eine fortgeschrittene Schizophrenie, würde ich sagen.«

»Ich bin also verrückt?«

»Komplett irre, würde ich sagen. Du erlebst wahrscheinlich gerade einen starken psychotischen Schub.«

René ließ die Schultern hängen. »Ja, so was hab ich schon befürchtet. Aber wie soll ich das meinen Eltern erklären?«

»Die Sache hat nur einen Haken«, gab Annett zu bedenken.

»Der da wäre?«

»Verrückte, also Menschen, die zum Beispiel unter Schizophrenie leiden, die Stimmen hören, rosa Kaninchen sehen –«

»Känguru. Es war ein Känguru, und es war nicht rosa.«

»Also die würden nie, also unter gar keinen Umständen zugeben, dass sie verrückt sind. Denn sie denken ja auch nicht, dass sie verrückt sind. Sie glauben ja, alles ist genauso, wie sie es sich einbilden! Die würden darauf beharren, dass es sprechende Kängurus gibt, und jeden für verrückt erklären, der behauptet, es gäbe keine.«

»Und daraus folgt?«

»Dass du heute Morgen mit einem Känguru gesprochen hast.«

»Du bist ja verrückt.«

»Möglich.«

»Lass mich in Ruhe, bitte«, sagte René, drehte sich um, um

schnell nach Hause zu gehen. Zwar wollte er am liebsten gar nicht mehr nach Hause, jetzt wo praktisch feststand, dass mit ihm etwas nicht stimmte. Andererseits verwirrte ihn das, was Annett, die Brillenanakonda, gesagt hatte nur noch mehr, und er wusste, wenn er sich noch länger mit ihr unterhalten hätte, hätte er ihr auch von dem Raben und diesen ganzen anderen seltsamen Dingen erzählt, und am Ende vielleicht sogar geheult.

Wenn Annett nun aber recht hatte? Schließlich war sie das allerklügste Mädchen der Schule, sie war so klug, dass sogar die Lehrer Angst vor ihr hatten, Angst, etwas Falsches, oder auch nur Ungenaues an die Tafel zu schreiben, weil Annett sie dann jedes Mal gnadenlos korrigierte.

Andererseits konnte gerade sie ja wohl nicht ernsthaft glauben, er habe mit einem Känguru gesprochen. Wahrscheinlich hatte sie sich einfach nur über ihn lustig gemacht. Nein, er war verloren, früher oder später würden sie ihn abholen und in die Anstalt bringen. Eilig ging er die Straße hinunter.

Annett sah ihm noch lange nach.

»Faszinierend«, sagte sie.

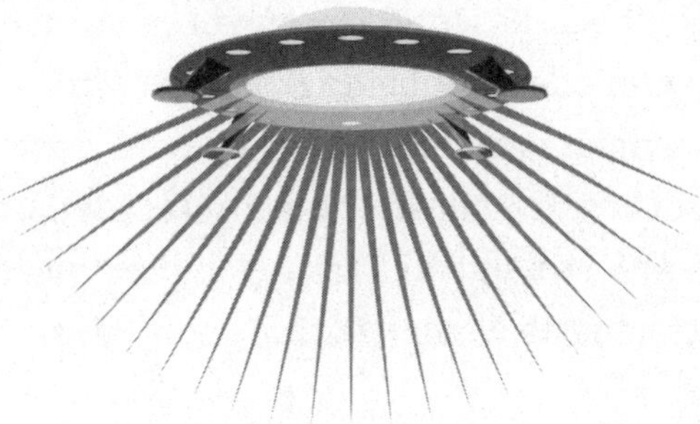

8. KAPITEL:

PERIPLANETA AMERICANA!

Ehrlich gesagt, als ich das Maschinisten-Raumschiff verließ und auf die Erde zurückkehrte, war ich wieder so weit wie am Anfang. Und genauso wenig wie am Anfang hatte ich einen Plan. Vielleicht waren bei Morpheus ja ein paar Schaltkreise durchgebrannt, dass er so starrsinnig daran festhielt, ausgerechnet mir diesen Auftrag zu übertragen. So oder so, der alte Toaster hatte mich in der Hand. Offen konnte ich den Auftrag sowieso nicht ablehnen. Zudem wusste er, dass ich bei meiner Abschlussprüfung geschummelt hatte. Würde ich weiter hinter seinem Rücken versuchen, aus der Sache auszusteigen, würde er mich vermutlich bei der Prüfungskommission anschwärzen. Wahrscheinlich musste ich dann die ganze Ausbildung noch mal absolvieren, vielleicht würde man mich auch endgültig zurück nach Oneiros schicken. Dort hätte ich dann die Wahl, mein Leben als Tisch, Tintenfisch oder Käfer zu beenden. Nein danke!

Dann doch lieber diesen Planeten voller zweibeiniger Spinner retten, wenn's denn unbedingt sein musste.

Zunächst einmal musste ich diesem René klarmachen, dass er nicht verrückt war. Aber wie? Die direkte Methode hatte versagt. Na gut. Auf keinen Fall konnte ich ihm wieder irgendwo auflauern. Ich musste wieder zu ihm nach Haus.

Als ich am Abend vor dem Haus der Reinhardts stand, hatte ich zunächst wieder die Gestalt eines Raben angenommen, doch ich konnte kein zweites Mal als Rabe an Renés Fenster klopfen. Wer wusste schon, wie er dann reagierte? Vielleicht sprang er ja aus dem Fenster, oder tat sonst irgendwas Verrücktes! Das Beste wäre wohl, wenn ich mich erst einmal ein wenig bei René umsah. Aber wie hineinkommen? Und wenn ich erst einmal drinnen wäre, wie konnte ich unentdeckt bleiben? Aber du kannst dich doch verwandeln, Zorro Vela, werdet ihr jetzt sagen, in alles zwischen einem Blauwal und einer Laus! War's nicht so? Wie wär's mit einer Maus? Oder einer Ameise? Tja, das Problem ist nur: Mäuse werden regelmäßig von Katzen gefressen.

Hatten die Reinhardts eine Katze? Ich hatte die Beobachtungsvideos der winzigen Roboterdrohnen , die von den Maschinisten vor jeder größeren Mission auf einem Planeten ausgesendet wurden, mehrmals angeschaut, an eine Katze konnte ich mich nicht erinnern, aber sicher war ich mir nicht! Eine Ameise? Soweit ich weiß, werden auf eurem Planeten ebenso regelmäßig eine größere Zahl Ameisen gefressen oder zertreten!

Sich klein zu machen, war schon irgendwie die richtige Idee, aber es musste ein sehr widerstandsfähiges und vor allem schnelles Lebewesen sein, um im Zweifelsfall vor anrückenden Fressfeinden schnell flüchten zu können.

Also verwandelte ich mich in eine Periplaneta Americana. Diese etwa 5 Zentimeter lange, wieselflinke amerikanische Kakerlake kann sich noch durch die engsten Ritzen zwängen!

Ohne große Mühe gelangte ich durch den Spalt unter der Haustür in das Haus der Reinhardts. Aber wohin jetzt? Vor mir stand eine lange Reihe riesiger Schuhe und Pantoffeln, die die Reinhardts in ihrem Windfang abgestellt hatten.

Der Linoleumboden war ein wenig klebrig, und es roch für eine Kakerlake durchaus nicht unangenehm – intensiv nach Fußschweiß. Hoch ragten die Schuhe um mich herum auf, während ich abwartend meine Fühler in den leichten Luftzug richtete, der durch den Spalt unter der Haustür kam. Näherte sich jemand dem Windfang? Waren da Stimmen zu hören? Nein, es war alles ruhig. Niemand kam.

Okay. Vorwärts!

Geschwind krabbelte Zorro Vela, la cucaracha famosa!, unter der nächsten Tür hindurch. Vor mir tat sich ein langer Gang auf. Die Wände waren holzgetäfelt, an ihnen hingen mehrere Hirschgeweihe sowie ein ausgestopfter Fuchs und eine ausgestopfte Ente. Anscheinend war Papa Reinhardt nicht nur ein gefürchteter Kommandeur, sondern auch ein gefürchteter Jäger. Ein Grund mehr, auf der Hut zu sein! Links öffneten sich Türen zu Wohn- und Esszimmer, am Ende des Flurs lag die Küche. Über der Küchentür hing noch so ein Vieh: Der ausgestopfte Kopf eines Wildschweins. Ein echtes Horrorkabinett! Rechts ging es die Treppe hinauf – zu Renés Zimmer! Dummerweise hatten die Reinhardts im Flur so einen plüschigen Teppich ausgelegt, durch den ich mich mit meinen sechs Beinchen kämpfen musste wie durch den Dschungel des Amazonas. Das dauerte irrsinnig lange! Es waren bestimmt schon zwei Minuten auf meiner Expedition durch den Teppichurwald zur Treppe vergangen, als ich hinter mir ein lautes Brausen hörte. Ein Sturm? Aber nein – ich war ja drinnen im Haus. Ich drehte mich vorsichtig um, immer darauf bedacht, meine Fühler nicht allzu weit über die Teppichschlingen hinausragen zu lassen. Ich wollte nicht entdeckt werden. Was ich sah, war Frau Reinhardt. Sie schob eine große Maschine vor sich her, das heißt, sie schob sie ein Stück vor und dann wieder ein Stückchen zurück, bewegte sich aber in meine Richtung. Die Maschine erzeugte diesen Krach. Aber wozu war sie nochmal gut? Ich musste schon sehr genau hinschauen, aber dann wurde mir klar: das verdammte Ding saugte Luft an! Ein Staubsauger! Alles, was nicht niet- und nagelfest war, landete erbarmungslos im aufgeblähten Magen des Monsters. So schnell ich konnte, versuchte ich Richtung Treppe zu krabbeln. Leider blieb ich immer wieder mit meinen Beinchen in diesem Plüschteppich hängen! Und das Brausen kam näher. Gleich würde meine galaktische Mission in einem irdischen Drecksauger enden! Neben Stoffflusen, Straßensplitt und Kekskrümeln! Da besann ich mich meiner Flügel! Ja, die amerikanische Schabe konnte im Gegensatz zur dummen deutschen auch fliegen!

Buuhiiie! Im letzten Augenblick rettete ich mich vor dem

Sog des Saugrüssels mit einem kurzen beherzten Flug auf die erste Treppenstufe.

Dummerweise blieb mein Kunststück nicht unentdeckt.

»Iiiiiih!«, schrie Frau Reinhardt, und natürlich landete sogleich das Maul des schrecklichen Saugers auf der Stelle, wo ich mich eine Sekunde zuvor noch befunden hatte. Doch blitzschnell, wie ich Kakerlake war, hatte ich mich natürlich schon in eine Ritze zwischen der Treppenstufe und der Holzverkleidung der Wand versteckt.

»Wolfgang!«, rief Mutter Reinhardt, »Woooolf-gaaang!« Ihre Höllenmaschine hatte sie abgestellt, beobachtete aber wahrscheinlich gerade angstvoll den schmalen Spalt zwischen Treppenstufe und der hölzernen Wandverkleidung, unter der ich mich nun möglichst geräuschlos hinauf in den ersten Stock bewegte. Sehen konnte ich sie genauso wenig wie sie mich, dafür aber umso besser hören und vor allem fühlen. Als Renés Vater über den Teppichboden des Flurs herangeschlurft kam, fühlte sich das für meine zarten Fühler an, als ob da draußen gerade ein Orkan tobte.

»Was ist denn los, Schatz?« Die Stimme des berüchtigten Großwildjägers klang genervt. Soweit ich erfahren hatte, pflegte er, wenn er nicht gerade Dienst hatte, um diese Uhrzeit im Wohnzimmer vor dem Fernseher zu sitzen.

»Da war so ein Käfer! Eine Kakerlake – soooo groß!« Ich konnte sie wie gesagt nicht sehen, ging aber davon aus, dass sie schamlos übertrieb.

»So groß?«, fragte Renés Vater, und an seinem Tonfall konnte ich heraushören, dass er die Größe ebenfalls für übertrieben hielt. »Glaubst du nicht, dass sie eher so groß war?« Jetzt zeigte Herr Reinhardt Frau Reinhardt wahrscheinlich gerade, dass er sie für leicht hysterisch hielt.

»Nein. Sie war sooo groß. Sie ist ...«, schrie Frau Reinhardt erbost und klopfte dann mit dem Saugerrohr gegen die Holztäfelung, hinter der ich mich verbarg, sodass mir der Kopf dröhnte, »... sie ist hier hinter!«

»Und was soll ich jetzt tun?« Oberst Reinhardt gähnte. »Das Haus abreißen?«

Mir wurde das langsam zu bunt. Vorsichtig krabbelte ich an der Innenseite der Holztäfelung in die Richtung, in der ich Renés Zimmer vermutete, als ich Schritte hörte (oder vielmehr eine Art Erdbeben spürte). Es war René.

»Was ist denn los?«, fragte er.

»Deine Mutter glaubt, eine Kakerlake gesehen zu haben, die ihrer Größe nach direkt aus dem Amazonasgebiet stammen muss!«

»Sie war sooo groß«, beharrte Mutter Reinhardt.

»So große Exemplare gibt es in Europa nicht«, sagte René vorsichtig.

(Er hatte recht. Die Periplaneta Americana ist, wie der Name schon sagt, vor allem in Amerika beheimatet, dort ist es nicht nur wärmer, die Kühlschränke und Speisekammern und damit das Nahrungsangebot sind auch größer.)

»Da hörst du's«, brummte der Oberst, »warum musst du überhaupt so spät am Abend noch staubsaugen?«

»Ich habe gesehen, was ich gesehen habe, und ich sauge wann's mir passt«, sagte Renés Mutter.

»Raben, Riesenkakerlaken«, murmelte Oberst Reinhardt, »sonst noch was?«

»Kängurus«, rutschte es René raus.

»Was hast du gesagt?«

»Ach, nichts.«

»Mhm. Jetzt aber ab die Zähne putzen und dann ins Bett!«

Durch den Spalt am Boden lugte ich vorsichtig nach draußen. Der Oberst trug noch seine Uniformhosen, aber keine Stiefel, sondern ein Paar seltsamer, golddurchwirkter Filz-Hausschlappen, die vorne spitz zuliefen. Hemdsärmelig und missmutig schlurfte er zurück in Richtung Wohnzimmer, aus dem die Stimme der Sprecherin der Abendnachrichten drang. Mutter Reinhardt packte die Saugmaschine zusammen. René verharrte kurz auf der Treppe.

»Gute Nacht, Mama«, sagte er.

»Gute Nacht«, entgegnete sie und fügte leise hinzu: »Lies nicht wieder so lange, hörst du? Nicht, dass du wieder Albträume bekommst!«

»Ja, Mama.« René drehte sich müde um, und in dem Schneckentempo, in dem er den Flur langlatschte, hatte ich natürlich überhaupt kein Problem, ihm auf meinen sechs Beinen hinter der Holzverkleidung zu folgen. Oh, Mann. Der Junge war eine echte Schlaftablette. Um ehrlich zu sein, hatte ich ihn, flink krabbelnd, schon auf halber Flurhöhe überholt und war daher schon eine Minute vor ihm an seiner Zimmertür, die ich schnurstracks unterwanderte, und ebenso schnurstracks in seinem Zimmer.

Ach, als Kakerlake ist das Leben so anders. Es ist so viel

schneller als als Mensch (allerdings ist es auch um einiges kürzer, weshalb Kakerlake als letzte Gestalt am Ende keine gute Wahl ist). Jedenfalls hatte ich für meine Verhältnisse endlos viel Zeit, mich erst einmal in Renés Zimmer umzusehen. Relativ gesehen, das wusste ich, würde es gefühlte zehn Minuten dauern, bis Dickie Reinhardt in sein Gemach getrottet kam.

Nach allem, was ich gelernt hatte, war es das ganz normale Zimmer eines irdischen Jungen. Bett und Nachttisch standen unter der Dachschräge, nicht weit vom Giebel mit dem Fenster, hinter dem ich den ersten Kontaktversuch mit dem Jungen unternommen hatte. An der geraden Wand stand ein kleiner Schreibtisch mit Papier und einem Glas mit Stiften darauf. Ein Regal und einen Kleiderschrank und eine Art gepolsterter Armlehnstuhl fand ich noch. An der Wand hingen ein paar Fotos von Leuten, die ich nicht kannte, daneben eine Urkunde mit einem gezeichneten Jungen in kurzen Hosen darauf, der einen weiß-schwarz-geringelten Stab in der Hand hielt und lachte: »Für gute Kenntnisse der Verkehrsvorschriften« stand da. Zwei Wände waren holzgetäfelt wie die im Flur. Als ich René mit unglaublichem Getöse, aber mit gleichermaßen nervtötender Langsamkeit die Tür öffnen hörte, versteckte ich mich ohne große Eile im Regal zwischen zwei Büchern. Von hier aus hatte ich einen guten Überblick.

Behäbig kam der Junge herein. Sobald er die Tür wieder geschlossen hatte, wurde er etwas flinker. Er zog sich schnell aus, streifte sich offenbar ein Nachtgewand über. Dann ging er zur holzgetäfelten Wand neben der Dachschräge. Dort war eine kleine Aussparung ins Holz gesägt, vielleicht kam man durch sie auf das Dach oder zumindest auf den Dachboden. Auf jeden Fall schaute sich dieser René ein-, zweimal verstohlen um (ohne natürlich die fette amerikanische Kakerlake auf seinem Bücherregal zu entdecken), dann öffnete er die Holzklappe und verschwand mit dem ganzen Oberkörper in dem dunklen Loch, nur seine Beine schauten noch heraus. Groß war die Versuchung, mich jetzt schnell, mhm, sagen wir mal – in einen Gorilla zu verwandeln und dem Kerl einen Tritt in den Hintern zu geben. Aber dann fiel mir wieder ein, dass mich Morpheus ja jederzeit bei der Prüfungsbehörde verpetzen konnte. Was mir ein weiteres Problem vor Augen führte: Ich hatte es also glücklich in die Höhle des Löwen oder, sagen wir mal, des Brillen-Bärs geschafft, aber wie ging es nun weiter? Ich hatte keinen Plan, ich hatte keine Ahnung, wieder einmal.

In diesem Moment kam mir der galaktische Zufall, der für eine ganze Reihe wundersamer Ereignisse verantwortlich ist (unter anderem auch für die Entstehung eures mickrigen Planeten), zu Hilfe.

Der Junge kam wieder rückwärts aus seinem Verschlag gekrochen.

Nun entdeckte ich auch, was er dort drinnen gesucht hatte: in der Hand hielt er eines seiner Comic-Hefte! Und so, wie er es anstarrte, musste es ein ganz besonderes Heft sein, besonderer als die Hefte, die schon auf seinem Nachttisch lagen. Er verzog sich in sein Bett und begann darin zu lesen.

»René!«, hörte ich seine Mutter aus dem Flur rufen.

Hektisch packte der Junge das Heft unter die Bettdecke. »Ja, Mama?«

»Du hast noch nicht Zähne geputzt!«

»Ja, Mama.«

»Nun aber flott ins Bad. Zur Strafe vier Minuten putzen!«

René stöhnte. Dann stand er auf und sah kurz zu dem kleinen Holzverschlag. Ich spürte, was er dachte: Ob er seinen »Schatz« wieder zurück in sein Versteck schaffen sollte? Er zögerte, aber schließlich holte er den Comic nur unter der Bettdecke hervor, schob ihn dann unter das Bett und ging aus dem Zimmer hinaus. (Gott sei Dank vergaß er, das Licht auszumachen.)

Vier Minuten! Das ist für eine Schabe eine kleine Ewigkeit! Ihr müsst nämlich wissen, dass für jedes Wesen im Universum die Zeit ein bisschen anders abläuft. Für eine Schabe seid ihr Menschen wie gesagt unendlich langsam und unglaublich alt. Fast so wie Schildkröten. Oder Wale. Ich krabbelte vom Bücherregal hinunter und war in Nullkommanichts unter dem Bett.

Da lag es also vor mir, das Heft – groß wie ein Teppich. Und als ich mir die Zeichnung auf seiner Vorderseite anschaute und dann noch den Titel des Heftes las, war mir klar, was ich zu tun hatte.

Vorne auf dem Comic-Heft war ein junger, ganz in Schwarz gekleideter Mann zu sehen. Er trug zudem einen schwarzen Hut, einen schwarzen Umhang, einen Degen und vor allem aber eine Maske vor seinen Augen. »Die Maske des Zorro«, hieß das Heft.

Vielleicht, dachte ich in diesem Moment, hatten die Maschinisten ja doch recht, und es gab tatsächlich einen Plan. Jedenfalls, das war mir klar geworden, als ich die Schriftzeichen auf dem Heftchen von eurer in meine Sprache übersetzt hatte, war dies selbst für das von unwahrscheinlichen Unwahrscheinlichkeiten verwöhnte Universum eine ganz besondere Unwahrscheinlichkeit. So oder so: Es war Zeit, die Gestalt zu wechseln.

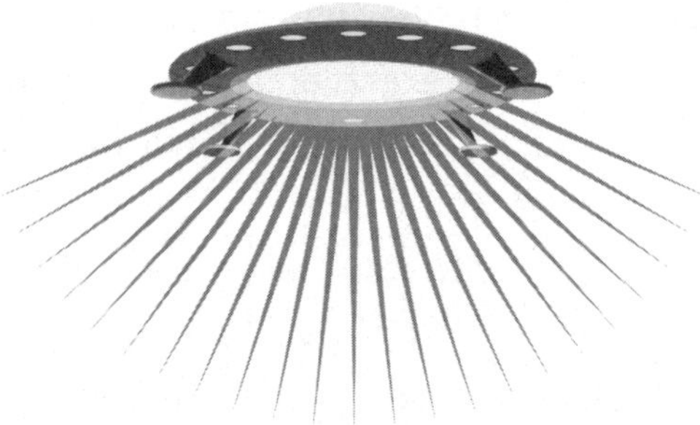

9. KAPITEL:

DIE MASKE DES ZORRO, TEIL I.

Es ist nicht so, dass das All grenzenlos wäre. Wer sich zum Beispiel einmal mit seinem Raumschiff in das System der Reticulaner im Sternbild Netz verflogen hat, kann ein Lied davon singen. Sobald man die äußere Grenze ihres Sonnensystems passiert hat, eine Zone voller Müll und Weltraumschrott, taucht mit Sicherheit wie aus dem Nichts eine Grenzpatrouille auf. Die Reticulaner sind große lilane Spinnenwesen, in der ganzen Milchstraße gefürchtet für ihre großen Strahlenkanonen. Sie haben eine ziemlich große Abneigung gegen alle Arten von Reptilien und Amphibien. Sobald ihre achtbeinigen Grenzpolizisten an Bord gekommen sind, zeigen sie dir ihre Strahlenkanonen und stellen nur eine Frage:

»Führen Sie Krokodile oder Kröten mit sich?«

Antwortet man mit »Ja«, sollte man den Reticulanischen Raum besser sofort verlassen. Antwortet man jedoch mit »Nein«, muss man vor dem Weiterflug ihre Einreiseformulare ausfüllen, die insgesamt 1768 Seiten umfassen, weshalb das Ausfüllen auch einige Wochen dauern kann, und der Tourismus auf Alpha Reticuli nicht gerade boomt.

Misstrauische Grenzschützer und komische Einreisebestimmungen gibt es auf vielen Planeten im Universum. Auf dem Planeten Nummero Drei im System eines Sonne genannten Sterns in einem Außenarm der Galaxie »Milchstraße« gab es rund 13,7 Milliarden Jahre nach der Entstehung des Universums, genauer gesagt im Jahre 1989 lokaler Zeitrechnung, noch eine merkwürdige Regelung, die es unter anderem verbot, dass eine bestimmte Art von kleinen, mit Bildchen bedruckten Zellulosebögen von einem Land, nämlich Deutschland (West = »BRD«) in das andere Deutschland (Ost = »DDR«) gebracht wurden. Hätten sie von dieser Regelung gewusst, dann hätten die Reticulaner vor lauter Unverständnis nur mit ihren Spinnenaugen gerollt. Die Reticulaner lieben Comics, besonders jene von fremden Planeten. Comics sind so ziemlich das Einzige, was sie in ihrer Freizeit lesen. Comics und ein paar frische Unterhosen sind so ziemlich alles, was man im Koffer haben sollte, käme man irgendwann einmal auf die ziemlich abwegige Idee, Alpha Reticuli tatsächlich zu besuchen.

Also: es war verboten, Comics, Romane, Zeitschriften und ... und nun ja, noch eine ziemlich lange Liste anderen Zeugs nach Ostdeutschland in die Deutsche Demokratische Republik zu bringen, und wer mit Comics oder Romanen oder dem anderen Zeug an der Grenze, die Renés Vater zu bewachen hatte, erwischt wurde, dem wurden diese Comics, Romane, Hefte etc. abgenommen.

Was aber passierte danach damit? Eben das wusste keiner so genau. Einige vermuteten insgeheim, dass die Grenzsoldaten, die die Sachen einbehielten, sie selber lasen und später unter der Hand verkauften, aber das wäre streng verboten gewesen und konnte die höchsten Strafen nach sich ziehen. Es gab Gerüchte, dass alle an der Grenze konfiszierten »Druckerzeugnisse« zu einer speziellen Abteilung des »Ministeriums für Staatssicherheit« gebracht würden, eines Ministeriums, das die Bürger der DDR vor Schaden im Allgemeinen und natürlich auch vor dem schädlichen Einfluss der Comics im Besonderen schützen sollte, und dass an einem speziellen Ort unter der Erde speziell ausgebildete Mitarbeiter den ganzen Tag (und wahrscheinlich auch die Nacht) nichts anderes täten, als Comics zu lesen, um herauszufinden, ob, und wenn ja, in welcher Weise sie schädlich wären.

Wie dem auch sei – eines Tages war René zusammen mit seiner Mutter vom Optiker (wo René eine stärkere Brille bekommen hatte) nach Hause gekommen, als sie auf dem Küchentisch den Karton entdeckten.

Der Karton war nicht sehr groß, vielleicht etwas größer als ein Schuhkarton. Er stand einfach auf dem Küchentisch. Renés Vater hatte noch nicht Dienstschluss, aber manchmal ließ er sich trotzdem am frühen Nachmittag für eine halbe Stunde nach Hause fahren, um einen kleinen Imbiss zu nehmen – während der Woche hasste er das Essen in der Kaserne. War er hier gewesen und hatte den Karton dort hingestellt und vergessen?

Der Karton enthielt sogenannte »Druckerzeugnisse« aus

dem Westen: Dünne Hefte, die die Abenteuer des »Schiffsarztes Dr. Varden« erzählten, und dann Comics von Menschen mit übernatürlichen Kräften: Superman, Batman, Wonderwoman, die Grüne Laterne und – nun ja ...

Renés Mutter nahm an, dass ihr Mann die Hefte beschlagnahmt und später, weil er vielleicht nicht richtig wusste wohin damit, auf dem Tisch vergessen hatte.

Sei's drumm, dachte sie sich, und warf einen Blick auf das erste Heft der Reihe »Schiffsarzt Dr. Varden«. René nahm sich »Batman« vor.

Renés Mutter war eine anspruchsvolle Leserin. Kaum hatte sie die ersten Sätze von »Schiffsarzt Dr. Varden – Entscheidung unter Palmen« gelesen , da wusste sie, dass es sich bei den Romanheftchen um Unterhaltungsliteratur der untersten Kategorie handelte. Trotzdem konnte sie das Heft nicht mehr aus der Hand legen. Das Entscheidende an dem braungebrannten Schiffsarzt Dr. Varden, der sie von jeder Titelseite der Hefte etwas dümmlich angrinste, war nämlich, dass er an Bord des Kreuzfahrtdampfers »M.S. Aphrodite« um die halbe Welt schipperte. Die »Aphrodite« legte in Palma de Mallorca an, von dort aus ging es weiter nach St. Tropez, nach Rimini, Neapel, nach Djerba, Casablanca und über den Atlantik nach Trinidad, Tobago, ins Bermuda Dreieck und nach New York. Die Handlung der Heftromane war zwar mehr oder weniger immer gleich (schöne Frau heilen, aber mit gebrochenem Herzen in irgendeinem Hafen zurücklassen), doch die Orte waren jedes Mal neu. Renés Mutter hatte nie in ihrem Leben, nicht einmal in ihrem tiefsten, geheimsten Inneren, nicht für eine

Sekunde daran gedacht, der DDR den Rücken zu kehren, oder gar zu flüchten! Aber nach diesen Reisen sehnte sie sich im Stillen schon seit Langem. Sie wollte etwas von der Welt sehen. Nicht abhauen – verreisen und wieder zurückkommen können, das wollte sie.

Und René? Er konnte nicht aufhören, sich die West-Comics anzusehen. Nicht, dass es im Osten keine Comics gegeben hätte, es gab sogar eine recht erfolgreiche und beliebte Reihe, bei der sich alles – soweit ich mich erinnere – um drei lustige, clevere Gnome drehte, die in verschiedenen Zeiten lustige und auch lehrreiche Abenteuer erlebten. Im Gegensatz dazu waren Batman und Superman ziemlich humorlose – und manchmal auch etwas unterbelichtete Gesellen. Es war etwas anderes, das René faszinierte: Batman und seine Kollegen kamen aus der Welt der Erwachsenen. Die Bösen waren böse, wie nur die Erwachsenen böse sein konnten, und die Superhelden, die das Böse bekämpften, waren Helden, wie man nur als Erwachsener einer sein konnte. René sah ihre Muskeln, ihre kantigen, entschlossenen Gesichter und wollte so sein wie sie. Und dann die Frauen! Sie hatten so lange Beine und so geheimnisvolle Augen! Sie trugen eng anliegende Trikots und lösten bei René ganz seltsame, widerstreitende Gefühle aus. Sehr lange verharrte sein Blick auf Wonderwoman.

René und seine Mutter beschlossen, den Karton in die Besenkammer zu stellen und erst einmal nicht zu erwähnen. Wenn dem Vater wieder einfiele, dass er ihn auf dem Tisch vergessen hatte, dann könnte Renés Mutter unschuldig sagen, sie habe ihn in die Besenkammer gestellt, und ihren Mann daran erinnern, dass er nicht immer überall seine Sachen rumliegen lassen solle.

Aber Oberst Reinhardt fragte nie nach dem Karton. Er schien ihn vollkommen vergessen zu haben. Und auch die Dienststelle, zu der er den Karton und seinen Inhalt mit Sicherheit hatte schicken wollen, vermisste ihn anscheinend nicht. Heimlich lasen sie weiter in den Heften, René die Superhelden-Comics, seine Mutter die Arztromane. Stillschweigend hatten sie das Abkommen getroffen, dass keiner den anderen verriete. Und dass René an jenem Abend, als ich ihn als Rabe ansprach, eine Ohrfeige von seiner Mutter bekommen hatte, hatte nur einen Grund: Er hätte nicht im Bett die »Grüne Laterne« lesen und dann – wie sie annahm – einschlafen dürfen! Wäre nämlich statt ihrer Renés Vater nach dem Schrei in sein Zimmer gekommen, wäre alles aufgeflogen!

Nun werdet ihr sagen, dass das mit dem Karton voller West-Comics doch eine ziemlich unwahrscheinliche Geschichte ist. Aber dass der Karton auf dem Tisch stand, war kein Zufall. In keinster Weise. Doch davon später.

Ihr erinnert euch: Es ist der Erdenmonat Januar im Jahr 1989, eine schwer bewachte Grenze teilt eine »Deutschland« genannte planetare Region in zwei Hälften. In der östlichen davon glaubt ein Junge namens René, er sei verrückt, und putzt sich dabei die Zähne. Ich, Zorro Vela, verharre in der Gestalt einer amerikanischen Kakerlake unter seinem Bett.

Und vor mir liegt Zorro. Vielmehr ein Comic-Heft mit dem Titel »Die Maske des Zorro, Teil I«.

Nun werdet ihr euch vielleicht fragen, wie ich Zorro heißen konnte, bevor ich überhaupt wusste, wie euer Zorro aussieht.

Also, ich will euch mal was sagen, das ihr euch gefälligst hinter eure kleinen Ohren schreiben solltet: Das Universum ist alt und groß. Sehr alt und sehr groß, versteht ihr? Und in einem so großen, alten Universum passieren dauernd irgendwelche seltsamen, sehr unwahrscheinlichen Dinge. Diese Dinge liegen halt nur raumzeitlich ziemlich weit auseinander, weshalb es niemandem auffällt.

Wollt ihr mal wissen, was unwahrscheinlich ist? Ihr seid unwahrscheinlich. Wisst ihr, wie es auf den meisten Planeten in diesem unserem schönen Universum aussieht? Wenn es sich nicht gerade um einen sturmgepeitschten, stinkigen Gasriesen wie euren Jupiter handelt, sind die meisten Planeten entweder dunkle, leblose Eis- und Geröllwüsten oder lavakochende Backofen. Euer Planet, eure Erde, mit ihren Ozeanen, ihren Wäldern, Savannen, ja selbst den Wüsten, mit den Tieren, mit allem, was lebt – mit euch. Das ist unwahrscheinlich. Jeder Einzelne von euch ist extrem unwahrscheinlich. Das solltet ihr nie vergessen.

Was nun meinen Namen angeht, ist es so, dass auf Oneiros der Klang äußerst wichtig ist. Genauer gesagt, der Klang in der Ursuppe, ihr würdet sagen »unter Wasser«. Man muss den Namen in der Ursuppe aussprechen, und wenn er dann gut blubbert, ist es der richtige.

Im Gegensatz zu euch Menschenkindern können wir uns glücklicherweise unsere Namen selbst aussuchen. Wir haben also keine beknackten Eltern, die uns Pumuckl oder Cora-Lee-Sophie nennen.

Ich fand Zorro von Anfang an cool: Zorro klingt einfach wahnsinnig gut. Zorro – brrrrl! Versucht das mal in der Badewanne unter Wasser zu sagen, und ihr wisst, wie cool das ist. Außerdem war Zorro ziemlich speziell – keiner meiner Kumpels hatte einen auch nur annähernd ähnlich klingenden Namen. Im Übrigen – wenn mir nun irgendein interstellarer Reisender erzählt hätte, dass auf einem Planeten in einem Sternsystem in einem Außenarm der Galaxie so ein erfundener degenschwingender Maskentyp genauso heißt – wär' mir das mit Sicherheit ziemlich egal gewesen!

Aber nun lag er vor mir: Zorro. Schwarze Klamotten, schwarzer Umhang, schwarze Maske, schwarzer Hut. Also ich glaube, ich muss jetzt nicht groß sagen, in wen oder was ich mich als Nächstes verwandelte.

10. KAPITEL:

DIE MASKE DES ZORRO, TEIL II.

René hatte sich für seine Verhältnisse sehr ausführlich, das heißt mindestens eine Minute lang, die Zähne geputzt, als er wieder den Rückweg in sein Zimmer antrat. Er fühlte sich müde und niedergeschlagen und musste ständig daran denken, was seine armen Eltern wohl sagen würden, wenn er ihnen von dem sprechenden Raben und dem sprechenden Känguru erzählte, kurz und gut – wenn er ihnen beichtete, dass er verrückt geworden war.

Wahrscheinlich würden sie sich Vorwürfe machen. Die erste Sorge der Erwachsenen war immer, dass sie schuld waren, und ihr nächster Gedanke, wie sie es hinbiegen konnten, dass sie keine Schuld mehr hatten.

Er öffnete die Tür seines Zimmers, und es dauerte einen Moment, bis ihm wieder einfiel, dass unter seinem Bett ja noch der verbotene Comic lag – sosehr hatte ihn die Grübelei über seinen Irrsinn abgelenkt. Er kroch also unter sein Bett und gerade als er nach dem Heft griff, war ihm, als hätte es da in seinem Zimmer ein ganz kurzes Aufleuchten gegeben, als hätte jemand mit Blitzlicht ein Foto geschossen. Und als er dann mit dem Heft in der Hand wieder unter dem Bett hervorkroch, hatte er irgendwie ein ganz, ganz merkwürdiges Gefühl – so als ob da noch jemand im Raum wäre. Doch noch bevor er sich auch nur umdrehen konnte, hörte er eine leise, raue Stimme, die zu ihm sagte:

»Bueno, hombre, ich weiß, was du jetzt denkst, aber ich rate dir bei deinen Cojones, wenn du jetzt wieder schreist, oder hier sonstwie loco wirst, dann –« In diesem Moment spürte René, dass ihn etwas in den Hintern pikte. Langsam – sehr langsam – drehte er sich um.

Vor ihm stand ein junger, schlanker Mann, ganz in Schwarz gekleidet, mit einem schwarzen Umhang, einem schwarzen, breitkrempigen Hut und einer schwarzen Maske. Worauf René jetzt allerdings starrte, war der Degen, den der Maskenmann in der Hand hielt.

»Comprende?«, raunte er. »Wenn du jetzt hier mucho ruido machst – schlitz ich dir den Bauch auf.«

»Rrrrrr-ruido?«

»Krach. Krach auf Spanisch.«

»Ich kann gar kein Spanisch.«

»Eben«, sagte der Mann, »und bevor jetzt wieder die ganze Leier losgeht, von wegen ›oh Gott, ich bin verrückt, ich halizuniiiiiiere‹, würde ich mir an deiner Stelle, amigo, mal die Frage stellen, ob du schon mal was von ’ner Halluzination gehört hast, die Fremdsprachen spricht.«

Das hatte René tatsächlich nicht. Doch diese Erkenntnis machte alles nicht unbedingt leichter. Er fühlte, wie der Boden unter ihm wankte.

»Was ist los, amigo? Du bist ein wenig verde im Gesicht.«

»Verde?«

»Grün.«

»Mir ist irgendwie schlecht.«

»Mierda! Auch das noch! Musst du kotzen, oder was?«

»Nein, danke. Es geht schon. Aber wenn du keine Halluzination bist, dann bist du – Zorro?«

»Ja«, sagte Zorro, »das heißt nein! Also ich bin Zorro, aber nicht der Zorro, der du glaubst, dass ich bin.«

Tatsächlich wusste René in diesem Moment nicht mehr recht, was er glauben sollte.

»Also«, begann René langsam, »ich bin nicht verrückt, weil ich kein Spanisch kann, und du bist Zorro, aber irgendwie bist du auch wieder nicht Zorro?«

»So ähnlich. Das heißt, wenn du Spanisch könntest, wärst du natürlich auch nicht verrückt, jedenfalls nicht verrückter als die anderen Menschen. Ich heiße Zorro, zufällig, wirklich ganz zufällig so wie euer Typ in dem Comic, und ich habe mich in diesen Comic-Zorro verwandelt, weil ich dachte, eine vertraute Gestalt würde es vielleicht leichter machen, dich zu überzeugen. Als Rabe oder Känguru habe ich dir ja nicht gefallen! Außerdem sehen diese Klamotten doch cool aus, oder?«

»Du kommst aus dem Westen!«

Zorro deutete mit der Degenspitze zur Zimmerdecke. »Ich komme von oben!«

»Wovon willst du mich überzeugen?«

»Eben davon, compañero! Dass ich ein Außerirdischer bin und zusammen mit ein paar Erdenkindern die Erde retten muss. Unter anderem mit dir, Chico!« Zorro stellte einen Stiefel auf Renés Bettkante und beugte sich etwas vor. »Und weil die nächste deiner dämlichen Fragen natürlich lauten wird ›Aber wovor, großer Zorro, musst du uns arme Erdenwürmer retten?‹, will ich dir gleich antworten: Vor ein paar Außerirdischen, die lange nicht so nett sind wie ich, und die euren langweiligen kleinen Planeten pulverisieren wollen.«

»Warum?«

»Warum, warum – sind die Erdlinge so dumm? Woher soll ich denn das wissen? Vielleicht ist er ihnen einfach im Weg. Vielleicht hassen sie die Farbe Blau. Vielleicht mögen sie eure Fernsehsendungen nicht, die man mit einem billigen Hyperraumdecoder in jedem Winkel der Galaxis empfangen kann! Wen interessiert das? Ich habe einen Auftrag, und dieser Auftrag lautet: ›Rettung der Erde‹! Und diesen Auftrag werde ich ausführen!«

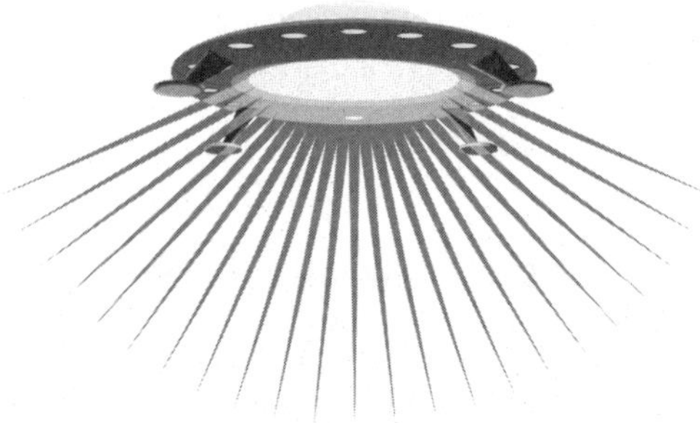

11. KAPITEL:

DIE TÜR

Zunächst einmal: Eine Tür ist eine Tür ist eine Tür. Es gibt viele Dinge im Universum, die ihr nicht kennt und die es bei euch Menschen nicht gibt, und es gibt viele Dinge bei euch, die im Rest des Universums nahezu unbekannt sind. Die Abseitsregel im Fußball beispielsweise kennt niemand in der Nähe des Procyon, und nicht nur dort würde sie auch niemand verstehen. Umgekehrt wäre das sehr beliebte Fünf-Dimensionen-Halma, das man auf Beta-Gruis spielt, wahrscheinlich, nun ja, mindestens zwei Dimensionen zu hoch für euch.

Aber Türen sind in der einen oder anderen Form im ganzen Universum bekannt. Nach eurem Verständnis führen sie hinein oder hinaus aus einem Raum in den nächsten, der – in eurer Wahrnehmung – dahinter liegt. Dabei nehmt ihr an, dass die Tür immer am gleichen Platz bleibt, das heißt, außer dass sie auf- und zugehen, bewegen sich die Türen nicht. Das ist natürlich eine kosmische Täuschung. Alles bewegt sich, nichts steht still im Universum, weswegen ja auch die Abseitsregel im Fußball so sinnlos ist und das Fünf-Dimensionen-Halma so viel Spaß macht. Die Erde dreht sich, kreist um die Sonne, die Sonne kreist um das Zentrum der Galaxie und so weiter. Genau genommen kreist also auch jede x-beliebige Tür um das Zentrum der Galaxie. Dass nichts still steht, dass sich alles verändert, dass auch die Zeit ein Teil des Raums ist und der Raum ein Teil der Zeit, haben sich die Maschinisten zunutze gemacht, und deswegen sind sie die Meister der Türen. Man kann durch eine ihrer Türen eintreten und kommt auf der anderen Seite dort heraus, wo eine Tür schon war oder bald sein wird. Je größer die Entfernung, desto größer muss die Tür sein, weswegen man mit dieser Technik nicht zwischen weit entfernten Planeten oder gar Sternen hin und her reisen kann. Aber es ist möglich, kurze Distanzen zu überwinden, indem man einfach durch eine Tür geht, zumindest solange das Raum-Zeit-Feld der jeweiligen Tür stabil ist.

Ungeheuer praktisch, nicht wahr?

Okay, wo kommt die Tür her?

Nun, man kann Türen nehmen, die schon da sind, aber ein unscheinbares, vernachlässigtes Dasein fristen und praktisch nie benutzt werden. Vergessene Türen sind ideal, weil keiner von euch Erdlingen sie beobachtet oder auch nur beachtet.

Wenn jedoch keine vergessenen Türen vorhanden sind, kann man ausnahmsweise eine Tür bauen, wo vorher keine war, und damit diese möglichst wenig auffällt, muss sie so aussehen, als ob sie immer schon da gewesen sei. Selbst das funktioniert bei euch erstaunlich gut. Wenn eine Sache nur alt und gammelig genug aussieht, kommt keiner von euch darauf, dass damit etwas nicht stimmen könnte.

Am Samstag, nachdem ich mich René als Zorro offenbart hatte, und zwar endlich erfolgreich, denn er zweifelte nun nicht länger daran, dass ich ein Außerirdischer war und wir – zusammen mit ein paar anderen – die Erde retten mussten, passte ich ihn vor der Schulsporthalle ab. Seine Mutter nahm an, er ginge noch zum Judo-Training, einen Sport, in dem er einen gewissen Erfolg verbuchen konnte, was allerdings auch daran lag, dass sich in Marksdorf und Umgebung kaum Gegner in seiner Gewichtsklasse fanden.

Das Wettkampftraining fand einmal im Monat zusätzlich statt, um die Kinder auf das Auswahlturnier im Frühjahr vorzubereiten. Dem Judo-Trainer, der gleichzeitig Sportlehrer an Renés Schule war, hatte ich mich zuvor in der Gestalt von Renés Mutter gezeigt, und mitgeteilt, dass René nicht mitmachen könne, da er stark erkältet sei und Fieber habe.

René führte ab und zu den Boxerhund eines Bekannten seiner Eltern aus, immer wenn der Bekannte an diesen Tagen in der Kreisstadt war, und so schien es mir am unverfänglichsten, wenn ich mich in eben jenen armen Hund verwandelte, der zur gleichen Zeit wahrscheinlich friedlich zu Hause auf seiner Hundedecke lag und schnarchte.

Als René vor dem Schultor stand, wackelte ich mit meinen Schlappohren und wedelte mit meinem Schwanzstummel und sprang schließlich an ihm hoch, um ihm vor Freude ausgiebig das Gesicht abzuschlecken.

»Lass das!«, rief er. »Muss das sein?«

Da gerade niemand in Hörweite war, antwortete ich:

»Leider ja. Wenn ich mich in eine andere Spezies verwandele, übernehme ich auch immer ein paar ihrer unterschwelligen Instinkte, anders geht es nicht. Und in diesem Fall war das Verlangen, dich abzuschlecken, einfach übergroß, ich komme nicht dagegen an. Glaub' mir, ich mach' das auch nicht gern.«

»Gut, dass du dich nicht in ein Krokodil verwandelt hast!«

»Stimmt, das könnte kompliziert werden. Bitte zieh' nicht so fest an der Leine. Wie heiße ich eigentlich?«

»Zeus.«

»Zeus? Wie dieser Hallodri von Herculi Prime, der mal auf eurem Planeten notlanden musste und sich dann als Ich-weiß-nicht-wer ausgegeben hat? Hat ja angeblich ein Leben in Saus und Braus geführt, ich sage dir, der gibt heute noch in jeder Kneipe der Galaxis damit an.«

»Ja, genau wie der«, knurrte René. »Jetzt ziehst übrigens du an der Leine. Wohin gehen wir eigentlich?«

Die Frage musste kommen. Als René sie stellte, gingen wir gerade an der seltsamen Mauer mitten in Marksdorf entlang.

»Wir müssen den Rest zusammentrommeln.«

»Den Rest wovon?«

»Na ja, den Rest von unserer kleinen ›Wir-retten-die-Erde-Bande‹ würde ich mal sagen. Kinder, so wie du. Hoffentlich sind die ein wenig schneller davon zu überzeugen, dass ich ein Außerirdischer bin. Und dass andere Außerirdische euren Planeten in die Luft jagen wollen.«

»Und wo finden wir diese anderen Kinder?« René schien mir alles andere als begeistert zu sein.

»Hinter der Tür«, antwortete ich.

»Hinter welcher Tür?«

»Na, hinter der da.«

Wir standen vor einem Haus gegenüber der Mauer, dessen Fenster Richtung Grenze zugemauert waren. Direkt vor uns war eine Eisentür, alt und rostig, ein Ding, das aussah, als sei es schon seit Ewigkeiten nicht mehr auf- und zugemacht worden.

»Merkwürdig«, sagte René, »ich bin hier auf meinem Schulweg fast jeden Tag vorbeigekommen, aber diese Tür ist mir bis vor Kurzem nie aufgefallen.«

»Natürlich nicht. Aber keine Bange – du bist nicht verrückt oder vergesslich oder so was. Es ist alles in Ordnung. Pass auf, es läuft so, du machst die Tür auf, ich gehe voran und du kommst mir hinterher. Verstehst du? Normalerweise wäre es mir ja lieber, wenn du zuerst gingst, aber in der Gestalt eines Hundes ist es nicht so leicht, die Tür offen zu halten und hinter sich wieder zuzumachen. Deswegen gehe ich zuerst und du folgst mir unmittelbar. Also bitte, bitte, diesmal keine weiteren dummen Fragen, keine unsinnigen Grübeleien wie ›soll ich, oder soll ich nicht durch diese Tür gehen‹! Die Tür ist nämlich, wenn wir sie erst einmal geöffnet haben, nur wenige Minuten offen. Verstanden?«

»Verstanden«, antwortete René, atmete tief durch, drückte den Griff nach unten und zog die Tür auf. »Moment mal, willst du mir nicht wenigstens sagen, was dahinter ist?«

»Nein. Überraschung!«, entgegnete ich, schlüpfte an seinem Bein vorbei und zog ihn, da er – dem Universum sei Dank – die Leine nicht losgelassen hatte, hinter mir her.

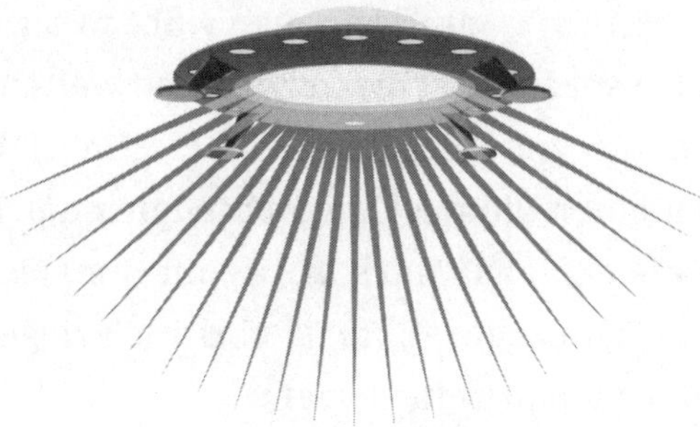

12. KAPITEL:

DER WESTEN

Wir hatten den perfekten Ausgang: Es war der Eingang zum alten Wasserspeicher im Wald von Marksdorf. Dieser Wasserspeicher, in den Berg eingelassen, wurde schon länger nicht mehr genutzt, die Tür war rostig und quietschte ganz schön, als wir hinaustraten in den kühlen, dunklen Tannenwald. Natürlich war mein menschlicher Kamerad ein wenig verwirrt.

»Wo sind wir?«, fragte René.

»Na, im Wald würde ich sagen«, antwortete ich, schnüffelte am Stamm einer Kiefer, und – ich konnte nicht anders – hinterließ meine Marke.

»Ich meine – wo im Wald? Diesen Wasserspeicher kenne ich nicht, und diesen Weg da auch nicht.«

»Tja, dann sind wir wohl in einem Teil des Waldes, den du nicht kennst. Hier geht's lang«, entgegnete ich und trottete voran.

»Sind wir etwa«, begann René und seine Stimme zitterte dabei, »im Westen?«

»Ja«, antwortete ich, »das kann man wohl so sagen. Wir sind im Westen.« Ich spazierte schwanzwedelnd weiter. Ach, es gab ja so viel zu entdecken – das heißt – zu erschnüffeln! Da hörte ich hinter mir einen Plumps! Ich drehte mich um: René lag im Schnee, war kreidebleich und starrte zum Himmel.

»Ich bin erledigt«, sagte er, »man wird mich wegen Republikflucht für zwanzig Jahre einsperren!«

Ich schüttelte den Kopf. »Geht das jetzt schon wieder los? Also Junge, wenn du so weitermachst, werden die Außerirdischen dafür sorgen, dass euer Planet pulverisiert wird, und dann kann dich niemand mehr irgendwo einsperren.«

»Und alles, was ich vor Gericht zu meiner Verteidigung sagen kann, ist: Ich wurde von einem Außerirdischen, der wie ein Hund aussah, dazu angestiftet, durch eine rostige Tür zu gehen!«

»Wer redet denn hier von Flucht? Wir machen einen Ausflug! Das ist nicht dasselbe. Kannst ja, wenn wir alles erledigt haben, wieder zurückgehen.«

»Wirklich?«

Ich ging zu ihm, schleckte ihm das Gesicht.

»Iii! Lass das!«

»Dann steh auf!«

Widerwillig erhob er sich, und in gemächlichem Tempo trotteten wir durch den winterlichen Wald.

René konnte natürlich nicht so gut hören oder riechen wie ich, trotzdem – was ich ganz erstaunlich fand – meinte er irgendwann: »Psst. Ich glaube, wir werden verfolgt.«

»Korrekt«, sagte ich.

»Wie jetzt«, flüsterte er, »heißt das, wir werden wirklich verfolgt?«

»Warum flüsterst du?«

»Weil wir verfolgt werden!«

»Das ist ein wenig unsinnig, findest du nicht? Unsere Verfolgerin weiß doch, dass wir hier sind, sonst könnte sie uns ja nicht verfolgen, warum also flüstern?«

»Sie?«

»Das Mädchen, das uns verfolgt. Sie hat sich da hinten hinter dem Baum versteckt.«

»Ich sehe niemanden.«

»Ich auch nicht, aber ich kann sie riechen und hören.«

»Und was jetzt?«

»Ich schlage vor, du sagst ihr, sie soll hervorkommen.«

»Ich?«

»Es ist immer besser, wenn man die Wahrheit von seinesgleichen erfährt – und nicht etwa von einem sprechenden Kaninchen oder Hund.«

»Känguru!«

Ich grinste – das heißt, Hunde können natürlich nicht grinsen, weswegen mein Gesichtsausdruck wohl eher wie ein freundliches Zähnefletschen aussah. René seufzte. Es fiel ihm sichtbar schwer, aber dann setzte er sich doch in Richtung des besagten Baumes in Bewegung.

Als er ihn erreicht hatte, stemmte er die Hände in die Hüften und rief: »Du kannst aus deinem Versteck kommen, wir wissen, dass du da bist!«

Kaum hatte er seinen Satz beendet, da trat ein Mädchen,

kaum so alt wie René, aber viel kleiner und dünner, und mit einer großen Brille auf der Nase, hinter dem Baum hervor.

»Annett – die Brillenanakonda«, stöhnte René.

»Hallo René, wie geht's denn so?«

»Was fällt dir ein, uns einfach zu verfolgen?«

Annett ignorierte diese Frage, stattdessen wollte sie wissen: »Wie hast du das gemacht – das mit der Tür, meine ich?«

Ich war gemütlich zu den beiden gelaufen, legte nun meinen Kopf etwas zur Seite und schaute René mit großen, dunklen Hundeaugen treuherzig an, als wüsste ich auch ganz gerne, wie er das gemacht hatte.

»Und warum hast du Zeus mitgenommen?«, ergänzte Annett.

»Hör zu, Annett, das ist alles etwas kompliziert, ich würde sagen, sogar sehr kompliziert ...«

»Ich mag Dinge, die sehr kompliziert sind.«

»Und es ist verboten. Sehr verboten sogar. Weil, weil ...«

»Weil du den Hund entführt hast?«

René ließ die Schultern hängen. Was half es? Die Wahrheit musste Annett völlig verrückt vorkommen, aber sosehr er auch nachdachte, ihm fiel keine glaubhafte Lüge ein, mit der er alles hätte erklären können.

»Ich habe den Hund nicht entführt, weil der Hund kein Hund ist.«

»Zeus ist nicht Zeus?«

»Nein, der richtige Zeus liegt zu Hause auf seiner Hundedecke und schläft wahrscheinlich. Das hier ist«, er zögerte, »ein Außerirdischer, der sich in alles Mögliche verwandeln kann.« Plötzlich redete René wie ein Wasserfall. Ich nahm an, dass es ihn erleichterte, endlich mit einem anderen Menschen über die seltsame und total unglaubwürdige Geschichte zu reden, in die er da hineingeraten war. Möglich, dass er auch immer noch ein ganz klein wenig die Befürchtung hatte, nicht ganz normal zu sein, und sich das alles nur einzubilden.

»Also«, fuhr er fort, »ich bin mit ihm durch diese Tür hierher in den Westen gegangen – ja, du hast richtig gehört, in den Westen, in die BRD, was mich und jetzt leider auch dich, für zwanzig Jahre ins Gefängnis bringen kann. Und warum das alles? Weil wir die Erde vor ein paar anderen Außerirdischen retten müssen, die uns alle vernichten wollen, darum.«

Annett starrte erst mich, dann René an, bevor sie sagte: »Das ist das Beknackteste, was ich jemals gehört habe.«

Sie ging in die Hocke und betrachtete mich. »Andererseits wäre diese Antwort völlig kongruent mit einigen Merkwürdigkeiten, die ich in letzter Zeit beobachten konnte.«

»Kongru – was?«, fragte René.

»Es passt alles zusammen, meine ich: Deine Behauptung, dass dieser Hund ein Außerirdischer ist, würde gleich mehrere Fragen auf einmal beantworten: Warum du dich in der Schule bei Paffke selbst geohrfeigt hast, warum du glaubtest, verrückt zu sein, es aber gar nicht bist, und wie wir durch eine alte rostige Tür einfach so in den Westen spazieren konnten. Die Wissenschaft lehrt uns, dass eine Antwort, die gleich mehrere knifflige Rätsel auf einmal löst, meistens richtig ist. Was ist das für ein komisches Halsband, das dein Freund da umhat?«

»Nicht anfassen!«, rief René entsetzt.

»Wieso? Werden wir dann alle vaporisiert, auf einen anderen Planeten gebeamt, oder so was?«

»Ich weiß, nicht, keine Ahnung, aber man soll dieses außerirdische Zeugs eben einfach nicht anfassen, das ist doch klar!«

»Wuff!«, machte ich.

»Kannst du ihm sagen, dass er was sagen soll?«, fragte sie.

Jetzt reicht es, dachte ich mir, und erwiderte: »Nein, das kann er nicht. Ich bin nämlich kein Hund, der sich von seinem Herrchen irgendwas befehlen lässt.«

Schon beim letzten Wort biss ich mir auf meine lange Hundezunge. Ich erinnerte mich nämlich daran, was bei meiner ersten Begegnung mit René passiert war, als ich ihm als Rabe ebenso schonungslos die Wahrheit gesagt hatte. Doch zu Renés Überraschung (und auch ein wenig zu meiner), rannte Annett nicht sofort schreiend zurück in den Wald, sondern sah mich ganz ruhig an und fragte:

»Wenn René aber nicht unter die Bauchredner gegangen und du wirklich kein Hund bist, was bist du dann?«

»Ich bin Zorro Vela, vom Planeten Oneiros.«

»Und du bist gekommen, die Welt zu retten?«

»Ja, aber nicht alleine, sondern mit euch zusammen. Allerdings müssen wir jetzt wirklich weiter, um eure Freunde zu treffen. Alles Weitere erklär ich euch später.«

»Was für Freunde?«, wollte René wissen, »ich habe keine Freunde im Westen!«

Und im Osten auch nicht, hätte ich beinahe hinzugefügt, verkniff es mir aber und sagte stattdessen: »Noch nicht, René, noch nicht.«

Wir waren vielleicht einen dreiviertel Kilometer durch den Wald marschiert, als Annett auffiel: »Zorro – dein Halsband leuchtet so komisch.«

»Tut es das?«, sagte ich. »Sehr gut.«

»Was hat das zu bedeuten?«, wollte René wissen. »Gefahr?«

»Gefahr würde ich es nicht nennen. Es bedeutet, dass da vorne, hinter der nächsten Wegbiegung, eine Möglichkeit wartet.«

»Was denn für eine Möglichkeit?«, fragte Annett.

»Zunächst einmal müsst ihr begreifen, dass grundsätzlich alles möglich ist. Nur sind eben einige Möglichkeiten unwahrscheinlicher als andere. Es ist zum Beispiel ziemlich unwahrscheinlich, dass hinter dieser Biegung einer dieser süßen grünen Plüschtausendfüßer aus dem System von Delta Sculptoris auf uns wartet. Aber völlig unmöglich ist es nicht. Diese possierlichen Wesen werden gerne als Haustiere gehalten – solange sie noch klein und nicht so schrecklich gefräßig sind. Na ja, es könnte ja sein, dass irgendein genervter Weltraumtourist seinen auf der Durchreise nach Ich-weiß-nicht-wohin hier ausgesetzt hat. Aber sehr wahrscheinlich ist das eben nicht.«

»Verdammt, Zorro«, stöhnte René, »kannst du uns nicht einfach sagen, was uns hinter der nächsten Kurve erwartet?«

»Hast du, René, nicht immer davon geträumt, so zu sein wie die Superhelden, von denen du heimlich in den verbotenen Comics gelesen hast? Wolltest du nicht immer so einer sein wie dieser Fledermaustyp – ein Held, der aus dem Nichts kommt, die Schwachen beschützt und für Gerechtigkeit sorgt?

Nun, da vorne hinter der Biegung des Weges, wartet eine Möglichkeit, genau das zu sein.«

Tim hasste den Weg nach Hause. Nicht, dass er nicht froh gewesen wäre, nach Hause zu kommen, aber der Weg dorthin war an beinahe jedem Tag eine Qual, besonders jetzt, seitdem seine große Schwester Lucy in die Kreisstadt auf das Gymnasium ging und er ihn ganz allein gehen musste. Tim war in der vierten Klasse und besuchte noch die Grundschule in West-Marksdorf. Auf dem Weg von dort zurück nach Hause, musste er ein Stück durch den Wald gehen, wo ihm regelmäßig zwei seiner Klassenkameraden – Reiner und Marko – auflauerten.

Reiner war der Stärkste aus der Klasse 4b. Das war ein Titel, den er sich durch zahlreiche Prügeleien erworben hatte. Inzwischen war er ohne Zweifel der Stärkste und auch der Größte, denn er war zweimal sitzen geblieben und überragte alle anderen in der 4b.

Marko war der Dümmste in der Klasse. Aber wenn man ihm das sagte, holte er seinen Freund Reiner, damit der demjenigen, der gewagt hatte, so etwas zu sagen, eine »Lektion« erteilte. Marko war nicht besonders stark, aber er war Reiner treu ergeben, so treu, dass auch er zweimal sitzen geblieben war. Wenn Reiner jemandem eine »Lektion« erteilte, dann hielt Marko das Opfer gerne fest, damit Reiner ihm ohne unnötige Anstrengung in den Bauch boxen, oder – im Winter, wenn Schnee lag – das Gesicht einseifen konnte. Dieses Opfer war leider meistens Tim.

Als Tim an diesem Tag durch den Wald stapfte, plagte ihn die

Ahnung, dass Reiner und Marko hinter einem Baum auf ihn warteten. Er nahm sich vor, diesmal ganz mutig zu sein, um wenigstens zu versuchen, dem Reiner oder – was vielleicht eher möglich wäre – dem Marko einmal richtig eine runterzuhauen. Natürlich würden sie ihn danach erst recht schlimm verprügeln, aber das musste es ihm einfach wert sein. Das Problem war nur, dass ihm am Ende bislang immer der Mut gefehlt hatte.

Tim sprach es nie aus, aber insgeheim glaubte er, dass seine Mutter daran schuld war. Seine Mutter und ihr neuer Freund, dieser Gerd. Seine Mutter sagte immer so Sachen wie »Gewalt ist keine Lösung« und der »Klügere gibt nach«. Nun, der Klügere zu sein war bei Reiner und Marko wirklich nicht schwer, aber was hatte er vom Nachgeben? Blaue Flecken!

Seine Mutter und Gerd beharrten jedoch darauf, dass nur absoluter Gewaltverzicht zum Weltfrieden führen könne. Regelmäßig schleppte seine Mutter Tim und Lucy zu irgendwelchen Friedensdemos, Anti-Aggressions-Workshops oder Eine-Welt-Treffen. Bei Gerd ging die Gewaltlosigkeit so weit, dass er einmal im Jahr zwei Wochen lang nichts sagte. Gerd glaubte, dass auch Wörter Waffen waren, und dass die Sprache voll von »Unterdrückung und Aggression« sei. In den zwei Wochen sagte er deshalb nichts, also wirklich überhaupt gar nichts. »Schweigen für den Frieden« nannte er das.

Diese zwei Wochen waren die schlimmsten im ganzen Jahr, denn seitdem ein Reporter der Lokalzeitung Gerd zum Schweigen interviewt hatte, wussten auch seine Klassenkameraden davon, und Tim war noch schlimmeren Hänseleien ausgesetzt.

Der Wald war still, und das mochte Tim am allerwenigsten, denn er bildete sich ein, dass der Wald immer dann besonders still war, wenn die beiden Grobiane ihn erwarteten. Ob das wirklich so war? Wahrscheinlich war es dem Wald egal, ob er verprügelt wurde oder nicht, dachte sich Tim, wie es überhaupt jedermann egal war, außer vielleicht Lucy, aber seine Schwester hatte ja heute schulfrei und war zu Hause.

Bald hörte er nicht weit vor sich ein unterdrücktes Glucksen, ein verschämtes Kichern. Er hätte natürlich kehrtmachen und den ganzen Weg zurücklaufen können, aber auf diese Weise käme er nie nach Hause. Also ging er weiter.

Marko saß auf einem quer liegenden Baumstamm und hatte große Mühe, sein Gekicher zu unterdrücken.

»Na, Rotkäppchen«, prustete er heraus, »hast du dich verlaufen? Hast du keine Angst vor ... vor dem bösen Wolf?« Kaum hatte er das gesagt, konnte er sich vor Lachen kaum mehr halten. Tim ahnte, dass Reiner nicht weit war, denn Marko würde nie allein in den Wald gehen, um ihm aufzulauern, er käme gar nicht darauf. Tim drehte sich um, vielleicht konnte er dem Unheil ja doch noch irgendwie entkommen.

Kaum hatte er sich umgedreht, sprang jemand hinter dem nächsten Baum hervor – Reiner!

Er grinste. »Sieh an, Rotkäppchen«, höhnte er, »so allein? Hast du keine Angst vor dem bösen, bösen Wolf?« Ohne die Antwort abzuwarten, ging er auf Tim zu und schubste ihn, sodass er ein paar Schritte Richtung Marko stolperte.

»Lass mich in Ruhe, Reiner«, sagte Tim leise.

»Falscher Text, Spast. Das muss heißen: ›Warum hast du so

große Zähne?‹ Na, und? Wie lautet die Antwort, du Pissnelke? ›Damit ich dich besser verputzen kann!‹, lautet die.« Er ging wieder auf Tim zu, gab ihm eine mittelharte Ohrfeige und schubste ihn noch einmal. Marko hatte sich inzwischen hinter Tim aufgestellt und brauchte ihm nur ein Bein zu stellen, sodass Tim in den Schnee fiel. Tim wusste, er hatte den Moment wieder verpasst. Den Moment, in dem er sich hätte wehren müssen. Nun kam es darauf an, wenigstens nicht gleich loszuheulen. Reiner baute sich vor ihm auf und schien zu überlegen, was er als Nächstes machen sollte, Marko kicherte.

Wir beobachteten das Ganze von unserem Versteck hinter einem Busch aus. René, Annett und ich, das heißt – ich als Hund.

»Der arme Junge«, sagte Annett, »tu doch was!«

Damit meinte sie mich.

»Ich könnte bellen.«

»Kannst du dich nicht in einen Drachen verwandeln oder so was?«

»Könnte ich. Aber das wäre recht anstrengend. Und auch übertrieben und nicht sehr originell. Und ob diese Kerle jetzt den Kleinen verdreschen oder nicht, hat zunächst mal wenig mit der Rettung der Erde zu tun. Tut mir leid, ich habe die Anweisung mich zurückzuhalten, außerdem muss ich meine Kräfte sparen, das ist jetzt euer Problem.«

»Wir sind hier im Westen«, gab René zu bedenken.

»Ja und?«, fragte ich. »Dürfen denn im Westen zwei Größere einfach so einen viel Kleineren verprügeln? Und selbst wenn das hier so üblich wäre, müsstest dann nicht du, René, der du aus dem Osten kommst, erst recht einschreiten?«

René dachte darüber nach.

Der kleine Junge war gerade über ein Bein eines der beiden Rowdies gestolpert und lag auf dem Boden, der andere Kerl trat ihm in den Hintern. Beide lachten.

Ich flüsterte: »Tja, mein Freund, was würde Batman wohl jetzt tun?«

»Verdammter Mist auch«, brummte René. Er atmete tief durch und trat dann aus dem Gebüsch. Einige Schritte stapfte er auf die drei zu – den kleinen Jungen auf dem Boden und die beiden größeren, die ihn drangsalierten. Dann blieb er stehen.

»Aufhören!«, sagte er. »Hört sofort auf damit!«

Die beiden ließen von ihrem Opfer ab, drehten sich um und glotzen René an, als wäre er – es tut mir leid, aber dieser Vergleich trifft es einfach am besten – ein Außerirdischer.

Reiner hatte sich als Erster wieder gefangen: »Wer bist du denn? Und was hast du da für Klamotten an? Du siehst ja aus wie einer aus der Ostzone.«

»Ich komme aus der Deutschen Demokratischen Republik«, zischte René.

Reiner war verwirrt. »Hast du sie noch alle, Fettsack? Von da kommt niemand. Oder hast du dich in einen Vogel verwandelt und bist einfach über die Mauer geflogen?«

»So ähnlich.«

»Kennst du den, Rotkäppchen?«, fragte Reiner Tim. »Moment – kommt der vielleicht aus demselben Irrenhaus wie der Freund von deiner Mutter, der Spinner, der kein Wort sagt?«

Tim lag immer noch auf dem Boden und war wahrscheinlich noch ein wenig verwirrter als Reiner und Marko. Auf jeden Fall sagte er kein Wort.

Reiner wandte sich wieder René zu. »Pass auf, Fleischwurst, ich geb dir jetzt eine Minute, in der kannst du dich verpissen und dann irgendwo anders deinen Mist erzählen.«

»Ich gehe nirgendwohin«, sagte René, und, ehrlich gesagt, wunderte er sich in dem Moment selbst darüber, dass er das sagte, »du bist hier derjenige, der sich zu verpissen hat.«

»Du hast es nicht anders gewollt, Dickmops!«, erwiderte Reiner, und marschierte auf René zu, um ihm eine angemessene Abreibung zu verpassen.

Es gibt im Judo eine Technik, die den ulkigen Namen »Soto-Makikomi« trägt. Da sich nicht jeder diesen Namen merken kann, wird sie auch die »Schweinerolle« genannt. Es ist ein Opferwurf, bei dem man den Gegner im Fallen mit sich reißt und am Ende mit dem ganzen Gewicht auf ihm landet. Es ist vielleicht nicht die eleganteste Technik, die man sich vorstellen kann, aber es war jene Technik, die René am besten beherrschte, und mit der er bei Jugendmeisterschaften bisher noch jeden Widersacher gefällt hatte. Aber das wusste Reiner ja nicht.

Der ging auf ihn zu und hatte schon mit dem Arm zur Ohrfeige ausgeholt, als René eben diesen Arm packte, unter seinem einklemmte, sich zu Boden fallen ließ, zur Seite rollte, Reiner mit sich riss und schließlich auf ihm landete. »Umpf!«, machte der, denn für einen Moment bekam er keine Luft mehr. Da hatte René schon seinen Nacken umfasst und seifte ihm mit der freien Hand das Gesicht ein. Reiner war noch nie eingeseift worden. Er wedelte mit den Armen und wollte schreien, aber das ging mit Schnee im Mund nicht richtig gut.

Marko zögerte. Einerseits wollte er ja schon seinem Herrn und Meister beistehen. Denn das hatte er seit der ersten Klasse gemacht, und ehrlich gesagt wusste er nicht, was er sonst machen sollte. Andererseits war ihm das Ganze nicht geheuer. Wo war dieser unheimliche Junge plötzlich hergekommen? Vorsichtig machte er einen Schritt auf die beiden im Schnee zu. Vielleicht, wenn er dem Kerl, der auf seinem Kumpel lag, erst mal ein wenig in die Seite trat ... Nur so, um mal zu sehen, was dann passierte?

Zwei gegen einen ist nie eine saubere Sache, und so war es wohl an der Zeit, René beizustehen.

»Schau mal kurz weg«, flüsterte ich Annett zu.

»Warum?«

»Weil ich mich jetzt gleich verwandle, und das sieht nicht immer schön aus.«

»Och, wie schade – ich darf dir nicht zuschauen?«

»Wenn du dich jetzt hier umziehen müsstest«, flüsterte ich weiter, »und ich würde verlangen, dir dabei zuzusehen, was würdest du da sagen, mhm?«

»Du hast recht.«

Und so nahm Annett nur ein kurzes Aufblitzen war.

Die vier Jungen, drei auf dem Boden liegend und einer immer noch unschlüssig daneben stehend, bekamen gar nichts davon mit, bis, na ja, bis ich vor Marko stand.

Marko sagte nichts. Er wurde kreidebleich, sein Mund stand offen, seine Lippen bebten und ich hatte Angst, dass er gleich ohnmächtig werden würde. Tatsächlich fragte ich mich, ob ich nicht zu weit gegangen war. Aber wenn man es genau nahm, hatten diese beiden Rüpel ja damit angefangen: Sie waren es gewesen, die den kleinen Tim als »Rotkäppchen« verhöhnt und vom »bösen Wolf« gesprochen hatten. Nun stand er eben vor ihnen – der böse Wolf. Das heißt, ich als Wolf stand vor Marko, und wie ich so die Zähne fletschte und knurrte, sah ich wohl auch ziemlich böse aus. Gleich würde Marko bestimmt die Flucht antreten.

Nur leider tat er das nicht. Er wurde nur noch bleicher und sah schon fast aus wie eine lebende Leiche. Korrigiere: wie eine bebende Leiche, denn er zitterte am ganzen Leib.

Ach, diese Menschen, nie machen sie das, was man von ihnen erwartet! Was tun? Beißen wollte ich ihn nicht. Vielleicht, wenn ich vernünftig mit ihm redete?

»Ich glaube, es ist Zeit, dass du dich verdünnisierst, Dummkopf«, knurrte ich gerade so laut, dass nur dieser Marko es hören konnte.

Man kann sagen, dass er danach das tat, was ihr wohl »die Beine in die Hand nehmen« nennt. Ohne sich noch einmal umzudrehen, stürmte Marko den Weg zurück, den er gekommen war. Ich stelle mir vor, wie er später seinen Kumpel davon zu überzeugen versuchte, ein Wolf habe mit ihm gesprochen! Schade, dachte ich, dass ich nicht dabei sein kann!

Grobian Nummer eins, Reiner, hatte es währenddessen nicht gerade leicht. Das lag daran, dass René auf ihm lag und den Kerl so festhielt wie einst der holländische Judo-Schwergewichtsweltmeister Anton Gesink seinen japanischen Widersacher im Finale der Olympischen Spiele 1964 ! Nur dass dieser Japaner natürlich niemals das gesagt hätte, was der Kerl aus West-Marksdorf jetzt sagte:

»Aufhören, ich krieg' keine Luft mehr, bitte hör auf!«

René ließ etwas lockerer und da bemerkte er mich.

»Zorro?«

Ich kam etwas näher, legte die Ohren an, wedelte mit dem Schwanz.

Reiner, der seinen entsetzten Blick nicht von mir nehmen konnte, nutzte den Augenblick und kroch unter René hervor. Rückwärts, mich nicht aus den Augen lassend, krabbelte er langsam von uns weg. Als er es weit genug geschafft hatte, rappelte er sich hoch und dann lief auch er davon, so schnell wie er wahrscheinlich noch nie vor etwas davongelaufen war.

Nun stand Tim langsam auf.

»Ich bin René«, sagte René und reichte ihm die Hand, »und du?«

»Ich bin Tim.«

»Alles klar?«

»Du hast einen zahmen Wolf?«

René sah mich an, und wusste nicht, recht was er antworten sollte. Ich legte den Kopf schief. Da kam Annett aus dem Gebüsch.

»Genau genommen«, sagte sie, »ist das kein Wolf.«

»Das ist Annett, eine ... Freundin«, erklärte René und Annett lächelte.

»Und er gehört uns auch nicht. Zorro gehört niemandem.«

Wie wahr, dachte ich, das sollte Annett mal Morpheus und

den anderen Maschinisten erzählen. Ich drehte mich um, ging ein paar Schritte und blieb stehen. Es ist schwer zu erklären, wenn man kein Wolf ist, aber ich hatte das Gefühl, etwas lag in der Luft. Vielmehr – etwas schwebte in der Luft. Ich konnte es nicht riechen, aber hören. Ein hochfrequentes leises Summen. Ich schaute mich um. Nichts zu sehen. Das Summen hörte auf. Hatte ich mich getäuscht? Vielleicht nur ein Insekt gehört? Im Winter? Oder war es ein Eichhörnchen gewesen, das hastig seine letzten Nüsse vergrub? Ich war vielleicht noch nicht lange genug Wolf, um das beurteilen zu können. Das Merkwürdige war, dass ich dieses Geräusch, dieses leise Summen, schon einmal gehört hatte. Nur wo? Egal. Ich schüttelte mich und trottete schließlich in die Richtung, in der Tims Zuhause lag.

Hinter mir sagte Annett: »Wir müssen weiter.«

»Sieht so aus.« René seufzte.

»Wo gehen wir jetzt hin?«, fragte Tim.

»Hinter Zorro her.«

»Aber da geht's zu mir.«

»Ja, das wissen wir.«

»Was hat er da für ein komisches Halsband? Ist er ein Polizeihund oder so was?«, wollte Tim wissen.

»Also ehrlich gesagt, ist er überhaupt nicht so was«, antwortete Annett. »Es ist alles sehr, sehr kompliziert und auch ziemlich ungewöhnlich und haarsträubend.«

»Auf geht's«, sagte René und seine plötzliche Entschlossenheit überraschte ihn, »wir können ihm alles auf dem Weg erklären.«

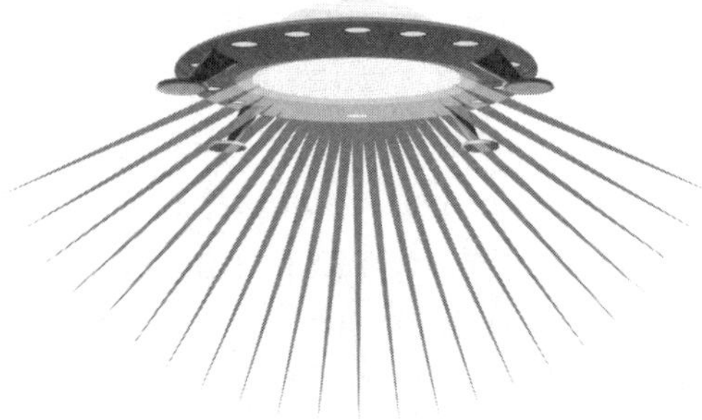

13. KAPITEL:

SCHWEIGEN FÜR DEN FRIEDEN

Tim und seine größere Schwester Lucy wohnten zusammen mit ihrer Mutter und deren Freund Gerd in einem kleinen Hof am Rande von West-Marksdorf. Eigentlich waren sie Stadtkinder, denn sie hatten zuvor in West-Berlin gewohnt, in einem Hochhaus, in dem es einen Müllschlucker und einen Aufzug gegeben hatte. Tim konnte sich nicht mehr daran erinnern, denn er war erst eineinhalb Jahre alt gewesen, als sie nach Marksdorf gezogen waren, aber Lucy, damals immerhin vier, konnte sich erinnern, und auch wenn ihr nicht mehr alles einfiel, so kam ihr die Stadt in ihrer Erinnerung doch um einiges spannender vor als Marksdorf mit seiner blöden Mauer.

Auch in Berlin gab es eine Mauer, aber die war eben größer, wie überhaupt dort alles größer war, und in Marksdorf alles klein. »Das ist ein Puppendorf«, hatte Lucy gesagt, als sie im Dorf angekommen waren, »und das ist das Puppenhaus«, als sie vor ihrem Haus standen. Ihre Eltern waren hierher gezogen, weil sie »neu anfangen« wollten, sie hatten den kleinen Hof, der aus dem Haus, einer Scheune und einem Stall bestand, renoviert, und dann auf den Feldern dahinter begonnen, Bio-Gemüse zu ziehen, das sie in ihrem Hofladen, und am Wochenende in der Kreisstadt auf einem Markt verkauften. Bis ihr Vater auf diesem Wochenmarkt die »blöde Tussi« kennengelernt hatte. Von da an verkaufte ihre Mutter das Gemüse nur noch auf dem Hof oder an die Läden in der Stadt.

Zwei Jahre nachdem ihr Vater mit »seiner blöden Tussi« abgehauen war, hatte sich Lucys Mutter Irene in Gerd verliebt, der schon nach kurzer Zeit zu ihnen ins Haus gezogen war. Gerd war ganz nett, aber Lucy fand ihn auch ein wenig seltsam. Er sprach zum Beispiel mit dem Gemüse. »Was seid ihr doch für prächtige dicke, unverschämt rote Tomaten«, sagte er zu den Tomaten. Das Seltsamste an ihm aber war die Zeit, in der er gar nicht sprach. Das kam einmal im Jahr, im Winter, vor. Zwei Wochen lang sagte Gerd kein Wort, zu niemandem. Er nannte das »Schweigen für den Frieden«, und er behauptete, wenn mehr Menschen, vor allem die Mächtigen, einfach mal so wie er eine Zeit lang den Mund halten könnten, sähe die Welt besser aus. Doch wenn er nach zwei Wochen wieder sprach, hatte sich die Welt meistens kaum verändert.

Jetzt war es also wieder so weit. Draußen schneite es, und Lucy saß mit Gerd am Küchentisch und Gerd schwieg. Am Anfang hatte sie noch versucht, Gerd zum Sprechen zu bringen, indem sie ihm einen Witz erzählte, ärgerte oder Grimassen schnitt, aber auch wenn Gerd dann manchmal lächelte oder ein böses Gesicht machte, kam kein Wort aus seinem Mund.

Seitdem sie in der Kreisstadt an der Gesamtschule war, hatte Lucy im Gegensatz zu ihrem Bruder nur noch alle zwei Wochen samstags Unterricht. Während ihre Mutter den Vormittag im Hofladen zugebracht hatte, war sie danach in die Stadt gefahren, um ein paar Lebensmittelhändler davon zu überzeugen, im kommenden Frühjahr Bio-Gemüse in ihr Sortiment aufzunehmen.

Nun warteten Gerd und Lucy darauf, dass Tim von der Schule nach Hause käme. Auf dem Herd köchelte der Pastinakeneintopf vor sich hin, und wenn es einen Grund gab, Samstage nicht zu mögen, dann war das der Pastinakeneintopf.

»Warum muss es jeden Samstag Pastinakeneinopf geben?«, fragte sie jetzt Gerd, wohl wissend, dass er ihr nicht antworten würde. »Ich meine, dieser glibberige Mampf schmeckt nach gar nichts. Eintopf ist ja okay, aber ich hätte ganz gern mal was mit Würstchen drin, oder ordentlich viel Speck, Kassler, oder Suppenfleisch, meinetwegen auch mit einem dicken Knochen, den ich abnagen kann ... Mmmmhm!«, machte Lucy, wohl wissend, dass Gerd, ebenso wie ihre Mutter, Vegetarier war. Fisch aßen die beiden noch, aber nur, wenn Gerd ihn höchstpersönlich aus dem Bach von Marksdorf geangelt hatte, was, da Gerd ein lausiger Angler war, so gut wie nie vorkam.

Lucy und Tim waren keine Vegetarier, das heißt, sie mussten keine sein, denn ihre Mutter wollte sie nicht zu etwas zwingen, wovon sie nicht hundert Prozent überzeugt seien. Da es aber nie Fleisch im Haus gab, und dieser Mistkerl Reiner, der stärkste Junge aus der 4b, der ihren Bruder seit der ersten Klasse quälte, zu allem Übel auch noch der Sohn des einzigen

Metzgers in West-Marksdorf war, kamen Fleisch und Wurst in ihrem Leben praktisch nicht vor.

»Mhmm, und wenn ich Glück habe, dann kann ich noch das Mark aus dem Suppenknochen saugen!«, fügte Lucy hinzu und machte mit ihren Lippen ein saugendes, ekliges Geräusch.

Gerd war nicht beeindruckt. Er nickte, lächelte sanft, stand auf, ging zum Herd hinüber und rührte den Eintopf um. Es war zum Verzweifeln: Man konnte Gerd nicht ärgern, nicht aus der Ruhe, und während seiner Schweigephase noch nicht einmal zum Sprechen bringen.

Nun ja, »Schweigen für den Frieden« brachte auch gewisse Vorteile: Wenn Lucy oder Tim beispielsweise einen Eintrag im Hausaufgabenheft hatten, wenn sie eine schlechte Note nach Hause brachten, oder sonst etwas angestellt hatten, warteten sie, bis ihre Mutter gerade nicht da war und legten Gerd das entsprechende Schriftstück zur Unterschrift vor. Und da er sich auch in diesem Punkt an sein Schweigegelübte hielt, erzählte er ihrer Mutter nichts davon, und die Wahrscheinlichkeit war groß, dass er es bis zum Ende der Schweigephase vergessen hatte.

Lucy sah zur Küchenuhr. Tim hätte schon längst da sein müssen. Wahrscheinlich hatten ihm dieses Ekel Reiner und sein dämlicher Kumpel Marko wieder aufgelauert. Sie bekam ein schlechtes Gewissen – vielleicht hätte sie ihm entgegengehen sollen, um das Schlimmste zu verhindern?

Gerade als auch Gerd stirnrunzelnd zur Küchenuhr schaute, und Lucy den Entschluss fasste, sich anzuziehen, um im

Wald nach ihrem Bruder zu suchen, hörte sie, wie im Flur die Tür ging, und kurz darauf Schritte auf der Treppe – das musste Tim sein. Aber Moment mal – es klang, als wäre er nicht allein! Da steckte ihr Bruder den Kopf in die Küche.

»Hallo!«, sagte er, noch halb im Türrahmen stehend. »Tut mir leid, dass ich zu spät bin.«

»Haben dir diese Idioten aus der Schule wieder aufgelauert?«, wollte Lucy wissen, und giftete dann in Gerds Richtung: »Aber was soll's, der Klügere gibt ja immer nach und lässt sich lieber vermöbeln, während zu Hause der Wurzelbrei lustig vor sich hin blubbert!«

Gerd lächelte nachsichtig.

»Nein«, antwortete Tim, »das heißt – ja, irgendwie schon. Aber die sind abgehauen.«

»Abgehauen?«

Tim ging nicht darauf ein. Stattdessen wandte er sich an Gerd: »Ich hab noch jemanden mitgebracht. Freunde. Können die zum Mittagessen bleiben?«

Gerd sah Tim verwundert an, was daran lag, dass er noch nie jemanden zum Essen mitgebracht hatte, vor allem nicht samstags. Was wiederum daran lag, dass Tim in der Schule keine richtigen Freunde hatte. Na gut, ein wenig lag es auch am Pastinakeneintopf. Samstag war kein guter Tag, um Freunde mitzubringen, wenn Tim welche gehabt hätte.

Wie also hätte Gerd da Nein sagen können? Und mal ganz abgesehen davon, dass Gerd momentan sowieso nicht »Nein« sagen konnte, vertrat der Freund ihrer Mutter nicht nur das Prinzip der Gewaltlosigkeit, sondern auch das der unbeschränkten Gastfreundschaft, und allein schon deswegen nickte er und lächelte wieder sanft, wenn auch immer noch ein klein wenig irritiert.

»Ihr könnt reinkommen!«, rief Tim in den Flur. Und dann traten ein Mädchen, kaum größer als Tim, aber mit einer großen, dicken Brille auf der Nase, sowie ein großer, etwas dicker Junge, ebenfalls mit Brille, in den Raum. Die haben nicht nur seltsame Brillen, sondern auch seltsame Klamotten an, dachte Lucy, irgendwie aus der Mode gekommen.

»Also das sind Annett und René, ja und dann ist da noch –«, erklärte Tim und deutete in den Flur.

Lucy traute ihren Augen kaum, als ein junger Mann die Küche betrat, der ganz in Schwarz gekleidet war, schwarze Stiefel, einen schwarzen Umhang, einen schwarzen Hut, eine schwarze Maske über den Augen und einen Degen an der Seite trug, »– Zorro.«

»Buenas dias! Dona Lucia, welche Ehre, Euch endlich kennenzulernen«, sagte ich, verneigte mich vor Lucy, nahm ihre Hand und deutete einen Handkuss an. »Ich bin Zorro Vela, zu Euren Diensten!« Ich wandte mich diesem Gerd zu. Wenigstens lächelte er jetzt nicht mehr so tröge. Er sah, ehrlich gesagt, ziemlich belämmert aus. »Und ihr müsste Gerd sein, der schweigende, unerschütterliche Hombre, von dem die ganze Welt spricht, wenn er nicht spricht!«

»Tim!«, presste Lucy hervor. »Wer sind die?«

»Ehm, wir sind Austauschschüler aus Mexiko«, erklärte Annett, »das ist René Rodriguez, und ich bin ... Annett Anakonda.«

»So heißt doch keiner«, erwiderte Lucy.

»In Mexiko schon«, beharrte Annett.

»Ihr sprecht aber ziemlich gut Deutsch für Mexikaner, und ihr seht gar nicht wie Mexikaner aus.«

»Wir kommen von der Deutschen Schule in Mexico-City, wir sind Nachfahren deutscher Siedler, die hier aus der Gegend kamen«, beeilte sich Annett zu erklären.

»Und die Klamotten, sind die auch von euren Vorfahren?«

»In Mexiko ist es immer warm«, sagte Annett. »Es gibt kaum Winterkleidung, da nimmt man, was man kriegen kann.«

Um das Gespräch auf ein anderes Thema zu bringen, und weil ich auch ein wenig hungrig war, ging ich hinüber zum Herd, rührte ein wenig in dem Topf, kostete. Selbst für meinen außerirdischen Gaumen war das eine harte Probe. »Tio mio!« rief ich aus. »Tut mir leid, Gerd, Amigo, nimm es mir nicht übel – aber das schmeckt ja wie ... Babykotze! Da muss etwas Fuego rein, de acuerdo?«

Gerd war aufgestanden, hatte sich umgedreht und sah mich unsicher an.

»Tranquillo! Nicht aufregen! Alles kein problém!«, sagte ich grinsend, öffnete den Küchenschrank, holte Pfeffer und Paprika »Rosenscharf« hervor und fand sogar ein kleines Fläschchen Tabasco. »Jetzt machen wir es ein wenig picante, ein wenig brava, ein wenig à la Zorro!«

Gerd starrte mich an, und für einen Moment schien er wütend zu sein. Aber dann riss er sich wieder zusammen, und grinste wieder sein Ich-kann-keiner-Fliege-was-zuleide-tun-Grinsen.

Wenig später saßen wir am Tisch und löffelten die Suppe. Den vier Freunden, denen noch gar nicht richtig klar war, dass sie welche waren, schien es gar nicht schlecht zu schmecken. Wenigstens schmeckte es jetzt nach überhaupt irgendwas. Nur Gerd war den Tabasco wohl nicht gewöhnt. Tränen standen in seinen Augen, aber er machte gute Miene zu unserem Spiel. Tim konnte sein Lachen kaum unterdrücken, und auch René und Annett mussten sich alle Mühe geben, nicht laut loszuprusten. Nur Lucy fand unsere Vorstellung nicht komisch.

»Sag mal, Zorro«, fragte sie spitzfindig, »feiern die in Mexico eigentlich früher im Jahr Fasching als wir? Ich mein ja nur, wegen der Verkleidung. Oder ist das dort so eine Art Uniform?«

»Ihr habt einen scharfen Verstand, Dona Lucia, und so will ich weder Euch noch dem großmütigen Don Gerdo hier weiter etwas vormachen.«

Gerd hob die Augenbrauen, legte seinen Löffel beiseite und sah mich gespannt, aber auch etwas nervös an. Tja, was soll ich sagen – ihr kennt mich ja –, ich konnte mal wieder meinen Mund nicht halten. Wahrscheinlich ist es so, dass Wesen, die sich in alles verwandeln können, einfach keine guten Schauspieler sind.

»Ich muss mich für meine Amigos hier entschuldigen, und bekennen, mein ehrenwerter Gringo, dass wir dich und Doña Lucia hier angeschwindelt haben. Wir kommen nicht aus Mexico-City. Ich bin kein Austauschschüler, sondern ein Außerirdischer vom Planeten Oneiros und diese beiden – Annett und René – kommen von der anderen Seite des Eisernen Vorhangs, sie kommen aus der DDR, und zwar durch eine Puerta

Quantomecanico, eine besondere Tür, eine sehr fortgeschrittene Erfindung der Maschinisten, eine Art –«

»Mini-Wurmloch«, kam mir Annett zu Hilfe.

»Sieht aber aus wie ’ne ganz normale Tür!«, ergänzte René.

»Exacto!«, fuhr ich fort. »Und wir sind auch nicht wegen des Faschings hier, sondern zur Rettung der Erde.«

Einen winzigen Moment lang schien Gerd zu überlegen, ob er uns das glauben sollte, aber es war wirklich nur ein ganz, ganz kurzer Moment, und dann lächelte er wieder sanft und nachsichtig und ich wusste, ohne dass ich mich besonders auf seine Gehirnwellen hätte konzentrieren müssen, dass er meine kurze Ansprache für ein Märchen hielt, erzählt von ein paar Kindern, die sich gerne Dinge ausdachten, sich verkleideten, und sich vor einem Erwachsenen gerne wichtigtaten.

Das ist das Problem mit den ausgewachsenen Erdlingen, dass sie meistens glauben, dass ihre Kinder zu viel Fantasie haben, dabei ist es ja einfach nur so, dass sie selbst zu wenig davon besitzen.

»Bueno«, sagte ich, »da wir das ja nun geklärt haben, werden Sie, Don Gerdo, es uns hoffentlich nicht übel nehmen, wenn wir uns nach diesem köstlichen Mahl, zwecks Rettung der Erde in die privaten Gemächer zurückziehen.« Don Gerdo lächelte wieder sanft und machte eine salbungsvolle Geste mit der Hand, was wohl bedeutete, dass er nichts dagegen hatte.

Als wir vom Tisch aufstanden, sah mich Lucy scharf mit ihren blauen Augen an. Sie glaubte mir natürlich kein Wort. Das würde noch ein harter Brocken werden.

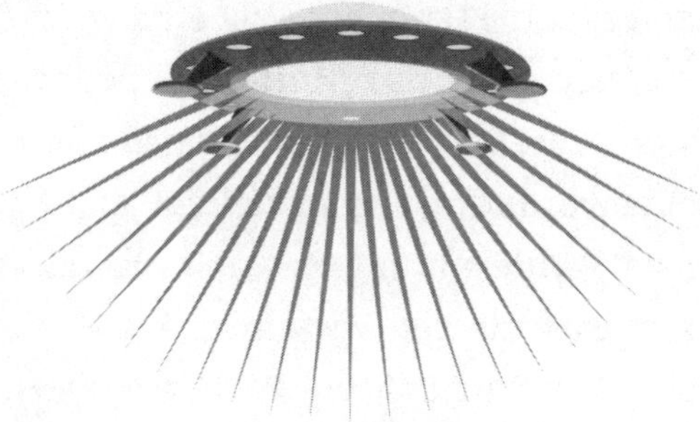

14. KAPITEL:

DIE FÜNF FREUNDE

Einen Vorteil hatte der Umzug von der Stadt aufs Land für Lucy und Tim gehabt: Hatten sie vorher zusammen in einem kleinen Zimmer in einem Etagenbett geschlafen (gut, Tim hatte damals noch die meiste Zeit bei seinen Eltern geschlafen), so hatten sie jetzt jeder ein großes Zimmer für sich alleine. Noch besser: diese Zimmer befanden sich nicht im gleichen Haus wie das Schlafzimmer der Eltern, sondern im Obergeschoss des Seitenflügels, der früher einmal als Schweinstall gedient hatte, und den Lucys und Tims Vater, bevor er der Blöden Tussi begegnet war, mit viel Aufwand ausgebaut hatte. Dorthin konnte man nur über einen Gang unter dem Dach oder über den Hof gelangen, die beiden lebten dort also recht ungestört. Ihr Vater, der früher einmal Elektrotechniker gewesen war, hatte ihnen je ein kleines rotes Haustelefon in ihren Zimmern installiert, mit denen ihre Mutter sie von der Küche aus zum Essen rufen konnte. Im Erdgeschoss des ehemaligen

Stalls befanden sich die Garage, sowie eine winzige Einliegerwohnung, die Lucy und Tims Mutter vermieten musste, um auch im Winter, außerhalb der Gemüsesaison über die Runden zu kommen. Sie wurde von einem kleinen, dicken, dunkelhaarigen Mann mit Brille Anfang zwanzig bewohnt: Spezialist Park. Spezialist Park, dessen Vorfahren aus Korea stammten, war eigentlich »Warrant Officer« Park, ein speziell ausgebildeter Offizier der amerikanischen Armee, aber da er für diesen Dienstgrad in seinem Wörterbuch keine Übersetzung finden konnte, hatte er sich beim Einzug als »Spezialist Park« vorgestellt. Er war Funktechniker und Radarfachmann und versah seinen Dienst im nahen amerikanischen Horchposten »Alpha«, von wo aus die Grenzsoldaten im Westen damals versuchten herauszubekommen, was die im Osten, jenseits der Mauer von Marksdorf, so trieben. Doch davon später. Zusammen mit anderen Spezialisten hatte Park Schichtdienst im Horchposten und schlief dann auch dort, aber alle zwei Wochen bekam er frei, und wenn er dann kam, sagte er nur »Hi«, setzte sich zwei Tage lang vor den Fernseher, aß Corned Beef und trank Cola, und sagte »Bye«, wenn er am dritten Tag wieder ging. Er war nicht zu Hause, als ich mit meinen vier neuen Gefährten eintraf.

Auf keinen Fall wollte Lucy, dass wir unseren Kriegsrat in ihrem Zimmer abhielten.

»Diese Freaks kommen mir nicht in mein Zimmer!«, sagte sie zu Tim. Aber als wir dann in Tims Zimmer gingen, wollte sie auch nicht draußen vor der Tür sitzen.

Tims Zimmer war ganz gemütlich. Es gab ein paar Kissen

auf dem Boden, auf die man sich setzen konnte, ein Bett, einen Schreibtisch, in einer Ecke einen alten grünen Sessel, ein Bücherregal, einen großen, wuchtigen Kleiderschrank, der schon in dem Haus gestanden hatte, als sie eingezogen waren und den ihr Vater in einem freundlichen Blau gestrichen hatte, und schließlich an der Wand daneben ein Plakat zu einem Film namens »E.T. – der Außerirdische«. Nun ja. Außerdem standen auf einem Bord an der Wand Mitbringsel von Urlaubsreisen, die die Kinder mit ihren Eltern gemacht hatten: Ein Tannenzapfen aus dem Schwarzwald, Muscheln vom Mittelmeer, und, in einem großen Einweck-Glas, Sand von einem Strand auf der Nordseeinsel Borkum, dem letzten Urlaub zusammen mit ihrem Vater. Aber das wusste ich zu dem Zeitpunkt noch nicht. Dass der Sand vom letzten Nordseeurlaub mit ihrem Papa stammte, meine ich. (Wobei das auch nichts geändert hätte.)

Als ich mich in den Sessel gefläzt und die anderen es sich auf den Kissen bequem gemacht hatten, stellte sich Lucy vor uns hin, stemmte die Hände in die Hüften und warf jedem, einschließlich ihrem Bruder, einen sehr giftigen Blick zu.

»Okay, jetzt hört ihr mir alle mal ganz genau zu, denn ich werde es nicht zweimal sagen: Ihr erzählt mir jetzt sofort, was diese ganze Show soll, oder – !«

»Oder was?«, fragte René etwas herablassend.

»Das ist keine Show!«, beschwor Tim seine Schwester. »Es ist wirklich alles wahr!«

»Was ist wahr – der Quatsch mit den mexikanischen Austauschschülern, oder dass dieser maskierte Cowboy in Wahrheit ein kleines grünes Männchen ist?«

»Reiner und Marko wollten mich gerade vermöbeln, da ist René aus dem Busch gekommen und der hat's dem Reiner mal so richtig gezeigt!«

»War keine große Sache«, sagte René bescheiden und winkte ab.

»Und dann kamen Annett und Zorro – Zorro als sprechender Wolf! Zorro kann sich nämlich verwandeln! Er kann sich in alles verwandeln, was er will!« Tim war sehr aufgeregt.

Lucy schüttelte nur den Kopf. »So? Kann er das?«, sagte sie abschätzig. »Nun, ich nehme an, kurz darauf hat sich Zorro dann wieder in Zorro, den Typen mit der Maske verwandelt, seine wahre Gestalt, stimmts?«

Ich sah Lucy an und sagte ernst: »Es gibt keine wahre Gestalt – das heißt, es gibt schon eine, doch sie ist nie das, was du siehst.«

»Sondern?«

»Sie ist, was du fühlst, in deinem Herzen, oder in deinen Herzen, je nachdem, ob du zu einer Spezies gehörst, die mehrere hat.«

Diese Antwort machte sie leider nur noch wütender: »Schluss mit dem Unsinn! Ihr sagt jetzt sofort, was das soll, oder ihr habt ein Riesenproblem.«

»Entschuldige, Dona Lucia«, begann ich.

»Und lass endlich diesen ›Dona Lucia‹-Scheiß!«

Ich schlug die Beine übereinander. »Ich meine nur, es ist so, dass diese Drohnung ein wenig ins Leere geht, weil ihr Erdlinge schon ein Riesenproblem habt. Und dieses Riesenproblem sind die Außerirdischen, die euren Planeten pulverisieren wollen.«

»Können wir die Sache nicht auch ohne diese nervige Tussi durchziehen?«, murmelte René. Er hatte das ganz leise gemurmelt, aber trotzdem drehte sich Lucy sofort erbost zu ihm um und pikte ihn mit ihrem Zeigefinger mehrmals in die Brust: »Nenn-mich-nie-wieder-Tussi-du-Fleischklops!«

»Jetzt beruhig dich mal!«, rief Annett. »Pass auf, Lucy, ich kann verstehen, dass du das alles nicht glaubst. Das Problem hatten wir alle hier. Außer Zorro natürlich. Aber das ist kein Witz. Es ist wirklich. Und ich fürchte, das mit den Außerirdischen, die die Erde vernichten wollen, stimmt leider auch.«

»Und um die Erde zu retten, brauchen wir einen Kasper mit Umhang und Maske? Na, dann müssen das ja wirklich üble Außerirdische sein! Warum habt ihr nicht gleich den ganzen Marksdorfer Karnevals-Verein als Verstärkung mitgebracht?«

»Du hast gar keinen Grund, hier so hochnäsig zu tun. Du hast nämlich in Wahrheit nur Glück«, sagte René. »Bei mir stand Zorro als Känguru in einem Wachhäuschen! Ein Känguru in der DDR, wer glaubt denn so was? Ich hielt mich für komplett übergeschnappt, und du kannst froh sein, dass du diese Phase, die Phase ›Ich-bin-eine-Irre-die-sprechende-Tiere-sieht‹ übersprungen hast!«

»Vielleicht geht jetzt bei mir die Phase ›Ich-sitze-als-einzig-Normale-in-einem-Raum-voller-Spinner‹ los?«

»Ich bin kein Spinner!«, protestierte Tim.

»Was ist?«, fragte ich. »Gefällt dir meine Erscheinung nicht? Also ich finde sie eigentlich ganz cool – viel besser als Rabe, Känguru oder Wolf.« Dass ich mich auch schon in eine Kakerlake verwandelt hatte, was ich irgendwie sehr reizvoll fand, erwähnte ich nicht, sondern fügte hinzu: »Kurz und gut, ich halte diese Zorro-Gestalt für sehr passend.«

»Wie ist das«, fragte Lucy, »könntest du dich auch in ein Mädchen verwandeln?«

»In ein Mädchen?«

»Na ja, nicht in Zorro, sondern Zora.«

»Natürlich. Aber wieso fragst du?«

»Gibt es auf deinem komischen Planeten auch Mädchen?«

»Nein«, sagte ich.

»Natürlich! Ein Planet voller pickliger, arroganter Jungs, wunderbar!«, rief sie.

Jetzt war ich verwirrt. »Nein, auf Oneiros gibt es auch keine Jungs. Wir sind wie die Regenwürmer. Wie Würmer in der Ursuppe, eingeschlechtlich, oder geschlechtslos, wenn du so willst. Ich kann mich also auch in eine Bienenkönigin verwandeln, was hierzuerden übrigens im Vergleich zu den männlichen Bienen, den Drohnen, ein erheblicher Vorteil ist. Da es aber auch Planeten gibt, auf denen es zwei oder manchmal auch mehr Geschlechter unter der Spezies gibt, lass dir gesagt sein – letztlich verwandelt sich ein Onari immer so, wie er sich fühlt. Zorro kam mir einfach für mich richtig vor, Zora nicht. Es gibt bestimmt auch Onari, die sich an meiner Stelle in Wonderwoman verwandelt hätten, nur ich eben nicht. Und jetzt frag mich bitte nicht, warum das so ist.«

»Du hättest dich auch in Wonderwoman verwandeln können?«, platzte René heraus – und die Enttäuschung war ihm für den Bruchteil einer Sekunde anzusehen.

»Können schon«, sagte ich, »nur wollen eben nicht. Doch

sollte es notwendig werden«, fügte ich hinzu, »dann werde ich auch das tun, nur es ist ja nun mal nicht notwendig. Noch nicht.« Ich sah mich in Tims Zimmer um.

»Keine Sekunde länger«, begann Lucy wieder, »werde ich mir diesen –«

»Psst!«, zischte ich. »Seid mal leise!«

»Oh«, höhnte Lucy. »Kommt jetzt gleich der Trommelwirbel und du verwandelst dich in eine Ballerina im rosa Tutu? Nur zu! Ich kann's kaum erwarten! Das hiesige Männerballett übt schon eifrig. Die werden dich mit Freuden nehmen, die haben nämlich jedes Jahr zu Fasching ihren großen Auftritt!«

»Halt mal einen Moment die Luft an!«, erwiderte ich ruhig. »Nur eine Minute, nur eine Minute ganz still sein, geht das?« Ich lauschte. »Hört ihr das nicht?«

»Ich kann nichts hören«, sagte René.

»Doch«, entgegnete ich leise, »kannst du. Ihr alle könnt das hören. Ihr müsst euch nur konzentrieren.«

Eine Weile lang verharrten wir alle ganz still im Raum und horchten. Gab man sich etwas Mühe, war es ganz klar zu hören.

»Ein Summen«, flüsterte Tim, »da summt was.«

Die anderen nickten.

»Früher als erwartet«, flüsterte ich, »wenn wir Pech haben, bleibt uns nicht mehr viel Zeit.«

»Was heißt ›nicht viel‹?«, wollte Annett wissen.

»Keine Zeit für Erklärungen!« Ich sprang auf, lief zum Regal, schnappte mir das Weckglas mit Sand und öffnete es.

»Was willst du mit dem Sand?« Tim gefiel es offenbar nicht,

dass ich in das Glas gegriffen und jetzt mit einer Handvoll Sand bewaffnet mitten in seinem Zimmer stand.

»Still jetzt!«

»Aber was willst du mit dem Sand? Das ist besonderer Sand!«, beschwerte er sich.

»Und selbst wenn der Sand vom Mars kommt – Ruhe, verdammt!«

Keiner sagte ein Wort, während ich mit dem Weckglas unterm Arm und Sand in der Hand durch den Raum schlich. War das Summen vor oder hinter mir? Gar nicht so leicht auszumachen ... Da! Ich schleuderte eine Handvoll Sand nach rechts. Nichts, außer dass der Boden voller Sand war – und mich Tim entsetzt anstarrte. Jetzt kam das Geräusch von der anderen Seite. Ich warf eine Handvoll nach links. Meine Erdenfreunde starrten mich an, als sei ich jetzt tatsächlich übergeschnappt, doch sie sagten nichts. Nun kam das Summen von vorn – und da begriff ich. Es versuchte eine Art Echo zu erzeugen! Ohne mich umzudrehen warf ich Sand hinter mich, wirbelte herum, und da schwebte sie vor mir: Eine kleine über und über mit Sand bedeckte diskusförmige Scheibe, eine Fliegende Untertasse®, die tatsächlich etwa den Durchmesser einer irdischen Porzellanuntertasse hatte. Ich ließ das Weckglas fallen und zog meinen Degen, doch es dauerte zu lange – mein Hieb ging ins Leere!

Die Jagd wurde zu einem echten Katz-und-Maus-Spiel. Wenn dieses Mini-Ufo nur nicht so klein und schnell gewesen wäre! Blitzschnell wich das vermaledeite Ding aus, und meine Schläge gingen ein ums andere Mal daneben – oder in Tims Bücherregal. Na ja, für die »Kleine Raupe Nimmersatt«, war er inzwischen wohl sowieso zu alt.

Irgendwann hatte ich das Ding in eine Ecke gedrängt. Nur stand in der Ecke auch Lucy, die erst mich, dann den kleinen schwebenden Apparat verstört anschaute. Einmal mehr verfehlte ich es. Der nächste Streich hätte bestimmt gesessen, nur drohte ich damit auch Lucy zu verletzen, so nahe schwebte der kleine diskusförmige Körper vor ihr. Plötzlich öffnete sich eine winzige Klappe und ein dünner oranger Lichtstrahl begann Lucy abzutasten.

»Mach was!«, schrie sie. »Mach, dass es sofort damit aufhört!«

Ich umkreiste die beiden, und überlegte ob ich mich in eine dieser elektrisch geladenen Riesenlibellen von Mebsuta verwandeln sollte, denn ein Schlag von 10.000 Volt hätte die Untertasse mit Sicherheit sofort zerstört. Doch während ich mich schon auf die Verwandlung konzentrierte, schubste mich René sanft zur Seite. In der Hand hielt er Tims »Großen Weltatlas«. Langsam holte er aus und ein wuchtiger Schlag stoppte den weiteren Flug des Ufos. Mit einem Krachen fiel der Apparat wie ein Stein zu Boden, und brach auseinander. Funken stoben daraus hervor, es hüpfte noch ein paar Zentimeter, bevor alle Geräusche aufhörten und der orange Lichtstrahl erst ins Leere zeigte und dann verlosch.

René hob grinsend den Atlas. »Fechten ist wohl nicht so deine Stärke, Zorro.«

»Mir fehlt ein wenig die Übung.«

»Was zur Hölle ist das für ein Ding?«, rief Lucy. »Wer von euch hat die Fernsteuerung? Der kann was erleben!«

»Es gibt keine Fernsteuerung.« Ich sprach betont gelassen, um Lucy nicht weiter aufzuregen. »Diese Apparate funktionieren selbstständig.«

»Ich glaube dir kein Wort. Irgendjemand muss es steuern! Also – wer von euch? Oder hat sich da noch jemand draußen im Flur versteckt?«

»Es ist nicht von hier«, versuchte ich ihr zu erklären, »ich meine – es ist nicht von diesem Planeten.«

»Hör endlich auf, mir diesen Blödsinn zu erzählen! Denkst du, ich bin bescheuert, oder was?«

»Sieht aus wie eine Fliegende Untertasse®«, meinte Annett.

»Es ist eine Fliegende Untertasse®«, erklärte ich, »und tatsächlich auch die einzige Art Fliegende Untertasse®, die es in unserer Galaxie gibt.«

Tim schaute zu Tür und Fenster und dann wieder auf das Mini-Ufo. »Was will es denn bei uns und wie ist es hier hereingekommen?«

»Antwort auf Frage Nummer zwei: Mit uns. Das Summen habe ich bereits wahrgenommen, als wir auf dem Weg zu dir waren, Tim. Nur konnte ich es als Wolf viel besser hören. Wahrscheinlich ist sie uns gefolgt, und mit uns zusammen unbemerkt in dein Zimmer geflogen. Und die Antwort auf Frage Nummer eins ist sehr einfach: Kundschaften«, erklärte ich.

»Nachschauen, ob du auch aufgeräumt hast«, feixte René.

»Nein, diese Sonde ist geschickt worden, um euch alle auszuspionieren. Alle Menschen, meine ich. Und es wird nicht die einzige und auch nicht die erste oder letzte sein. Wahrscheinlich hat Wer-auch-immer euch Menschen schon seit Längerem mit diesen Sonden beobachtet.«

»Hurra, die Weltraumstasi ist da!«, rief Lucy.

René drehte sich wütend um. »Was weißt du denn schon von der Staatssicherheit?«

»So einiges. Dass die euch bis auf die Unterhosen ausspionieren, dass in allen euren Häusern Mikros installiert sind, selbst im Klo, und dass einige ihrer Agenten« – und jetzt schaute sie mich an – »die unmöglichsten Verkleidungen annehmen können!«

René winkte ab. »Das ist völlig übertrieben.«

»Alle Ufos, die man jemals gesehen hat, waren solche Dinger?«, fragte mich Tim.

»Davon kannst du ausgehen«, antwortete ich.

»Aber die sollen doch viel größer gewesen sein!«

»Meistens sind sie unsichtbar. Das kommt durch ihren Tarnanstrich, der nicht aus Pigmenten besteht, wie bei normaler Farbe, sondern aus winzig kleinen Nanomaschinen, die sich so ausrichten, dass die Sonde immer das Aussehen der Umgebung annimmt, ähnlich wie bei einem eurer irdischen Chamäleons. Manchmal, bei speziellem Lichteinfall, oder wenn Staub oder Sand aufgewirbelt werden, funktioniert das nicht richtig, und dann glauben die Leute kurz, sie hätten am Himmel eine riesige Fliegende Untertasse® gesehen, dabei schwebte das Ding wahrscheinlich genau vor ihrer Nase. Wie gesagt, es gibt nur diesen Typ, da die Terraki-Brüder sich die Marke ›Fliegende Untertasse®‹ haben eintragen lassen, und darauf ein galaktisches Patent angemeldet haben, und sehr, sehr ungemütlich werden können, wenn man ohne Erlaubnis ihren Kram nachbaut oder daran herumfummelt.«

»Ach so, aber uns ausspionieren ist erlaubt!«, rief Lucy erbost.

»Nein. Das ist streng verboten. Aber diese Sonden zu verkaufen ist nun mal leider nicht verboten. Die Terraki-Brüder betreiben in der Umlaufbahn von Chalawan das größte Kaufhaus der Milchstraße, samt Hyperraumzustellung rund um die Uhr, die haben überall Filialen, und es kümmert sie überhaupt nicht, wer ihr Zeug kauft und warum, oder was er damit macht – nur nachbauen oder verändern darf man es nicht.«

»Das bedeutet«, schloss Annett, »dass diese Dinger gar nicht von diesen komischen Brüdern geschickt wurden?«

»Höchstwahrscheinlich nicht, nein.«

Annett hockte sich hin und untersuchte die Untertasse, die auseinandergebrochen war. »Sind die irgendwie magnetisch oder so was?«

»Nicht ganz. Soviel ich weiß, schweben sie durch kleine Gravitationsspulen. Als der Sand ihnen nahe genug kam, wurde er angezogen.«

»Wenn sie nicht diese Brüder geschickt haben«, wunderte sich René, »wer dann?«

»Ich nehme mal an, dieselben, die euren Planeten pulverisieren wollen.«

Alle, außer Lucy, die mit verschränkten Armen wütend in der Ecke stand, sahen mich gespannt an.

»Also los, Zorro, jetzt rück schon endlich raus damit«, sagte René, »wer will unseren Planeten pulverisieren?«

»Das steht noch nicht sicher fest.«

»Was soll das bedeuten – ›es steht noch nicht sicher fest‹?«

»Ach, wisst ihr«, sagte ich, schob meinen Hut ein wenig in den Nacken und ließ mich in den grünen Sessel plumpsen, »im Grund genommen ist es doch auch irgendwie egal wer, oder? Ob nun die Körperfresser von Baten Kaitos, die sich als kleine Larven in euer Gedärm einnisten, um euch dann von innen her zu verspeisen, oder die ozonfressenden Insektenschwärme von Alphirk, die innerhalb von Wochen ein so riesiges Loch in eure Atmosphäre knabbern können, dass euch auch keine Sonnenschutzcreme Faktor 100 mehr vor der tödlichen Strahlung aus dem All bewahren kann. Ob nun die für ihre Planetenkanone bekannten Pontrax von Toliman, die Planeten einfach nur so zum Spaß wegballern, so wie bei euch auf Blechdosen, leere Bierflaschen – oder Tiere geschossen wird, oder diese dreibeinigen religiösen Fanatiker vom Dritten Planeten des Heliumsterns Alpha Phyxidis, die jeden für gottlos und ausrottungswürdig halten, der keine drei Beine hat – und es gibt in der Milchstraße dummerweise nur eine einzige Spezies die drei Beine hat: sie selbst – egal wer es ist, am Ende ist das Ergebnis das gleiche: Es macht Puff! – und die Menschheit war einmal.«

René ließ die Schultern hängen. »Du weißt es nicht.«

»Na ja, nicht genau«, erwiderte ich.

»Und ungenau?« René fing langsam an, sauer zu werden. Vielleicht, dachte ich, sollte ich es nicht übertreiben.

»Also es ist so«, erklärte ich, »die Maschinisten wissen es. Die Maschinisten sind superintelligente, selbstständige Roboter, vor Jahrtausenden von einer unbekannten Zivilisation geschaffen, und sie sind sozusagen meine Chefs. Sie irren sich nicht, sie lügen nicht – und: Sie kennen den Plan.«

»Was für einen Plan?«, fragte Lucy.

»Na, den Plan.«

»Den Plan, den keiner kennt«, brummte René missmutig.

»Ihr seid Teil des Plans«, erklärte ich. »Mein Boss, ein Maschinist namens Morpheus, weiß längst, wer euch vernichten will. Und er hat einen speziellen Plan, wie wir das verhindern können. Aber wenn ihr den zu früh kennt, kann es sein, dass er nicht funktioniert. Merke: Wenn ihr wisst, was passiert, passiert's nicht. Weil ihr dann unter Umständen Sachen macht, die nicht vorgesehen sind. Und dann ist der ganze schöne Plan im Eimer. Zu viele Unbekannte, zu viele Variablen, versteht ihr? So was mögen diese Blechbüchsen gar nicht. Die Maschinisten berechnen das, was wir die Zukunft nennen, das, was passieren kann, soll und möglicherweise wird, anhand von Wahrscheinlichkeiten. Und was sie selbst angeht, lautet ihre oberste Regel – so wenig Einmischung wie möglich. Deswegen senden sie alle möglichen Agenten auf fremde Planeten, für die Arbeit, die sie nicht selbst machen dürfen, damit nicht alles aus den Fugen gerät. Morpheus hat mir bei unserem letzten Gespräch gesagt, dass ihr selbst herausfinden müsst, wer's auf euch abgesehen hat.«

René rollte mit den Augen. »So, und wie, bitte schön?«

Ich sah auf die Anzeige auf meinem Armband und antwortete: »Da müsst ihr leider auch selbst drauf kommen.«

»Das sagt dir deine tolle Digitaluhr?« Lucy glaubte mir kein Wort.

»Digitaluhren sind eine sehr brauchbare menschliche Erfindung, werden jedoch weithin unterschätzt«, erklärte ich.

Annett hatte sich hingehockt und die zerstörte Untertasse in die Hand genommen. Langsam drehte sie sie um. »Hier ist so ein Licht.«

»Blinkt es?«

»Ja.«

»Das ist schlecht.«

»Schlecht?«

»Ja. Es bedeutet, dass es genügend Daten gesammelt hat, die übermittelt werden sollen. Welche Farbe hat das Licht?«

»Gelb.«

»Nicht grün?«

»Nein.«

»Das ist gut. Das bedeutet, dass es etwas senden wollte, ein Datenpaket, wahrscheinlich die Aufzeichnung, auf der wir drauf sind – aber es noch nicht getan hat. Ist da so ein kleines rotes Kabel, neben dem Licht?«

»Ja.«

»Rausziehen.«

»Jetzt ist das Licht aus.«

»Sicher ist sicher«, erklärte ich.

»Mhm, hier ist so ein seltsames Symbol«, murmelte Annett weiter.

»Heiß ... sehr heiß!«, rief ich ihr vom Sessel aus zu, ohne aufzustehen. »Kleiner Tipp: Diese Symbole sind wie Brandzeichen auf euren irdischen Wiederkäuern. Ganz einfach.«

Tatsächlich war es so, dass die Terraki-Brüder lange im Streit mit der Großen Galaktischen Kommission (GGK) gelegen hatten, die den Verkauf der Spionagesonden eigentlich komplett verbieten wollte. Nach einem Gerichtsverfahren, das ungefähr 250 eurer Erdenjahre dauerte, hatte man sich darauf geeinigt, dass die Brüder zwar weiterhin ihre Fliegenden Untertassen® verkaufen durften, an wen sie wollten, aber der Käufer auf jeder einzelnen markiert sein musste.

Als die anderen drei Annett gespannt über die Schulter schauten, während sie den Sand von der Sonde wischte, war ich am überlegen, ob ich nicht ein kurzes Nickerchen machen sollte. Ich war etwas müde. Ich wusste zwar, dass es gefährlich sein konnte, nach längerer Zeit in derselben Gestalt einzuschlafen, doch ich kam kaum dagegen an. »Und – was ist es?«, erkundigte ich mich schläfrig, »Vielleicht ein kleines rotes Maul? Eine Art blauer Grashüpfer? Ein Braunes Rohr? Oder drei gelbe Striche, die sich oben in einem Punkt treffen, wie eine Pyramide?«

»Nein«, sagte René, »sieht nicht so aus.«

»Na dann«, gähnte ich, »habt ihr es schon mal nicht mit den Körperfressern, Ozonkillern, den schießwütigen Pontrax, oder diesen dreibeinigen Fanatikern von Alpha Phyxidis zu tun. Gratuliere!«

»Also, dass Einzige, was hier drauf ist«, sagte Annett, »ist so eine Art Echsenkopf.«

Im Nu saß ich kerzengerade auf der Bettkante.

»Sag das noch mal!«

»Ich würde sagen«, meinte Tim, »es sieht aus wie der Kopf eines Dinosauriers oder so was.«

»Heiliger Neutronenstern!«, rief ich. »Die Furchtlose Schwadron von Draco!«

»Ist das schlimmer als die Körperfresser oder diese Kanonentypen?« Tims Unterlippe zitterte, als er mich anschaute.

»Sagen wir mal so«, antwortete ich, »die Körperfresser von Baten Kaitos, die Ozonkiller von Alphirk, die durchgeknallten Pontrax und die noch viel durchgeknallteren Phyxidier – sind nicht gerade das, was man die hellsten Sterne in der Milchstraße nennen würde. Sie sind, was ihre Intelligenz angeht, kosmisch gesehen ungefähr auf dem Niveau von Reiner und Marko hier auf der Erde, falls du verstehst, was ich meine. Mit ein wenig – wie soll ich es ausdrücken – Raffinesse kommt man mit ihnen ganz gut zurecht. Da sind die Draconer eine ganz andere Nummer.«

»Sind die besonders gefräßig«, fragte Tim, »oder grausam?«

»Nein«, antwortete ich, »sie sind sogar besonders friedliebend. Sie haben noch nie einen Planeten erobert, der schon von einer intelligenten Spezies bewohnt wurde. Sie überfallen niemanden. Im Grunde genommen besitzen sie – mal abgesehen von dieser ›Furchtlosen Schwadron‹ noch nicht einmal eine richtige Armee. Und sie haben wahrscheinlich sehr, sehr große Angst vor euch.«

»Aber wieso sollen wir uns dann vor ihnen fürchten?« René sah mich verwundert an. »Und wie können sie ohne Waffen unseren Planeten vernichten?«

»Oh«, entgegnete ich, »sie werden euren Planeten nicht vernichten. Das werdet ihr Erdlinge selbst tun. Und die Draconer werden euch dabei zusehen.«

15. KAPITEL:

DIE BRON'K'SCHRASS

Warum die Draconer die Erde am liebsten in Rauch aufgehen sehen wollen? Sagen wir mal, sie haben schlechte Erfahrungen mit ihren Nachbarn gemacht.

Ihr Erdlinge seid nämlich keineswegs die ersten Außerirdischen, mit denen die Draconer Bekanntschaft machen durften. Die ersten waren dummerweise die Bron'k'schrass. Das waren die Echsenwesen des Planeten Bron, nur siebenundachtzig Lichtjahre von Draconis B entfernt, es war der nächste Planet mit intelligentem Leben und als die Draconer ihn entdeckt hatten, kannte ihr Jubel kaum Grenzen.

Früher einmal waren die Draconer ein friedliebendes Volk gewesen. Sie stritten sich selten, kannten keinen Hass, das Wort »Krieg« kam in ihrer Sprache nicht vor.

Allerdings machten sie denselben Fehler wie ihr: Sie dachten, die anderen »denkenden« Spezies im Universum seien mehr oder weniger genauso wie sie selbst.

Kaum hatten sie die ersten Raumschiffe gebaut, fingen sie an, die Umgebung ihres Sternensystems zu erkunden. Die Vorstellung, dass da draußen andere, intelligente Lebewesen sein könnten, mit denen man in Kontakt treten könnte, beflügelte sie buchstäblich. Anfangs fanden sie nur das übliche Zeug, was man so vor seiner Haustür findet – Bakterien, Algen, ein paar dumme Amphibien. Auf jedem Planeten, auf dem sie landeten, errichteten sie einen Stützpunkt, von dem aus sie weiter ins Weltall vordringen konnten. Sie hüpften von einem Stern zum nächsten, die Kolonien wurden zahlreicher, die Raumschiffe größer und eines Tages entdeckten sie den Planeten Bron.

Ein grüner, dicht bewaldeter Planet, nicht zu warm und nicht zu kalt, mit ein paar ebenfalls lauwarmen Ozeanen und langen, leeren Sandstränden. Eigentlich der ideale Ferienplanet. Wären dort nicht die Bron'k'schrass gewesen.

Die Draconer landeten mit ihrem großen, komfortablen Raumschiff auf einer Waldlichtung, liefen die Rampe herunter, hoben die Arme zum Gruß und der Raumschiffcaptain sagte: »Seid gegrüßt, Bewohner des Planeten Bron. Wir kommen aus dem System Draconis B, wir kommen in –«

»Frieden« wollte der Captain eigentlich sagen, aber dazu kam er nicht mehr, weil ihm nämlich vorher von einem der Bron'k'schrass, der blitzschnell die Rampe hinauflief – der Kopf abgebissen wurde.

»Schrass!«, schrien die Bron'k'schrass immer wieder, »Schrass!« – was in ihrer Sprache so viel wie »Rache« heißt – und fraßen auch den Rest der Raumschiffbesatzung. Bis zum heutigen Tag weiß niemand in der gesamten Galaxie, wofür oder für wen die Bron'k'schrass eigentlich Rache nehmen wollten. Vielleicht wussten sie es selbst nicht.

Die Bron'k'schrass waren nämlich keine großen Redner. Sie waren etwa drei Meter groß und ähnelten sehr euren prähhistorischen Raubsaurieren, allerdings waren sie gefiedert, sehr schön bunt gefiedert. Sie konnten auf ihren zwei mächtigen Beinen unglaublich schnell laufen. Ihre beiden anderen Beine, oder Ärmchen, waren verkümmert, aber die brauchten sie eigentlich auch gar nicht. Ihr Kopf war groß, die Augen klein, die Kiefer hielten oben und unten zwei Reihen scharfer Zähne bereit, die alles zermalmten, was zwischen sie kam. Das Schrecklichste aber war die Zunge. Fast zwei Meter lang, dick wie eine Riesenschlange, aber so schnell wie bei einem Chamäleon, das Fliegen fängt – der draconische Raumschiffcaptain hatte nicht den Hauch einer Chance gehabt. Sie waren nicht völlig dumm, ihr Gehirn war deutlich größer als das eurer Dinos, aber ihre Intelligenz beschränkte sich aufs Jagen, Kämpfen und Fressen. In diesen Disziplinen konnten sie sehr kreativ sein.

Als sie das Raumschiff erobert hatten, wussten sie zunächst nicht, was sie damit anfangen sollten. Allein die Navigation, die Steuerung des Schiffes in der vierdimensionalen Raumzeit hätte sie restlos überfordert. Dumm glotzend saßen sie vor der großen Anzeigetafel auf der Brücke des leer gefressenen draconischen Raumschiffes und konnten sich keinen Reim auf die verschiedenfarbigen Lämpchen und die dünnen, leuchtenden Verbindungslinien zwischen ihnen machen. Tatsächlich bedeuteten die Lichtlein Raumstationen und Planeten, die die

Draconer zuvor auf ihren Expeditionsreisen gebaut und besiedelt hatten. Dummerweise war das draconische Raumschiff so komfortabel gebaut, dass man eigentlich nur einen blauen Knopf drücken musste, und schon flog es vollautomatisch dorthin, wo es hergekommen war.

Kaum hatten sie die Draconer halbwegs verdaut, entbrannte unter den Bron'k'schrass ein Streit darüber, wer in dem wunderschönen Palast mit den Feuerrohren und den blinkenden Lichtlein wohl zukünftig wohnen dürfte. Eine kleine, gemeine Rauferei begann, wie üblich mit Zungenpeitschen und Schwanzschlagen. Und gerade als einer den unheilbringenden Ruf »Schrass« in das Raumschiff brüllen wollte, der zweifellos unter den Anwesenden einen Kampf auf Leben und Tod ausgelöst und damit – wenn wir jetzt mal der Kette der Ereignisse über die nächsten paar Hundert Jahre folgen wollen – letztlich meine jetzige Anwesenheit auf eurem Planeten vollkommen überflüssig gemacht hätte, kam eine dieser Fressmaschinen mit seinem bereits blutig geschlagenen Schwanz – an den blauen Knopf.

Die Raketenmotoren dröhnten, das Raumschiff hob zitternd ab und die Bron'k'schrass guckten vielleicht das erste und einzige Mal in ihrer Gattungsgeschichte etwas dumm aus dem Gefieder. Aber nicht sehr lang. Nachdem das Raumschiff, vom Autopiloten gesteuert, auf dem nächsten draconischen Außenposten gelandet war, nachdem der Draconische Kommandant dieser Station kaum über ein knappes »Willkomm –« hinausgekommen war, nachdem die Bron'k'schrass die gesamte Besatzung der Raumstation vertilgt hatten, betrachteten sie wieder die Anzeigetafel mit den goldenen Lichtlein und den goldenen, leuchtenden Linien dazwischen, und begriffen mit einem Mal, was das war: es war eine Karte. In ihrem Fall eine Speisekarte.

Sie würde die Bron'k'schrass von Außenposten zu Außenposten den Weg zurückführen, den die Draconer zuvor in der Galaxis genommen hatten, bis hin zu ihrem Heimatplaneten. Und so geschah es: mit einer Spur der Vernichtung zogen die Bronk von einer draconischen Kolonie zur nächsten. Ihr Hunger verschonte niemanden. Anfangs hatten sich die Draconer nicht gewehrt, teils, weil sie so überrascht, teils weil sie, seien wir ehrlich, auch nicht besonders mutig waren.

Als sie sich endlich wehrten, war es längst zu spät. Die Bron'k'schrass hatten mittlerweile fast die gesamte draconische Raumflotte gekapert, alle Raumstationen und Planeten bis auf Draconis B erobert. Die schwachen Waffen der im Kampf völlig unerfahrenen und ziemlich furchtsamen Draconer, konnten ihnen nichts anhaben. Die Bron'k'schrass hatten vielleicht ein kleines Gehirn, aber sie hatten vier Lungen und zwei Herzen, sie waren sehr schwer zu besiegen.

Man sagte damals »Nur ein Bron'k'schrass kann einen Bron'k'schrass töten«, und das war wohl wahr. Zu allem Übel vermehrten sich die Bronk durch Parthenogenese. Wisst ihr, was das ist? Das bedeutet, sie brauchen nicht Vater, nicht Mutter, um sich fortzupflanzen. Sie sind Vater und Mutter in einem (wie wir Onari). Ist genug zu fressen da, wird der Bronk immer fetter und fetter, und irgendwann fällt ihm ein großer Teil seines großen, gefiederten Schwanzes ab. Daraus bildete sich dann der nächste kleine Bron'k'schrass. Mehrere Bron'k'schrass die vom selben Bron abstammen, formten einen »Golb«, eine Art Clan »der von derselben Feder Geborenen«. Die Gesellschaft auf Bron bestand aus zwei Groß-Clans: dem »Rotgefiederten« und dem »Blaugefiederten« Golb, und jeder dieser Groß-Golbs beanspruchte für sich das Vorrecht, vom »Ersten Federschweif« abzustammen, einem mystischen Ur-Bron'k'schrass, dem »Gelbgefiederten« – den es natürlich, ihr könnt es euch denken, nie gegeben hat. Aber diskutiere mal einer mit einem Bronk über Evolution!

Diese beiden Clans hatten auf Bron in stiller Feindschaft gelebt, aber ihre Streitigkeiten im Zuge der Invasion der Draconer-Welten beigelegt. Immerhin gab es ja genug Beute, die Bron'k'schrass wurden fetter und fetter, die Schwänze fielen ihnen reihenweise ab. Ihr könnt euch nicht vorstellen, wie viele es inzwischen waren, nachdem sie auf ihrem Weg alles vertilgt hatten, das sich ihnen in den Weg gestellt hatte.

Während ihre Raumsonden meldeten, dass sich die Bron'k-'schrass stetig näherten, alle Verteidigungslinien durchbrochen, und die Feinde nicht aufzuhalten waren, saßen die Draconer auf ihrem Heimatplaneten und bereiteten sich auf das Ende vor. Klagegesänge hoben in den Städten an. Einige Draconer verbrachten die ihnen verbleibende Tage beinahe ununterbrochen vor den Psycho-Projektoren, kleinen telepathischen Transmittern, die spezielle Gehirnwellen aussandten und vor den Augen und in den Gedanken des Benutzers alle Bilder, alle Erinnerungen und Fantasien erscheinen lassen konnten, die er sich vorstellte oder die ein vorher in das kleine Gerät eingespeistes Programm enthielt. Im Prinzip ist das wie euer Kino, doch weil man die Filme nicht auf einer Leinwand, sondern direkt im Kopf sieht, sieht natürlich alles viel, viel echter aus. Einige Jahrzehnte zuvor hatte es einen großen Streit um diese Geräte unter den Draconern gegeben, als nämlich immer mehr von ihnen die Tage und Nächte mit diesen Geräten und den von ihnen erzeugten Illusionen verbrachten, und zu nichts anderem mehr zu gebrauchen waren. Wenn das so weitergehe, hatte eine Gruppe von Wissenschaftlern, Künstlern und Politikern gewettert, werde es bald keine Kunst, keine Erfindungen und keine neuen Entdeckungen mehr geben, die Draconer würden zu einem Haufen degenerierter Psycho-Projektions-Süchtiger verkommen und niemals ihren kleinen, unordentlichen Planeten verlassen, um die Wunder des Universums kennenzulernen.

Hohn schlug jenen Draconern nun entgegen. Ach, jammerten viele, wären wir doch nur vor unseren Psycho-Projektoren hocken geblieben, wir wären niemals auf die Bron'k'schrass getroffen, und hätten unser Dasein glücklich mit unseren Illusionen verbracht! Wäre das so viel schlechter gewesen? Im Gegenteil! Denn was ist das Leben anderes, als ein kurzer Traum in der langen Nacht des Universums? Jetzt sind wir in einem grauenhaften Albtraum gefangen, aus dem es kein Entrinnen gibt!

Ich glaube, sein Name war Bebel Ul Akondo. Ja, das war der Name des Draconers, der eine kleine Kampfeinheit, genannt die »Furchtlose Schwadron«, anführte, und lieber kämpfend sterben, als von den Bronk gefressen werden wollte. Eines Tages kam Akondo mit einem Psycho-Projektor zu seinen Kämpfern, die ihn erstaunt ansahen.

»Was will er damit?«, fragten sie sich, wussten sie doch, dass ihr Kommandant ein erbitterter Gegner der Geräte geblieben war.

Akondo schnallte sich den Psycho-Projektor um, und ließ sich auf dem nächsten Planeten, den die Bron'k'schrass erobert hatten, absetzen. In ihrem Raumschiff umkreiste die Furchtlose Schwadron den Planeten und erwarteten im Bordfunk jeden Moment das Schnalzen einer Bronk-Zunge zu hören, wie sie sich um den Hals des Kommandanten schlang.

Aber nichts dergleichen geschah. Akondo hatte den Psycho-Projektor auf die Hirnfrequenz der Bron'k'schrass eingestellt und gaukelte ihnen vor, er sei einer von ihnen. Was die Bron'k'schrass sahen, war nur ein weiterer Bron'k'schrass. Eine ganze Woche verbrachte Akondo auf dem verwüsteten Planeten.

Als er zurückkehrte, wurde er von seinen Soldaten jubelnd empfangen.

»Endlich können wir sie besiegen. Wir tarnen uns als ihresgleichen und starten dann einen Überraschungsangriff!«

Akondo winkte ab. »Nein«, sagte er, »das werden wir nicht tun.«

Die Kämpfer sahen ihn fragend an. »Sie sind viel zu viele und uns, mit oder ohne Psycho-Projektor, haushoch überlegen.«

Nun ließen alle Draconer die Köpfe hängen. »Nur ein Bron'k'schrass kann einen Bron'k'schrass töten«, murmelte einer.

Akondo hob seinen Kopf. »Ganz genau«, sagte er.

Als die gekaperten Raumschiffe mit den Invasoren an Bord in die Umlaufbahn um Draconis B einschwenkten, war auf der Oberfläche ihres Heimatplaneten kein einziger Draconer zu sehen. Die Städte schienen verlassen. Waren sie geflohen? Hatten sie sich versteckt? Die Bron'k'schrass sollten die Wahrheit nie erfahren. Sie landeten mit mehreren Raumschiffen, schwärmten aus, vom Hunger getrieben. Dabei geschah es, dass ein Trupp der Rotgefiederten auf einen blauen Trupp traf.

»Habt ihr die Beute gesehen?«, fragten die Roten.

Und die Blauen antworteten: »Nein.«

Aber wenig später sahen die Roten, wie die Blauen die Körper toter Draconer in ein Haus zogen, offenbar um sie dort in aller Ruhe zu fressen.

Die Roten schäumten vor Wut, aber als sie in das Haus kamen, war niemand mehr darin.

Gleichzeitig hatte ein Trupp der Blaugefiederten beobachtet, wie Tausende Rote sich in einem Park an den Draconern satt aßen.

Auf dem größten Platz in der Hauptstadt der Draconer trafen sich die Roten und Blauen Bron'k'schrass und jede Gruppe bezichtigte die andere, die Beute gestohlen, versteckt, oder gefressen zu haben.

Am Anfang hörte man nur das Schnalzen der Zungen und das rhythmische Schlagen der Schwänze auf dem Boden. Aber irgendwann ertönte der unheilvolle Ruf: »Schrass!« »Schraaaaassss!« – und die Bronk stürmten aufeinander los und begannen sich in einer gigantischen, blutrünstigen Schlacht selbst zu zerfleischen.

Eine Legende sagt, es sei General Akondo persönlich gewesen, der, getarnt durch einen Psycho-Projektor »Schrass!« gerufen habe. Aber das stimmt wahrscheinlich nicht. Tatsächlich saß Akondo mit den wenigen Draconern, die sich nicht in den Abwasserkanälen versteckte hatten, oder auf einen der drei Monde von Draconis B geflüchtet waren, im höchsten Hochhaus der Hauptstadt und beobachtete die Schlacht in den Straßen unter ihnen. Mittels der Psycho-Projektoren hatte er den beiden verfeindeten Golbs vorgegaukelt, sie würden von ihren Artgenossen um die Beute betrogen. Jetzt fraßen sie sich selbst auf.

»So wie jetzt hier zu unseren Füßen«, sagte Akondo, »wird auch der letzte Bron'k'schrass an seinem Hass und seiner Gier zugrunde gehen.«

Und so geschah es. General Akondo schickte die Raumschiffe mit den toten Bron'k'schrass und einem vorprogrammierten Psycho-Projektor wieder den Weg zurück, den sie gekommen waren. In dieser Projektion erschien den auf den eroberten Stützpunkten der Draconer zurückgebliebenen Bron'k'schrass der »Gelbgefiederte« und forderte die Blaugefiederten auf, die Rotgefiederten zu töten, oder – wurde das Raumschiff von einem Golb der Roten zuerst geöffnet, die Blauen umzubringen. »Vernichtet die, die meine Federn beschmutzen!«, brüllte das Trugbild des mystischen Ur-Bronks, »fresst die Verräter!«

Ein fürchterlicher Krieg brach unter den Bronk aus, und erreichte schließlich ihre Heimatwelt Bron.

Nach dem letzten Kampf auf Bron, lag der letzte Bron'k-'schrass auf dem Schlachtfeld, um ihn herum seine toten Artgenossen, die Zunge hing ihm kraftlos aus dem Schlund heraus, seine Schwanzfeder hatte begonnen unkontrolliert zu zittern, wie immer, wenn es mit einem Bronk zu Ende ging. Vor seinen schmalen Reptilienaugen sah er den großen Gelbgefiederten und sagte mit heißerer Stimme: »Dein Wille ist geschehen, oh Großer Gelbgefiederter, die Verräter sind vernichtet.«

Da schaltete sich der Psycho-Projektor ab und vor ihm stand auf einmal der vergleichsweise kleine Bebel Akondo. Er sagte nichts, lauschte nur dem heiseren Krächzen des letzten Bron'k'schrass im Universum, bis es für immer verstummte.

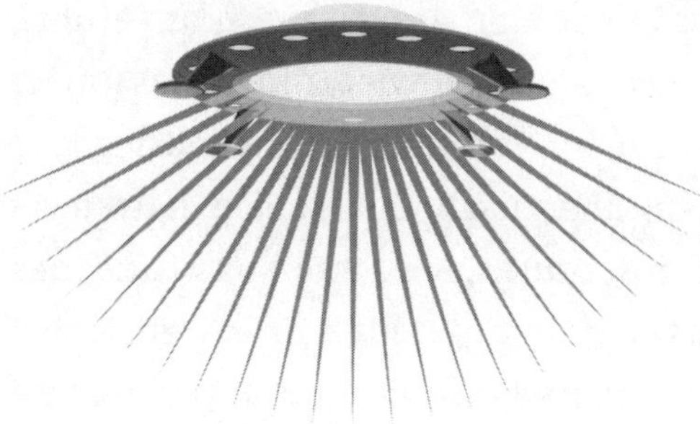

16. KAPITEL:

ZU VIEL FERNSEHEN

»So, nun kennt ihr die Geschichte der Bron'k'schrass, und nun könnt ihr euch auch ausrechnen, was die Draconer mit eurem kleinen Wasserplaneten vorhaben. Sie werden euch nichts tun. Ginge es nach ihnen, sollt ihr sie noch nicht einmal zu Gesicht bekommen. Sie haben nämlich schreckliche Angst vor euch. Aber ihr Plan ist einfach: Bevor ihr eines Tages Raumschiffe bauen und die Heimatwelt der Draconer erobern könnt, denken sie, dass es besser ist, wenn ihr euch vorher selbst vernichtet, so wie die Bron. Und wo kann man am besten für einen kleinen Zwischenfall sorgen, der sich zu einem erdenweiten Atomkrieg ausweiten lässt? Hier – an eurer albernen Grenze, wo sich die beiden größten Armeen des Planeten argwöhnisch und bis an die Zähne bewaffnet gegenüberstehen.«

Ich hatte während meiner Reise zur Erde versucht, zu begreifen, warum das so war, doch richtig gelungen war es mir nicht. Vereinfacht gesagt, gab es zwei Armeen. Die Armee des

Westens wurde von den Amerikanern angeführt, und die Armee des Ostens von der Sowjetunion. Die Armeen waren einmal Verbündete im vorangegangenen Krieg gegen Deutschland gewesen, aber nach ihrem Sieg hatten sie begonnen, einander zu misstrauen. Sie hatten das Land, das sie gemeinsam bezwungen hatten, geteilt, und waren schließlich Gegner geworden in einem Krieg, der entlang dieser neuen Grenze, an der Millionen Soldaten, tausende Panzer, Flugzeuge, Schiffe, und Raketen bereit standen, immer kurz davor war, auszubrechen, es aber bis dahin nicht getan hatte. Genau deshalb nannten die Menschen ihn wohl den »Kalten Krieg«.

»Aber«, fragte Tim ängstlich, »wie kommen diese Draconer darauf, dass wir sie erobern wollen?«

»Fernsehen« sagte ich, »zu viel Fernsehen!«

»Was hat das Fernsehen damit zu tun?«

»Die Draconer haben euer Fernsehprogramm empfangen. Und – seid ehrlich – in euren Nachrichten, Filmen, Serien geht es ziemlich oft um Kriege und Eroberungen.«

»Wie soll das gehen?«, fragte Annett. »Wenn sie doch so viele Lichtjahre entfernt sind, kann sie unser Fernsehprogramm noch gar nicht erreicht haben!«

»Sehr schlau, Annett! Du hättest recht – wenn es da nicht diese patentierten Hyperaumdekoder® –«

»– Lass mich raten – von den Terraki-Brüdern?«

»Genau – der Terraki-Brüder gäbe. Jetzt hat man quasi noch im letzten Spiralarm Empfang, und alles mit viel weniger Zeit-Verzögerung.«

»Und was machen wir jetzt?«, wollte René wissen. »Ich muss bis zum Abendbrot zu Hause sein.«

»Das Sandmännchen wartet!«, flötete Lucy.

»Wir haben kein Männchen, wir haben einen Sandmann!«

»Oh, wie kann ich mir den vorstellen, wie Tarzan mit Schlafmütze, oder eher wie den kleinen Bruder des Weihnachtsmannes?«

»Langsam reicht es«, sagte Annett. »Die Lage ist wirklich ernst!«

»Da hast du allerdings recht – es reicht langsam! Sag mal«, fragte Lucy, ohne mich aus den Augen zu lassen, »glaubst du eigentlich wirklich, dass wir dir diesen ganzen Quatsch glauben? Ich meine – Echsenwesen, Draconer, Hyperraumfernsehen? Meinst du nicht, dass du ein bisschen zu dick aufträgst, wenn du uns doch einfach nur in deinem Faschingskostüm verarschen willst?«

»Lucy!«, protestierte ihr Bruder, »du hast doch das Ufo fliegen gesehen! Dort liegt es!«

»Das war ferngesteuert, Tim! Bitte, bitte, versteh das doch endlich! Du bist so leichtgläubig! Dein ›Ufo‹ ist nichts weiter als ein ferngesteuertes, teures Spielzeug.«

Sie wandte sich René und Annett zu. »Werdet ihr eigentlich auch verarscht, oder gehört ihr dazu? Wo kommt ihr wirklich her?«

»Wie wir gesagt haben, aus Marksdorf«, beeilte sich Annett zu antworten.

»Aus dem anderen Marksdorf«, ergänzte René etwas hilflos. »Das auf der anderen Seite der Mauer.«

»Okay, ihr gehört auch dazu.«

»Lucy!«

»Kapierst du nicht, Timmy? Reiner und Marko haben nur so getan, als ob sie abgehauen wären. In Wirklichkeit lachen die sich jetzt mit deiner ganzen Klasse irgendwo ins Fäustchen!«

»Aber der Wolf, der sprechende Wolf!«, beharrte Tim.

»Willst du wirklich, dass sich alle immer über dich lustig machen, Tim?« «

Tim sah seine Schwester nicht an, als sie das sagte, sondern senkte den Blick und schwieg.

»Komm, Zorro«, sagte René, »lass uns gehen. Sollen die doch machen, was sie wollen. Dann retten wir eben nur unsere Hälfte der Welt.«

»Das«, antwortete ich, »wird leider nicht gehen.«

Ich seufzte. Lucy war wirklich ein schwerer Brocken. Aber das war zu erwarten gewesen.

Schon als ich in Tims Zimmer gekommen war, war mir der große Kleiderschrank aufgefallen. Nicht, dass ich mir das ausgedacht hätte, wirklich nicht. Auch der Kleiderschrank war Teil des Plans. Warum? Keine Ahnung.

»Wir müssen los«, sagte ich und drehte mich zu Tim und Lucy um. »Aber es wäre wirklich besser, wenn ihr mit uns kommen würdet. Fragt mich nicht warum, aber ihr gehört nun mal dazu. Auch du, Lucy.«

Lucy rollte nur die Augen.

»Wo gehen wir hin?«, fragte Annett neugierig.

»Wir müssen unsere Ausrüstung zusammensuchen und ein paar Vorbereitungen treffen – vor dem Abendbrot.«

»Wir bekommen eine Ausrüstung?« Renés schlechte Laune war wie weggeblasen. »Wirklich?«

»Ja, wirklich.« Ich richtete mein Armband auf die Schranktür. »Auf geht's.« Dann drehte ich mich zu Lucy und Tim um. »Was ist mit euch? Kommt ihr mit? Ihr müsst euch schnell entscheiden, denn nach drei, höchstens vier Minuten ist diese Tür hier wieder verschlossen. Das heißt, sie führt dann wieder da hin, wohin sie immer führt – in den Kleiderschrank.« Ich öffnete die Schranktür ein stückweit, Annett und René schlüpften hinein, und ich folgte ihnen.

Lucy stand mit Tim in seinem Zimmer und schaute den dreien hinterher. Einen Moment lang war sie so baff, dass sie gar nichts sagte.

Dann rief sie:

»Okay, das reicht jetzt wirklich. Hier hört der Spaß auf! Was fällt euch ein, einfach in unsere Schränke zu gehen? Seid ihr bekloppt, oder was? Das ist Verletzung der Privatsphäre, verstanden! Das ist nicht witzig, hört ihr? Überhaupt nicht! Kommt sofort da raus! Sofort!«

Keine Antwort.

Sie hielt Tim an der Hand, doch plötzlich riss er sich ohne ein Wort los und ehe sie sich's versah, war er im Schrank verschwunden.

»Tim!«, rief sie, »komm da sofort wieder raus!« Und dann noch lauter: »Sofort! Sonst kannst du was erleben!«

Damit hatte Lucy nicht ganz unrecht.

Sie starrte auf den Schrank. Wie machen die das?, überlegte

sie. Der Schrank war zwar groß, aber nicht sooo groß. Und dieser René sah nun auch nicht gerade wie ein super gelenkiger Schlangenmensch aus. Sie lauschte – war da ein Kichern zu hören? Nein, es war ganz still. Hielten die da drinnen vielleicht alle die Luft an? Und warum sollte man die Tür nach drei Minuten nicht mehr öffnen können? Außer …

Sie dachte nach. Plötzlich fiel ihr ihre Mutter ein, und der schweigenden Gerd unten im Haus, und wie sehr ihr dieses Schweigen auf die Nerven ging, und wie sehr sie insgeheim ihren Vater vermisste, ihren Vater, den sie und Timmy so selten trafen, dass sie manchmal nicht mehr wusste, wie er aussah.

Und wenn das nun alles stimmte? Annett und René waren wirklich durch so eine seltsame Tür aus dem Osten gekommen, und ihr Bruder war wirklich von einem Außerirdischen vor Reiner und Marko gerettet worden, ein Außerirdischer, der sich in alles Mögliche verwandeln konnte, unter anderem auch in einen Fantasiehelden namens Zorro?

Aber dann stimmte wahrscheinlich auch diese Sache mit den anderen Außerirdischen, die die Erde vernichten wollten, und dass sie – sie vier und dieser Zorro – dazu auserwählt waren, genau das zu verhindern.

Lucys Mutter Irene und ihr Freund Gerd hatten sie und ihren Bruder nicht nur zu Anti-Aggressions-Seminaren mitgeschleppt, sondern auch zu Veranstaltungen, bei denen es, wie so oft, um den Weltfrieden gegangen war. Bärtige Männer mit runden Brillen und Frauen mit ungewaschenen Haaren hatten dort vorgerechnet, wie viele Atomwaffen jedes Land auf der Welt besaß, und wie oft sich die Menschheit damit gegenseitig vernichten konnten. Das hatte sie nie so richtig verstanden – wie konnte man sich mehrmals vernichten? Sie hatten in muffigen Gemeindehäusern, »Eine-Welt«-Läden und im Sommer unter freiem Himmel gesessen, und die Männer mit Brillen und die Frauen mit den ungewaschenen Haaren hatten ausführlich erzählt, wie die Erde nach so einem Krieg aussehen würde, nicht nur wüst und leer, sondern auch, ohne dass man es sehen könnte, radioaktiv verseucht. Den wenigen Überlebenden würden die Haare ausfallen, ihnen würde übel werden und irgendwann wären auch sie tot. Lucy fuhr ein Schauer über den Rücken.

Konnte die Geschichte mit den Außerirdischen wirklich wahr sein? Nein, das war zu verrückt! Jetzt bloß nicht weich werden!

Andererseits: Tim war mit denen da drin – sie konnte ihn nicht einfach alleine lassen!

Hatte dieser Zorro drei oder vier Minuten gesagt? Wie viele waren davon schon vergangen?

Sei's drum. Was konnte schon passieren? Schlimmstenfalls saß sie im Schrank und wurde ausgelacht.

Sie zog die oberste Schublade von Tims Schreibtisch auf, und schnappte sich vorsichtshalber seine Taschenlampe.

»Okay!«, rief sie. »Ich komme jetzt da rein. Nicht, dass ihr denkt, ich würde euch glauben und ihr hättet gewonnen oder so was! Ich glaub euch immer noch kein Wort. Ich habe euch durchschaut! Hörst du mich, Timmy? Ich habe euch durchschaut und komme jetzt rein!«

Sie ging zur Schranktür und zog sie auf.

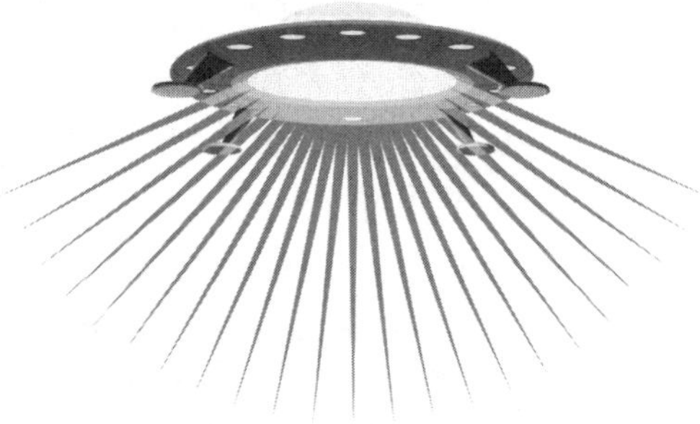

17. KAPITEL:

SCHAGGI UND SCHOTSCHKE

Es war dunkel. So dunkel, dass man wirklich nichts sah, keine Hand vor Augen, buchstäblich und absolut gar nichts.

Ich konnte mich daran erinnern, dass es im Universum an manchen Orten stockdunkel war, aber ich hatte sie gemieden – nichts hasst ein Onari mehr als die Dunkelheit.

»Wo sind wir?«, hörte ich Annett rufen.

»Und wo ist hier der Lichtschalter?«, fragte René.

»Woher soll ich denn das wissen?«

»Moment mal – du weißt nicht, wo wir sind?«

»Ist das mein Planet oder eurer?«, antwortete ich Annett.

»Kann man denn einfach so eine Tür öffnen, und kommt dann irgendwo wieder raus?«

»Eigentlich nicht, der Ausgang steht schon vorher fest. Na ja, so ungefähr jedenfalls.«

»Irgendwie beunruhigen mich die Worte ›eigentlich‹ und ›so ungefähr‹«, sagte Annett.

»Keine Sorge«, versicherte ich ihr, »diese Tür-Technologie reicht nicht sehr weit. Wir sind also nicht irgendwo auf dem Uranus oder so was. Selbst wenn es – was das erste Mal wäre – eine Panne gegeben haben sollte, sind wir mit Sicherheit noch innerhalb der Umlaufbahn des Mondes, also innerhalb eines Radius von so ungefähr 380.000 Kilometern, was im kosmischen Maßstab wirklich weniger ist als ...«

Ich hörte hinter mir ein leises Schluchzen.

»Alles gut, Tim«, hörte ich René ruhig sagen, »du musst keine Angst haben. Der macht nur Spaß. Stimmt's, Zorro, du machst nur Spaß?«

»Ehm, ja klar. Also wir sind mit Sicherheit noch irgendwo auf der Erde.«

»Das heißt«, fragte Annett süffisant, »wir könnten jetzt auch im Inneren einer altägyptischen Pyramide sein?«

»Hier gibt es zumindest Wände.« Ich tastete meine Umgebung ab. Oh, wie sehr ich diese Dunkelheit hasste.

Auch Tim gefiel das nicht: »Kannst du nicht mit deinem Armband Licht machen?«

»Die Anzeige leuchtet nur schwach. Das nützt uns leider gar nichts.«

Ich konnte beinahe hören, wie Annett angestrengt nachdachte. »Mal von vorne: Wo hätten wir denn rauskommen sollen, Zorro?«

»In einem Laden. In dem Laden, in dem ich eure Ausrüstung bezahlen und abholen soll.«

»Du kaufst die Ausrüstung?«

»Gewissermaßen. Es ist nicht so ganz einfach zu erklären ...«

»Ich finde schon«, hörten wir eine Stimme hinter uns, »dass du den anderen erklären solltest, warum du sie in einen schmutzigen, dunklen Keller gelockt hast.«

Es war Lucy. Sie hatte eine Taschenlampe in der Hand.

»Wie hast du das gemacht? Wie geht so was?«

»Glaubst du uns jetzt?«, fragte Tim.

Sie seufzte. »Fürs Erste muss ich das wohl. Wo sind wir hier eigentlich?«

Sie leuchtete die Wände entlang. Wir befanden uns in einem lang gestreckten Raum, mit grob gemauerten, nicht verputzten Wänden. In einer Ecke lag ein großer Haufen schwarzer Steine.

»Was ist das denn?«, wollte ich wissen.

»Das?«, wunderte sich René. »Das sind Kohlebriketts, zum Heizen.«

Ich schüttelte den Kopf. »Fossile Brennstoffe, Treibhausgase – da habt ihr ja nach dem Atomkrieg gleich das nächste Problem an der Backe.«

»Womit heizt ihr denn? Mit alten Socken vielleicht?«

»Wir haben zwei Sonnen. Auf Oneiros ist es immer warm.«

»Ihr seid ja echte Glückspilze!«

»Sonnenkinder, würde ich sagen.«

»Dort ist ein Lichtschalter!«, rief Annett. »Und hier ein Durchgang!« Sie bewegte einen Drehschalter, und das Licht im Keller ging an. Wir verließen den Kohlenkeller, und gelangten in einen langen Flur, an dessen Ende es eine Treppe hinaufging. Am oberen Ende der Treppe war eine Tür.

René drückte die Klinke. »Gott sei Dank. Nicht verschlossen.

Ich nehme an, mit deinem magischen Armband hätten wir sie nicht öffnen können?«

»Zumindest nicht auf diese Weise.«

Vorsichtig drückte René die Tür auf und steckte seinen Kopf hinaus. »Die Luft ist rein. Niemand hier.«

Nacheinander traten wir durch die Kellertür in einen langen Flur.

»Sind wir hier richtig?«, fragte Annett.

»Ja, ich denke schon. Hinter der nächsten Tür da vorne sollte der Laden sein.«

Lucy runzelte die Stirn. »Wie jetzt? Wir sind quasi schon in dem Laden, oder vielmehr in dem Haus, in dem der Laden ist? Warum sind wir nicht einfach durch die Vordertür gekommen?«

»Erstens wäre das zu auffällig gewesen, zweitens kann man sich Tür und Ausgang nicht immer aussuchen. Damit eine Tür einen Ausgang hat, müssen beide im passenden Moment in der Raumzeit übereinanderliegen. Nicht immer ist der nächste Ausgang unmittelbar am Ziel. Dann muss man eben noch ein Stück laufen.«

René war wieder vorausgegangen, beinahe so, als ob er bereits wüsste, wo wir waren. Und irgendwie war das ja auch so.

Hinter der nächsten Tür am anderen Ende des Flurs lag der Verkaufsraum des Ladengeschäfts. Der Besitzer war offenbar nicht da. Ein Schaufenster ging zu einer breiten Straße hinaus, auf der wir aber kaum einen Menschen sahen – es war Samstagnachmittag und die wenigen Geschäfte waren schon geschlossen. Die Häuser wirkten grau und trostlos. Im Kopfsteinpflaster der Straße, die schmutzige Schneehaufen säumte, klafften tiefe Schlaglöcher. Ab und zu knatterte ein hellblaues, hellgrünes oder ockerfarbenes kleines Auto vorbei.

»Sind wir da, wo ich denke, dass wir sind?«, fragte Lucy.

»Was denkst du denn, wo du bist?«, entgegnete René.

»In der DDR.«

»Und? Hast du ein Problem damit?« René drehte sich zu mir. »Bist du dir sicher, dass wir hier die Ausrüstung abholen sollen?«, fragte er ungläubig.

An drei der vier Wände waren Regale angebracht, an denen endlose Reihen von Brillen hingen. Wobei sich alle Brillen ziemlich ähnelten. Sie sahen ungefähr so aus wie Renés Brille, oder wie die von Annett, nur unterschiedlich groß. An einer Seite des Raumes hingegen stand ein langer großer Glaskasten, und was zunächst aussah wie eine weitere Vitrine mit Brillen, entpuppte sich bei näherem Hinsehen als Reptilien-Terrarium.

»Ich bin mir ganz sicher, dass wir hier richtig sind.«

»Weil«, sagte René, »ich kenne den Laden. Und Annett bestimmt auch. Wir sind in Zeuna, der Kreisstadt, und das hier ist der Brillenladen von Optikermeister Schotschke. Schau, da drüben, das ist das Terrarium von seiner Schildkröte, Schaggi heißt die.«

Ich nickte und ging hinüber zum Terrarium. Eine mittelgroße Landschildkröte lag darin, und schien zu schlafen.

»Hallo Schaggi«, sagte ich.

Die Schildkröte bewegte sich träge und streckte ihren Kopf

hervor. »Zorro Vela?«, fragte sie mit heiserer Stimme. »Bist du das? Wurde aber auch Zeit.«

Heribert Schotschke, der Ladenbesitzer, saß zur selben Zeit im »Café Panorama«, das zum Ententeich des Stadtparks von Zeuna hinausging, und hoffte hinter einer halb beschlagenen Scheibe darauf, dass man ihm endlich seinen Kaffee brachte, auf den er nun schon geraume Zeit, beinahe ebenso lang wie auf den Platz am Fenster, gewartet hatte.

Endlich kam die Kellnerin und stellte ihm eine Tasse hin, wobei etwas Kaffee über den Tassenrand auf den Unterteller schwappte.

Der Kaffee war lauwarm, und schmeckte seiner Meinung nach so, wie das Wasser im Ententeich schmecken musste, kurz bevor man es alljährlich im Spätherbst wegen des Winterfrostes abließ. »Was werde ich mich freuen«, sagte Schotschke leise, »wenn ich endlich in einem richtigen Café einen richtigen heißen Kaffee trinken kann.«

Schotschke zahlte, ohne auch nur einen Pfennig Trinkgeld zu geben, zog sich seinen Mantel über, und schaute ein letztes Mal zurück. Da sitzen sie, dachte er, die kleinen, grauen Bewohner von Zeuna, halten sich an ihrer braunen Brühe fest und wissen doch nichts von der Welt! Heribert Schotschke war entschlossen: Er würde bald abhauen. Und keine Grenze würde ihn aufhalten können!

Draußen vor dem Café ratterten nur wenige Autos über das Kopfsteinpflaster der Hauptstraße von Zeuna, trotzdem wäre Schotschke, beim Versuch die Straße zu überqueren, beinahe von einem himmelblauen »Trabant« überfahren worden. »Pass doch auf!«, rief er dem Fahrer hinterher, doch da war das Auto schon um die Ecke geknattert. Wie konnte man ein Auto nur »Trabant« nennen? dachte er. Im Westen hießen die Autos »Rekord«, »Passat« oder auch »Manta« und »Senator«. Ein Grund mehr, dieser hässlichen Kleinstadt endgültig Lebewohl zu sagen.

Zeuna befand sich außerhalb der 5-Kilometer-Zone vor der Grenze zum anderen Teil Deutschlands.

Natürlich wusste Schotschke, dass er keine Sondergenehmigung für die 5-Kilometer-Zone bekommen würde, obwohl Oberst Reinhardt, den nicht nur er insgeheim »Oberst Brillo« nannte, einer seiner Kunden war. In die Zone durfte man nur, wenn man dort wohnte, und zum Beispiel in Zeuna auf die Erweiterte Oberschule ging. Oder wenn man in Marksdorf nahe Verwandte hatte. Oder in einem wichtigen Auftrag unterwegs war. Eine Brille anzupassen, war kein wichtiger Auftrag, zumal der Oberst dafür gerne in die Kreisstadt in seinen Laden kam.

Heimlich in die Zone zu gelangen, war ebenso unmöglich. Oberst Reinhardts Soldaten und die Volkspolizei konrtollierten schon weit vor der richtigen Grenze jeden, der ihnen auch nur ein klein wenig verdächtig erschien.

Einen ordentlichen Ausreiseantrag zu stellen, war andererseits zwar offiziell erlaubt, aber mit Ärger verbunden. Wahrscheinlich würde schon am nächsten Tag die Staatssicherheit bei ihm auftauchen und ihm unangenehme Fragen stellen. Das war das Mindeste. Und am übernächsten Tag würden sie seinen Laden schließen, oder ihn dazu zwingen, seine Kunden auszuspionieren. Nein, ohne ihn! Da machte er nicht mit!

Wie also, wird man sich fragen, wollte einer wie Schotschke, der sich nichts sehnlicher wünschte als einen heißen starken Kaffee zu trinken, die DDR verlassen? Hatte er vielleicht heimlich einen Heißluftballon genäht und eine Gondel gebaut, um damit bei günstigem Wind einfach über die Grenze hinwegzufliegen? Hatte er von seinem Keller aus einen Tunnel in die Zone gegraben? Es gab Leute, die so was versucht hatten, die meisten von ihnen saßen jetzt im Gefängnis. Aber Schotschkes Plan war ein anderer, ein Plan, den er anfangs für völlig verrückt gehalten hatte, aber mittlerweile ziemlich toll fand. Und das war auch der Grund, warum er so beschwingt war, während er eiligen Schrittes zurück zu seinem Laden ging.

»Und, wie läuft es so, Schaggi?«, fragte ich.

»Könnte besser laufen«, sagte Schaggi, die Schildkröte. »Du siehst ja, wie es hier aussieht. Ich bin jetzt schon ziemlich lange in diesem Terrarium.«

»Die Schildkröte spricht!«, stellte René entgeistert fest. Auch die anderen drei starrten mit offenen Mündern das Terrarium an.

Schwerfällig bewegte sich Schaggi in die Richtung, in der meine vier Gefährten standen.

»Schildkröten können nicht sprechen«, stellte Schaggi entschieden fest. »Ist das deine Truppe, Zorro? Sollte man für so einen heiklen Auftrag nicht ein richtiges Spezialkommando haben, anstatt ein paar dahergelaufener Kinder?«

Annett ging näher ans Terrarium. »Dann bist du keine Schildkröte?«

»Ich bin noch keine vollendete Schildkröte«, seufzte Schaggi, »die letzte Phase der endgültigen Verwandlung dauert am längsten. Manchmal mehrere Erdenjahre. Kommt auf die letzte Gestalt an. Das Sprachvermögen verschwindet oft erst ganz zum Schluss. Zusammen mit den Erinnerungen.«

»Was meinst du damit?«, fragte Lucy.

Schaggi schüttelte traurig den Kopf. »Kannst du ihnen das erklären, Zorro? Bitte. Ich kann's nicht.«

Das konnte ich verstehen. Schaggi Vela hatte wirklich Pech gehabt. Na ja, ein wenig war er auch selbst schuld gewesen. »Er ist eingeschlafen«, begann ich.

»Sie«, protestierte Schaggi, »ich bin jetzt ein Mädchen.«

»Und davor?«

»Kann mich nicht mehr erinnern.«

»Wie dem auch sei, Schaggi ist Onari wie ich, ein Gestaltwandler –«

»Wandlerin!«

»Meinentwegen. Sie ist als Schildkröte eingeschlafen, und zu spät wieder aufgewacht und Schildkröte geblieben.«

Lucy betrachtet die kleine Panzerechse im Terrarium. »Das heißt, wenn ein Onari zu lange in einer Gestalt ...?«

»Genau, wenn wir zu lange in einer Gestalt bleiben, dann nehmen wir diese Gestalt an, für den Rest des Lebens dieses Wesens. Am Anfang ist die Verwandlung nur äußerlich, aber nach und nach, unaufhaltsam, wird man auch innerlich immer mehr zu dem Wesen, dessen Gestalt man angenommen hat, bis die letzte Gestalt zur wahren Gestalt geworden ist, das, was man im Herzen fühlt. Gerade deswegen ist es für uns Onari wichtig, sich die letzte Gestalt nicht nur nach der äußeren Erscheinung auszusuchen, oder nach irgendwelchen Vorteilen, die sie besitzt, also beispielsweise fliegen oder auf dem Wasser laufen zu können. Die letzte Gestalt muss dem entsprechen, der man wirklich ist. Sie zu finden, ist nicht leicht.«

»Außer man schläft ein!«, jammerte Schaggi. »Auf einer völlig harmlosen Aufklärungsmission! Ich sollte nur ein wenig für die Maschinisten kundschaften! Nix Dolles! Ganz harmlos!«

»Aber warum hast du dich in eine Schildkröte verwandelt?« Tim konnte sich nicht vorstellen, dass das Spaß machte. Warum nicht wenigstens in einen Bären? Oder einen Adler?«

»Ich wollte nur ein kurzes Nickerchen machen, und dachte mir, wenn aus Versehen jemand auf mich tritt, passiert nichts. Ja, ja ich weiß – ich bin selbst schuld! Wenigstens hab ich mich nicht in eine Eintagsfliege verwandelt. Eine Landschildkröte wie ich wird im Durchschnitt 160 Jahre alt, was bedeutet, dass ich noch rund 150 Erdenjahre vor mir habe. 150 gute Jahre am endlosen Sandstrand von Tau Ceti Prime, 150 Jahre wird mir die dortige Sonne auf den Panzer scheinen und mich wärmen, keine Fressfeinde weit und breit, ich kann ab und zu ein Bad nehmen, und den Salat gibt's gratis dazu!«

»Das hast du mit den Maschinisten ausgemacht?«

»Wir haben sozusagen noch um die letzte Schraube gefeilscht, aber am Ende haben sie quietschend eingewilligt, die alten Blecheimer, unter der Bedingung, dass ich dir helfe.«

»Und was ist mit Schotschke?«

Ja, was war mit Schotschke?

Nun, just in jenem Augenblick schloss Heribert Schotschke von außen die Tür seines geschlossenen Ladens auf, kam herein, schloss sie wieder ab, und drehte sich um.

Dann geschah erst einmal eine Weile lang gar nichts, denn Schotschke starrte uns einfach nur an.

Er war nervös. Mit uns hatte er offenbar nicht gerechnet. Merkwürdigerweise schien ihn meine Anwesenheit wesentlich weniger zu beunruhigen als die von René. Und ich hatte immerhin eine schwarze Maske, Umhang und Degen. Ich konnte sehen, wie sein Blick immer wieder ängstlich zu René wanderte.

»Was wollt ihr hier?«, presste er schließlich hervor. »Es ist Samstagnachmittag. Ich habe geschlossen.«

»Reg dich ab«, sagte Schaggi.

Schotschke sah entsetzt zu seinem Terrarium.

»Entschuldigen Sie, Herr Schotschke«, sagte ich, »aber hat Ihre Schildkröte da gerade gesprochen?«

Jetzt wusste Schotschke überhaupt nicht mehr, wo er hinschauen sollte. »Ehm, was, wie? Welche Schildkröte? Ach die? Nein, natürlich nicht. Schildkröten können nicht sprechen.«

»Heri, reg dich ab«, wiederholte Schaggi.

»Da, schon wieder!«

»Ach das? Das bilden Sie sich nur ein. Ich ... ich ... ich meine, ich habe ein Tonbandgerät bei der Schildkröte versteckt.«

Etwas Dämlicheres war ihm in seiner Panik nicht eingefallen. »René, pass auf, also wer auch immer euch geschickt hat, die Polizei, die Staatsicherheit, das Verteidigungsministerium – kannst du deinem Vater bitte, bitte sagen, dass ich da nur ganz zufällig hineingeraten bin, also, dass ich mit der ganzen Angelegenheit nicht wirklich was zu tun habe? Bitte? Ja?« Und zu mir gewandt, fügte er hinzu: »Ich bin vollständig zur Kooperation bereit. Fragen Sie mich, was Sie mich fragen müssen, ich werde reden wie ein Wasserfall!«

»Heri, jetzt reg dich endlich ab. Die gehören zu uns. Das ist das Spezialkommando, verstehst du?«

Schotschke starrte uns an. Sein Mund ging mehrfach auf und zu, bevor er etwas sagte:

»Die? Ein paar Kinder und ein Kerl im Faschingskostüm?«

»Man kann sich die Retter seiner Welt nicht immer aussuchen«, sagte ich. »Ist alles bereit?«

»Nun mach schon, Heri«, drängelte Schaggi, »zeig ihnen den Kram.«

Schotschke war ein eigenartiger Mensch. In gewisser Weise konnte er sich noch schneller verwandeln als ich mich. Eben noch in Panik, hüpfte er nun fröhlich um seinen Verkaufstresen herum, riss auf der anderen Seite eine Schublade auf, und begann darin herumzuwühlen.

»Ich habe sie ganz genau nach den Vorgaben gefertigt. Und dieses Zeug, das auf der Liste stand, habe ich auch besorgt. Die Uhren sind aus dem Intershop. Hat mich ein Vermögen gekostet. Was habt ihr mit dem anderen Zeugs vor? Mit diesen Kondensatoren, den Kabeln und dem allem? Aber, was frage ich überhaupt, es geht mich ja nichts an. So ist das halt, wenn man mit Robotern, Westernhelden und sprechenden Schildkröten Geschäfte macht! Hahaha! Also hier ist eure Bestellung.«

Er holte mehrere Gegenstände hervor und legte sie vor sich auf den Tresen.

René war die Enttäuschung anzusehen. Wahrscheinlich hat er geglaubt, die Maschinisten drücken ihm eine dieser fetten reticulanischen Strahlenkanonen in die Hand, und verpassen ihm eine glitzernde Weltraumrüstung, mit der man fliegen kann. Tja, aber so sind diese Blechtypen – Hauptsache, es funktioniert, was anderes interessiert die nicht.

»Ist das die Ausrüstung?«, fragte René langsam.

Ich nickte.

»Ich hatte gedacht, wir bekommen so eine tolle Weltraumrüstung, mit der man fliegen kann und – eine Strahlenkanone, wie im Film.«

Auf dem Tisch lagen Radioröhren und Kondensatoren verschiedener Größe, Kabel, Transistoren, ein Lötkolben, vier Digitaluhren und vier schwarze Kästchen. René trat an den Tisch heran, und nahm eines davon in die Hand.

»Zorro, hör mal, du kennst die vielleicht nicht, aber das hier«, – er hielt mir eines der Kästchen vor die Nase, »ist eine Chromalux-Fernsehfernbedienung! Mein Vater hat so eine! Gut, man bekommt die nicht so leicht, aber wie sollen wir damit die Welt retten?«

»Ihr habt Fernbedienungen in der DDR?«

René drehte sich nicht zu Lucy um. »Ja, haben wir. Und wir

haben noch eine ganze Menge anderer toller Sachen in meinem Land.«

»Unter anderem solche schicken Uhren hier«, sagte Annett und nahm nachdenklich eine davon in die Hand.

»›Schick‹ ist was anderes, würde ich sagen«, spottete Lucy.

René sah mich enttäuscht an. »Warum gibt es keine Strahlenkanone? Nicht wenigstens eine einzige, kleine Laserpistole?«

Ich seufzte. »Weil es auf eurem Planeten keine Strahlenkanonen gibt – nur in Filmen, oder Comics.«

Bei dem Wort »Comics« errötete er leicht. »Ja – und?«

»Nichts ›na und‹. Ich erklär euch alles später, okay? Wir packen hier den Kram zusammen und gehen. Herr Schotschke, haben Sie an die Rucksäcke gedacht?«

»Ja, natürlich. Vier Stück, wie gewünscht. Aber was ist mit den Brillen?«

»Natürlich, die Brillen! Wie konnte ich die vergessen?«

Schotschke legte vier Brillen auf den Tisch. Sie hatten unterschiedliche Größen, sahen aber im Prinzip alle so aus wie die Brillen, die René und sein Vater – und der Staatsratsvorsitzende der DDR trugen.

»Ich möchte mich ja nicht allzu sehr selbst loben, aber ich kann ohne Übertreibung sagen: Das hier sind meine Meisterstücke.«

»Das sind doch nur Brillen wie die auf meiner Nase«, meinte René missmutig.

Lucy grinste: »Nein, das ist die Frühjahrskollektion. Ein ganz neuer Look! Du hast recht, René: So was Pfiffiges haben wir im Westen nicht!«

Schotschke schaute Lucy verärgert an. »Ja, ja, machen Sie sich nur lustig, junge Dame, aber Arroganz und Hochmut kommen vor dem Fall! Wissen Sie überhaupt, wie schwierig es war, jeweils einen nur 0,2mm dicken Palladiumdraht in die Fassungen zu fummeln? Oder wie lange ich gebraucht habe für das Schleifen und die Vergütung der Gläser und diese merkwürdige Beschichtung, die auf der Bestellung stand?«

»Sie hat es nicht so gemeint, Herr Schotschke«, beruhigte ich ihn.

Alle vier Kinder gingen der Reihe nach zu Schotschke und er passte ihnen die jeweilige Brille an.

Sie passten perfekt, nur Renés war etwas zu groß, und auch die Stärke war nicht ganz genau jene seiner richtigen Brille.

»Mhm, mhm«, murmelte Schotschke, und schaute auf seine Notizen. »Zu dumm, so wie's aussieht, habe ich die Maße deines Vaters genommen. Deswegen ist sie zu groß, und vielleicht auch ein ganz klitzeklein wenig zu stark, aber nicht viel. Das mit der Größe können wir anpassen ... Hier! Jetzt besser?«

»Na ja, wenigstens rutscht sie mir jetzt nicht mehr sofort von der Nase.«

»Und die Schärfe?«

»Wenn ich meine Hand ganz nah vor meine Augen halte, sehe ich sie verschwommen, aber sonst geht's.«

Lucy betrachtete sich im Spiegel. »Damit muss ich jetzt hoffentlich nicht die ganze Zeit rumrennen, denn dann würde ich mir's mit der Rettung der Welt nochmal überlegen.«

Ich zwinkerte ihr zu. »Keine Sorge, ich sage euch, wann es Zeit dafür ist. Für den Augenblick tut ihr sie einfach wieder ins Etui und passt auf, dass ihr sie nicht verliert oder euch draufsetzt.« Ich wandte mich Schotschke zu. »Es ist Zeit zu gehen. Auch für Sie – und Schaggi. Haben Sie alles gepackt?«

»Ja, habe ich. Es geht jetzt gleich los?«

»So ist es verabredet. Die Maschinisten halten sich immer an ihr Wort. Oder haben Sie es sich anders überlegt? Sie wissen ja, wenn Sie einmal unterwegs sind, gibt es für Sie kein Zurück. Falls Sie noch einmal darüber nachdenken wollen ...«

Schotschke schüttelte den Kopf. »Nein, nein. Ich habe darüber nachgedacht. Hier hält mich nichts mehr. Ich habe hier keine Freunde – außer Schaggi. Schaut doch aus dem Fenster: Jeden Tag das gleiche, graue Einerlei! Wie könnte ich da eine solche Gelegenheit verstreichen lassen, hier rauszukommen? Ich würde mich selbst auf dem Mars noch wohler fühlen als hier!«

»Glauben Sie mir, Herr Schotschke – würden Sie nicht. Aber wie dem auch sei: Schnappen Sie sich ihren Koffer, und schon bald werden Sie auf dem Weg nach Tau Ceti Prime sein!«

Tim hatte Schaggi aus ihrem Terrarium geholt und auf den Tisch gesetzt. Sie schaute mich mit ihren seltsamen Reptilienaugen melancholisch an.

»Das war's dann wohl, Zorro«, sagte sie. »Wenn wir uns das nächste Mal sehen, werde ich nicht mehr sprechen können und mich nicht mehr an dich erinnern. Wie traurig: Alles was ich, was wir erlebt haben, wird dann wie nie gewesen sein.«

»Das ist unser Schicksal, Schaggi.«

»Ja, das ist es wohl.«

Schotschke hatte sich seinen Mantel und einen Hut aufgesetzt, und trug ein kleines Köfferchen in der Hand.

»Den Mantel werden Sie nicht brauchen«, sagte ich und reichte ihm die Hand. »Leben Sie wohl, Herr Schotschke. Viel Glück auch dir, Schaggi.«

»Wo geht's jetzt lang?«, fragte er. »Wie kommen wir auf das Raumschiff, das uns nach Tau Ceti bringt? Werden wir abgeholt oder raufgebeamt?«

»Oh nein, Beamen gibt's nur im Film. Viel zu riskant. Da weiß man nie, ob man noch in einem Stück ankommt oder einem die Nase nicht plötzlich am Knie hängt, Sie verstehen.«

Schotschke glotzte mich mit offenem Mund an.

Ich richtete mein Armband auf die Tür seines Geschäfts. »Sie gehen einfach ein letztes Mal durch ihre Ladentür. So wie am Ende eines jeden Arbeitstages. Auf der anderen Seite werdet ihr schon erwartet.«

Schaggi und Schotschke gingen langsam zur Tür, aber kurz bevor er sie öffnete und beide verschwanden, drehte sich Schotschke noch einmal zu uns um. »Ich hab zwar keine Freunde mehr hier, aber ich wünsche euch trotzdem viel Mut und Glück bei dem, was ihr vorhabt, und dass ihr's schafft. Wäre doch irgendwie blöd, wenn ich auf Tau Ceti sitze, und der letzte Mensch im Universum bin.«

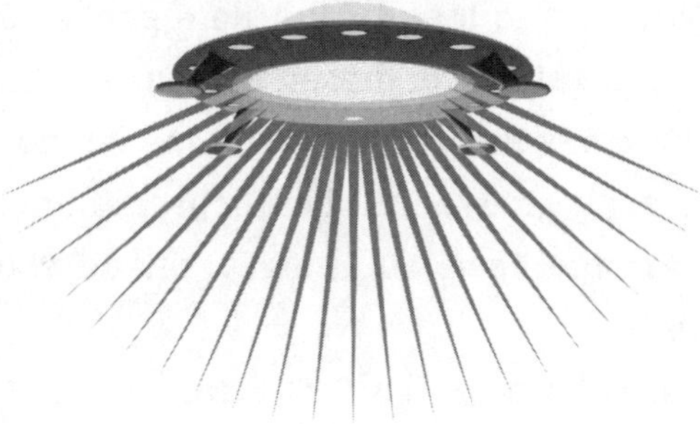

18. KAPITEL:

DER TÄNZER

Als wir in Tims Zimmer zurückkamen, hatte sich nichts verändert. Für diejenigen, die es noch nicht gewohnt sind, ist es immer ein seltsames Gefühl, so schnell von einem Ort zum anderen gelangt zu sein, und im ersten Moment kann es sein, dass sie glauben, alles nur geträumt zu haben.

»Ich kann gar nicht glauben«, sagte Lucy, »dass das alles gerade eben passiert ist.« Sie drehte sich um und öffnete die Schranktür, doch obgleich sie Tims Jacken und Hemden und Hosen immer wieder zur Seite schob – in dem Schrank waren nur seine Kleider. Es war wieder ein ganz normaler Schrank.

Und weil alles so war, wie es war, als wir es verlassen hatten, lag neben dem Regal auch immer noch die zerstörte Fliegende Untertasse® auf dem Boden.

Annett kniete sich hin und betrachtete sie nachdenklich.

»Also«, fragte René, »warum bekommen wir keine Strahlenkanonen und keine Weltraumrüstung, mit der man fliegen kann? Und was sollen wir mit dem ganzen Plunder von Schotschke anfangen – und diesen Brillen? Ich habe schon so eine hässliche große Brille, und jetzt habe ich noch eine, und die ist sogar noch größer und hässlicher! Kaum zu glauben, dass der dafür eine Reise zu einem fremden Planeten spendiert bekommt.«

»Nun ja, für euch mag Tau Ceti Prime vielleicht ein unbekannter, sagenhafter Planet sein, aber in der Galaxie ist das ein ziemlich bekannter und beliebter Planet. Er ist ungefähr so bekannt und beliebt wie eure Mittelmeerinsel Mallorca. Und auch genauso voll. Ich würde sagen, Schotschke hat eine sehr lange Pauschalreise gebucht. Frage mich, wen er da kennenlernt auf Tau Ceti? In der ersten Woche schließt man ja gerne Bekanntschaften, aber in der zweiten gehen sie einem dann meistens schon auf die Nerven.«

»Da wir auf Mallorca keinen Urlaub machen können«, sagte René, »ist mir das ziemlich egal.«

»Mir tut Schaggi leid«, sagte Tim, der, seit sie Schotschkes Laden verlassen hatten, sehr still gewesen war.

Ich seufzte. »Na ja – die ganze Wahrheit ist, dass Schaggi Vela schon ziemlich alt war.«

»Wie meinst du das?«

»Je älter ein Onari ist, desto kürzer sind die Phasen der Verwandlung, das bedeutet, man muss sich immer schneller in etwas anderes verwandeln, sonst bleibt man das, was man gerade ist. Es ist natürlich besser, wenn man sozusagen nicht bis zur letzten Minute wartet, sondern sich schon etwas früher entscheidet, wer man schließlich sein will. Doch wie so viele, wusste Schaggi nicht, wer oder was sie sein wollte, und hat die Entscheidung immer weiter hinausgezögert, und, na ja, ihr seht ja, wie so was endet.«

»Wie ›alt‹ war Schaggi denn?«

»Ich schätze, so was über zweihundert eurer Erdenjahre.«

»Und du«, hakte Lucy nach, »wie alt bist du eigentlich?«

»Ich? Ich hab noch viel Zeit. Es ist jetzt erst knapp fünfzig Jahre her, dass ich aus der Ursuppe gestiegen bin.«

»Du bist fünfzig Jahre alt?« Lucy riss die Augen auf.

»Fünfzig Erdenjahre.«

»Aber dann bist du älter als meine Mutter oder Gerd!«

»Für euch vielleicht. Aber nach Oneirischer Zeitrechnung bin ich ungefähr so alt – wie ihr.«

»Weißt du schon, was du einmal werden willst?«

»Nein. Aber das ist ja das Schöne, wenn man im Auftrag der Maschinisten durchs Universum tingelt: es ist so abwechslungsreich. Jeder Planet bedeutet ein neues Abenteuer! Alle reden vom Plan, aber keiner kennt ihn, immer kann alles passieren! Es ist ein Riesenspaß – na ja, meistens jedenfalls.«

»Wir sind für dich einfach nur ein weiteres Abenteuer?« Jetzt war Lucy richtig wütend. »Irgendwelche Außerirdischen wollen hier den Dritten Weltkrieg anzetteln, und das ist für dich nichts weiter als ein Riesenspaß?«

»Ich gebe zu, ich habe schon Spaßigeres erlebt.«

»So, hast du? Na toll!«

»Beruhig dich, Lucy.«

»Du hast mir gar nichts zu befehlen, René!«

Lucy stand vor mir, und starrte mich wieder auf ihre typische Art wütend an. Ich gebe zu, richtig angenehm war das nicht. René hatte derweil beschlossen, ihre Bemerkung zu ignorieren und fing an, in einem der Rucksäcke zu wühlen.

»Viel wichtiger wäre doch, wenn du uns jetzt endlich verrätst, Zorro, was wir mit diesem Kram hier anstellen sollen.«

»Die Draconer aufhalten, natürlich.«

»Mit Fernsehfernbedienungen?«

»Die oberste Regel lautet«, erklärte ich, »dass auf den Planeten, die die Maschinisten und ich besuchen, keine fremde Technologie zurückgelassen wird. Am besten wird sie gar nicht erst hergebracht. Stellt euch mal vor, ihr hättet tatsächlich außerirdische Strahlenkanonen, Psychostrahlenscanner, Gravitationsstiefel und mylarverstärkte Schutzanzüge mit Tarnfunktion – und nur ein einziges Stück davon kommt zufällig in die falschen Hände? Oder geht einfach verloren? Was würden die Menschen wohl mit so einer Strahlenkanone, mit Stiefeln, mit den man fliegen kann, und einem Tarnanzug machen? Mhm? Sie würden es auseinandernehmen und versuchen es nachzubauen. Aber damit nicht genug: Wer in den Besitz dieser Technologie käme, könnte damit den Rest der Menschheit beherrschen, weshalb diejenigen, die sie nicht haben, alles daran setzen würden, sie in die Finger zu bekommen. Ihr hättet den einen Krieg verhindert, und den nächsten ausgelöst! Und zudem die ganze Zukunft verändert und den Plan. Und am Plan rumfummeln wird von den Maschinisten noch sehr viel härter bestraft als an dem Zeug von den Terraki-Brüdern rumbasteln.«

»Na gut, aber – was sollen wir mit vier Fernbedienungen?«

»Noch sind das nur Fernbedienungen, aber mit der richtigen Anleitung, ein paar Bauteilen und einem Lötkolben, kann Annett genau das draus bauen, was wir brauchen.«

Annett sah mich schüchtern an. »Ich?«

»Wer sonst?«

Sie lächelte.

René nicht. »Was ist mit diesen Brillen?«

Ich sagte es ihm: »Bei Kindern wirken die Psycho-Projektoren der Draconer nicht richtig. Hat wohl was mit der Hirnwellenlänge zu tun. Allerdings – wenn man einem dieser Dinger sehr nahe kommt, dann kann es sein, dass man etwas sieht, dass es gar nicht gibt.«

»Was denn?«, wollte René wissen.

»Nicht das, was die Draconer wollen, dass man sieht, sondern Fantasiewesen, Fabelgestalten, Monster, Dinge, von denen ihr mal gehört oder gelesen habt, und die euch Angst machen. Aber dafür habt ihr ja die Brillen. Sie verhindern, dass ihr plötzlich vor einem Drachen davonrennt, der gar nicht da ist.«

»Warum hast du keine Brille?«

»Ich find die hässlich«, antwortete ich Lucy.

»Ach ja, und wir finden sie schick, oder was?«

»Und außerdem bin ich immun gegen diese Strahlen, selbst in der Gestalt eines Menschen.«

René seufzte. »Ich hätte ganz gerne mal eine Superheldenmasken, statt diese Brille bekommen.«

»Die Maschinisten fanden die Brillen unauffälliger.«

Lucy schüttelte den Kopf. »Diese Brillen? Unauffällig?«

»Ihr müsst sie ja nicht in die Schule anziehen.«

Lucy zeigte auf die Sachen, die auf dem Tisch lagen. »Was ist mit den Digitaluhren?«

»Tim, hast du einen kleinen flachen Schraubenzieher?«

Das war in gewissem Sinne eine rhetorische Frage, denn ich wusste natürlich, dass er einen hatte.

Er griff in eine Schublade seines Schreibtisches und zog den Schraubenzieher hervor und gab ihn mir. Ich nahm mir eine Uhr nach der anderen vor, öffnete den Deckel auf der Rückseite, entfernte die kleinen Batterien, griff in meinen Umhang, und legte vier kleine Batterien auf den Tisch, die genauso aussahen, wie die, die ich gerade entfernt hatte.

»Pinzette?«, fragte ich.

Tim hatte auch das.

Ich muss zugeben, dass ich mit so etwas nicht besonders geschickt bin. Aber irgendwann hatte ich die Batterien ausgetauscht.

Tim sah mir über die Schulter. »Waren die Batterien leer?«

»Nein. Das sind keine einfachen Batterien, die ich da reingetan habe. Das Entscheidende ist der kleine Computer, der im Chip integriert ist: er steuert die Uhr. Und zwar so lange, bis unser Auftrag abgeschlossen ist. Dann zerfällt er, und übrig bleibt nur die Batterie, und dann ist die Uhr wieder eine ganz normale Uhr.«

Annett betrachtete die Uhr, die ich hochhielt. »Und jetzt ist es keine normale Uhr?«

Ich erklärte es ihnen: »Na ja, sie zeigt natürlich die Uhrzeit an. Aber diese Uhr kann noch viel mehr. Mit diesen Uhren bleiben wir in Verbindung. Hier, mit diesem Knopf geht das Licht an, drückt ihr diesen, wird das Datum angezeigt. Aber bei einem ganz bestimmten Signal müsst ihr eine ganz bestimmte Antwort geben und dann wird diese Uhr ganz neue Funktionen haben.«

»Was für ein Signal?«

»Es piept und auf der Anzeige wird ›1764‹ angezeigt.«

»Und was sollen wir dann machen?«, fragte René.

»›42‹ sagen.«

»42?«

»Das ist die Wurzel aus 1764«, wusste Annett.

Ich nickte anerkennend. »Genau. Danach kann ich euch Nachrichten übermitteln, die auf der Anzeige zu sehen sind. Kleine, gelbe Dreiecke am Rand der Anzeige zeigen die Richtung der Tür an, durch die ihr als Nächstes gehen müsst. Und dann gibt es noch die roten Dreiecke, aber davon später.«

»Wir können mit den Uhren Türen öffnen?« Tim war ganz aufgeregt.

»Nein«, sagte ich, »die Uhren zeigen euch nur die Richtung, in der Türen sind, durch die ihr gehen könnt – und natürlich die Zeit, die euch dafür bleibt.«

»Und sagt die Uhr uns auch, wohin die Türen führen?«

»Nein.«

Lucy schüttelte den Kopf. »Wir sollen durch diese Türen gehen und wissen noch nicht einmal, wo sie hinführen?«

»No risk, no fun.«

»Okay, also was nun?« René wurde ungeduldig.

»Haltet euch einfach an die Anweisungen, die ihr auf der Anzeige lesen könnt!«

Lucy ließ nicht locker: »Und von wem kommen die?«

»Von mir oder von den Maschinisten.«

Sie schüttelte den Kopf. »Und wer sagt mir, dass deine Maschinenfreunde nicht in Wahrheit diejenigen sind, die den Planeten erobern wollen – bevor das jemand anderes tut?«

»Niemand«, sagte ich. »Ihr müsst mir in dieser Sache einfach vertrauen.«

An Lucys Gesichtsausdruck sah ich gleichwohl, dass sie mir nicht hundertprozentig vertraute.

»Und«, fügte ich an alle gerichtet hinzu, »ihr müsst unbedingt darauf achten, dass ihr diese Uhren nicht verliert oder irgendwo liegen lasst. Zumindest solange der außerirdische Chip in ihnen noch arbeitet.«

»Aber unsere Mutter wird sich wundern, wo wir die Uhren herhaben«, meinte Tim.

»Dann lasst euch was einfallen. Oder tragt sie in der Hosentasche, wenn euch nichts einfällt. Sobald die Uhr piept, ›1764‹ anzeigt und ihr das Codewort sprecht, müsst ihr die Tür finden, und zwar innerhalb der Zeit, die angezeigt wird. Und wie gesagt: Die Uhren dürfen auf keinen Fall in die falschen Hände geraten.«

Annett deutete auf die zerstörte Spionagesonde, die immer noch vor ihr auf dem Boden lag.

»Aber was ist damit? Das ist ja nun auch außerirdische Technologie. Müssen wir das Ding mit einem Hammer zerdeppern, oder einschmelzen oder so was?«

»Du hast recht«, antwortete ich und dachte nach. »Mhm. Vielleicht kann es uns ja noch von Nutzen sein«, sagte ich schließlich, und steckte den kleinen Diskus in eine besondere Tasche meines Umhangs. »Da das Ding noch Datenpakete an eine Relaisstation senden wollte, sind die Draconer wahrscheinlich noch nicht auf der Erde gelandet. Vielleicht haben sie gerade erst den Hyperraum verlassen, dazu braucht man ein möglichst leeres Stück Weltraum, und sind noch nicht einmal im Sonnensystem, oder allenfalls am Rand. Aber sie werden bald da sein.«

»Wie lange?«

»Heute, morgen, übermorgen, nächste Woche. Außerhalb der Erde ticken die Uhren anders.«

René sah wieder verdrossen auf die Fernbedienung Marke »Chromalux«. »Können wir sie nicht irgendwie vorher aufhalten? Ich meine, bevor sie überhaupt auf der Erde landen?«

»Wenn ihr ein Geschwader schneller Raumabfangjäger mit einer Reichweite von mindestens drei Astronomischen Einheiten, oder rund 30 Lichtminuten hättet – kein Problem! Oder vielleicht ein paar computergesteuerte Helium-3-Plasmageschütze auf der Rückseite des Mondes; ein unsichtbares Kraftfeld um die Erde könnte, nebenbei bemerkt, auch sehr nützlich sein.« Ich sah mich in Tims Zimmer um. »Aber so wie's aussieht, habt ihr all diese schönen Sachen nicht. Es hat eben schon seinen Grund, warum die Draconer ausgerechnet jetzt kommen, und nicht in – sagen wir – zweihundert Erdenjahren, wenn ihr diese Erfindungen vielleicht besitzt, und aus ihrer Sicht praktisch unbesiegbar seid.«

»Wie geht's weiter?« Lucy sah mich an.

»Ihr wartet, bis ich mich, beziehungsweise die Uhr sich meldet. Bis dahin – na ja – tut ihr so, als sei nichts gewesen.«

»Und was machst du?«

»Ich muss ein wenig Fechten üben, und mich außerdem noch um ein paar andere Sachen kümmern.«

»Da kommt ein Auto!« Tim stand am Fenster.

»Mama?«, fragte Lucy.

»Nein, es ist Spezialist Park.«

»Wer ist Spezialist Park?«, wollte René wissen.

»Unser Untermieter«, antwortete Lucy. »Nachdem Papa weg war, musste Mama die Einliegerwohnung vermieten, damit wir über die Runden kommen, wie sie sagt. Park wohnt unten im Erdgeschoss. Er ist Soldat, Offizier für irgendwas Spezielles, und arbeitet in dem Beobachtungsposten von den Amis, aber er muss dort nicht immer schlafen. Wenn seine Schicht zu Ende ist, kommt er meistens hierher.«

Ich sah auf meine Uhr: »Viertel vor sechs. Pünktlich, wie erwartet.«

»Dreiviertel sechs!«, rief René. »Ich muss um sechs zum Abendbrot zu Hause sein!«

»Keine Sorge«, entgegnete ich, ohne den Blick von der Anzeige zu nehmen, »du wirst genau um 17 Uhr 58 durch die Tür stolpern.«

»Sicher?«

»Zu 97 Prozent.«

Annett zeigte wieder auf den kleinen Apparat an meinem Handgelenk. »Jetzt sag schon! Was genau ist das? Eine Uhr? Ein Schlüssel für besondere Türen? Ein Gerät, das die Zukunft voraussagen kann?«

»Ein bisschen was von allem.«

»Worauf warten wir noch!« René stürmte zur Schranktür, wollte sie aufreißen.

»Falsche Tür«, sagte ich, »wir müssen durch eine andere. So ist das Universum, immer in Bewegung. Aber keine Angst, die nächste Tür ist gleich in der Nähe.«

Eilig verabschiedeten wir uns.

»Du kommst bestimmt wieder, ja?«, versicherte sich Lucy.

»Bestimmt«, versprach ich.

Meine ›Digitaluhr‹ piepte.

»Was bedeutet das jetzt?«, fragte Lucy.

»Dass wir los müssen.«

Als Annett und René vor mir die Treppe hinuntergingen, nahmen sie einen kurzen Lichtblitz wahr und drehten sich um.

René schüttelte den Kopf. »Musst du dich ausgerechnet jetzt verwandeln, wo wir's eilig haben? Und dann auch noch ausgerechnet in einen, in einen – «

»Alles Teil des Plans, vertraut mir! Und jetzt kommt, sonst verpassen wir ihn noch!«

»Wen?«, fragte Annett.

»Werdet ihr schon sehen!«

Ich wusste, wer da gleich ziemlich durchgefroren durch die Haustür kommen würde: Spezialist Park.

Der hatte einen langen, ereignislosen und deswegen sehr anstrengenden Tag in seinem Horchposten auf dem Berg hinter sich. Den halben Tag lang musste er dort auf ein Radargerät schauen und den Funkverkehr abhören, und die andere Hälfte des Tages von einem hohen, offenen Turm aus mit einem Fernglas die Grenze und alles, was sich jenseits der Grenze, im Osten, tat, beobachten. Sein Vorgesetzter, Captain Pashendale, hatte ihm erklärt, das sei gesünder für die Augen, weil man sonst, wenn man den ganzen Tag nur vor dem Radarschirm sitze, Sehstörungen bekommen könne. Allerdings saß man vor dem Radarschirm drinnen, auf dem Stahlturm, wo jetzt im Winter immer eiskalt der Wind wehte, hingegen draußen.

Deswegen war er, nachdem er seinen Wagen vor dem Haus von Lucy und Tim abgestellt hatte, immer noch ziemlich durchgefroren.

Er trug zwar noch Uniform und Wollmütze, hatte aber, kaum lag das Militärgelände hinter ihm, die Kopfhörer aufgezogen und hörte Musik mit seinem Walkman (einem primitiven tragbaren Magnetbandkassettenabspielgerät, das 1989 total in Mode war!). Genauer gesagt, hörte er einen Song namens »Get outta my dreams« – zu Deutsch: »Verschwinde aus meinen Träumen« – ein Tanzstück, bei dem er, da er sich unbeobachtet glaubte, die Hüften schwang und mit dem Po wackelte, als er die Tür zum Flur öffnete und wir drei – Annett, René und ich – die Treppe hinunterkamen.

Annett und René hatte er hier noch nie gesehen, aber den, der da hinter den Kindern herlief, hatte er schon einmal gesehen.

Wahrscheinlich jeder in Nordamerika hat schon mal einen gesehen.

Dieser Waschbär, den Park auf dem Weg zu seiner kleinen Wohnung sah, war allerdings etwas anders. Das lag daran, dass ich aufrecht auf zwei Beinen ging. Gehen war vielleicht nicht das richtige Wort. Während Park wie angewurzelt in der

Tür stand, die beiden Kinder ihm freundlich zunickten, machte ich – der kleine possierliche Kerl vor ihm – etwas anderes: Ich tanzte! Ich tanzte zu der Musik, die aus seinen Kopfhörern kam, wackelte mit dem Po und meinem buschigen Schwanz, schwang die Hüften, drehte mich.

Park – das spürte ich – überlegte: Ob der abgerichtet ist? Ein Zirkuswaschbär vielleicht? Diesen Moment der Verwirrung nutzte ich, um ihm einen kleinen Zettel in die Hand zu drücken, auf dem auf Englisch stand:

WARUM NUR EINE …?

Ich zwinkert ihm schelmisch zu, ließ den völlig verdatterten Soldaten stehen, und lief zu Annett und René.

»Auf, verschwinden wir!«, flüsterte ich.

»Was sollte diese Nummer? Warum hast du dich so aufgeführt?«, fragte René.

»Das habe ich gemacht, damit er sich später daran erinnert, was auf dem Zettel steht.«

Annett rollte die Augen. »Und was steht auf dem Zettel?«

»Darf ich nicht sagen.«

Spezialist Park sah von dem Zettel auf und rief:

»He, wartet, was soll das bedeuten? ›Warum nur eine …?‹ – Warum nur eine … was?«

Aber da waren wir alle drei schon in der Besenkammer am anderen Ende des Flurs verschwunden.

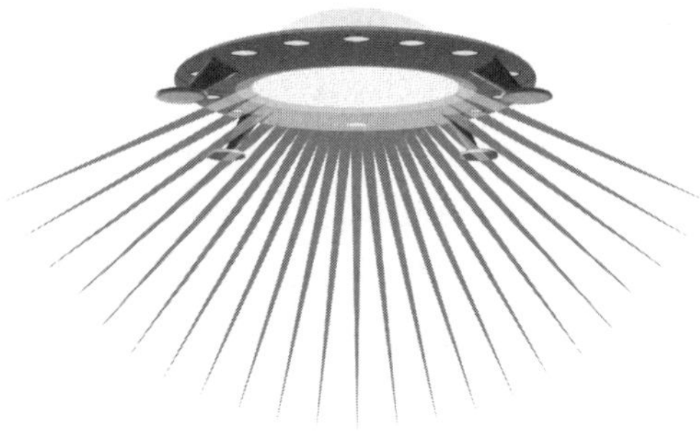

19. KAPITEL:

DER REST VOM SAMSTAGABEND

Als Lucys und Tims Mutter Irene nach Hause kam, war sie müde wie immer. Nur wenige Ladenbesitzer hatten ihr Bio-Wintergemüse einkaufen wollen. Ihre Kinder warteten schon in der Küche, und Gerd, der noch dreizehn Tage des Schweigens vor sich hatte, wärmte den Pastinakeneintopf auf.

Beim Essen fragte sie: »Na ihr beiden, wie war euer Tag?«

Lucy und Tim schauten sich an, dann sagte Lucy einfach nur: »Gut. Nichts Besonderes.«

»Tim, sei ehrlich, haben dich deine Schulkameraden wieder geärgert?«

Tim nickte. »Sie haben's versucht.«

Irene war erleichtert. »Aber du bist rechtzeitig weggelaufen, wie wir das besprochen haben.«

»Nein, bin ich nicht.«

Lucy stieß ihren Bruder mit dem Ellenbogen in die Seite.

»Was hast du gemacht?« Ihre Mutter wollte es jetzt scheinbar ganz genau wissen.

»Ich wollte mich wehren, aber sie waren zu zweit und der eine hat mich geschubst, und der andere mir ein Bein gestellt.« Tim grinste plötzlich, was seine Mutter etwas merkwürdig fand. »Aber dann«, fuhr er fort, »kamen Kinder aus dem Gebüsch, René und Annett, und René hat sich den Reiner geschnappt und mit so einer Judo-Technik umgelegt und dann eingeseift, das hättest du mal sehen sollen! Aber das Beste war: Der Marko, diese feige Ratte ...«

»Tim!«, protestierte seine Mutter, »Menschen bezeichnet man nicht als Ratten.«

»Ist doch aber auch wahr! Also, Marko wollte René treten, als der auf dem Boden den blöden Reiner eingeseift hat, aber dann stand plötzlich ein Wolf vor ihnen, jedenfalls dachten die beiden, dass es ein Wolf ist, und dann sind sie weggerannt, hättest du mal sehen müssen, wie die gerannt sind!«

»Aber der Wolf war kein Wolf, sondern ...?«

»Ein Außerirdischer. Zorro Vela vom Planeten Oneiros.«

»Vom Planeten Oneiros.«

Tim nickte, aß einen Löffel Suppe, bevor er fortfuhr: »Liegt von uns aus gesehen im Sternbild Segel des Schiffes. Zorro kann sich in alles verwandeln, was er will, auch in einen Wolf.«

Irene starrte Lucy an.

»Was schaust du mich so an?«, sagte Lucy. »Ich bin nicht dabei gewesen.«

»Tim?«

»Ist sie nicht. Erst später, als wir bei der sprechenden Schildkröte waren. Die Schildkröte heißt Schaggi, und war früher ein Onari wie Zorro, und hat auch für die Maschinisten gearbeitet.«

»Die was?«

»So Robotertypen«, erklärte Tim, »für die soll Zorro zusammen mit uns die Erde retten, weil so ein paar andere Außerirdische wollen, dass die Menschen den Dritten Weltkrieg anfangen, und wir uns selbst vernichten, damit wir sie nicht vorher erobern können, was wir ja eigentlich gar nicht wollen. Ist alles ein wenig kompliziert«, fügte er noch hinzu und aß dann vergnügt weiter.

Entsetzt sah Irene Gerd an, aber der hob nur hilflos die Arme und rollte mit den Augen. Irene warf ihm einen eisigen Blick zu: Ausgerechnet jetzt musste der seine Schweigenummer abziehen! Ausgerechnet jetzt, wo ihr geliebter Timmy sich in eine Fantasiewelt geflüchtet hatte! Eine Fantasiewelt, mit einem allmächtigen Zorro und Robotern mit Raumschiffen – man stelle sich das mal vor! Ob sie einen Termin bei Dr. Drexler, dem Schulpsychologen machen sollte? Um das Gespräch auf ein anderes Thema zu bringen, sagte sie: »Übrigens Gerd – also, der Eintopf ist dir diesmal richtig gelungen. Irgendwie würziger – pfiffiger, möchte ich sagen!«

Irene sah, dass Tim Mühe hatte, sein Lachen zu unterdrücken. Das irritierte sie nur noch mehr. »Aber es stimmt doch«, sagte sie und lächelte etwas bemüht, »ich meine, nicht dass du mir das jetzt übel nimmst, Gerd, aber sonst hat der Pastinakeneintopf immer ein wenig wie … wie Babybrei geschmeckt.«

Bei dem Wort »Babybrei« konnten sich Tim nicht mehr zusammenreißen, und prustete und lachte lauthals los.

»Bist du völlig plemplem?«, fragte Lucy, die nach dem Abendbrot, als Tim bereits im Bett lag, noch einmal zu ihm ins Zimmer geschlichen war. »Warum musstest du ihr das alles erzählen? Fehlte nur noch, dass du ihr die Uhr zeigst!«

Die Uhr trug Lucy zwar am Arm, doch hatte sie darauf geachtet, dass immer der Ärmel ihres Pullovers darüber war. Tim hatte seine Uhr in der Hosentasche verborgen, doch jetzt fummelte er sie sich an den Arm.

»Sie hat's doch sowieso nicht geglaubt«, entgegnete Tim, »und Gerd kann's ihr ja nicht erzählen.«

»Stimmt. Da hast du recht.«

Bevor er einschlief, sah Tim noch einmal auf die Uhr, ob sie bereits »1764« anzeigte (was sie nicht tat), und dann zu der Schranktür. Nachdem sie hierher gezogen waren, und er sein eigenes Zimmer bekommen hatte, hatte er sich anfangs vor dem alten Schrank gefürchtet. Da hatte es auch nicht geholfen, dass sein Vater ihm zigmal gezeigt hatte, dass in dem Schrank nur seine Kleider waren. Trotzdem war er noch lange von Albträumen geplagt worden, die damit anfingen, dass fürchterliche Monster durch den Schrank in sein Kinderzimmer kamen. Nun wusste er, in dem Schrank war nichts Schlimmes, allenfalls der Eingang zu einer anderen Welt.

Als Annett nach Hause kam, holte sie sofort die Baupläne und -teile aus dem Rucksack, die ich ihr gegeben hatte. Und natürlich den Lötkolben. Sie hatte schon einmal einen Preis für den Bau eines einfachen Röhrenradios gewonnen, doch die Schaltungen, die in den Anleitungen beschrieben wurden, waren für sie – nun ja, seltsam. »Faszinierend«, sagte sie leise zu sich selbst, »oder zumindest sehr ungewöhnlich. Was soll das wohl bringen, diese dicken Kondensatoren in die Fernbedienungen einzubauen? Deren Leistung ist doch viel zu hoch! Und dazu noch die Röhre? Um irgendeinen Effekt zu bewirken, brauchen diese Komponenten mehr Strom, als die kleinen Batterien liefern können …«, murmelte sie, ohne dass jemand im Raum gewesen wäre, ihr zuzuhören.

Tatsächlich war es so, dass ihre Eltern und ihre Brüder nach dem Abendessen noch ein wenig fernsahen, dann aber früh ins Bett gingen, auch wenn es im Winter nicht so viel in der Landwirtschaft zu tun gab wie in der warmen Jahreszeit.

Aber das störte Annett wenig. Sie genoss es, allein in ihrem Zimmer zu sitzen und entweder zu lesen, oder mit Basteleien beschäftigt zu sein, wie jener, an der sie jetzt gerade saß. Am liebsten aber dachte Annett nach. Sie mochte knifflige Probleme, für die noch niemand eine Lösung gefunden hatte, oder Fragen, die scheinbar einfach waren, die ihr aber niemand beantworten konnte. Wenn das Universum mit dem Urknall entstanden war, was war dann vor dem Urknall? Hatte das Universum ein Ende, und wenn ja, was war hinter dem Ende? Während der Lötkolben aufheizte, dachte sie darüber nach, wie das wohl war, in einem Raumschiff durchs All zu fliegen, wie viele fremde, bewohnte Planeten es dort draußen insgesamt gab, und ob sie Zorro vielleicht überreden konnte, sie einmal in einem Raumschiff mitzunehmen, nicht bis zu einem anderen Stern (das wäre viel zu weit), aber vielleicht bis zum Mars, oder wenigstens zum Mond? Aber wahrscheinlich waren die Maschinisten dagegen. Voller Eifer nahm sie die Fernbedienungen auseinander und baute die Teile ein, und als sie gegen Mitternacht endlich ins Bett ging, war sie von allen vieren vielleicht diejenige, die am schnellsten einschlief.

René traf an jenem Samstagabend pünktlich um 17 Uhr 58 durch die Tür im Heizungskeller im Haus der Reinhardts ein.

Die Heizung wurde mit Kohlebriketts betrieben, die man in einen großen Ofen warf, der den Kessel mit dem warmen Wasser für Heizung und Bad auf Temperatur hielt. Dicke Eisenrohre führten von dem Kessel weg, verzweigten sich im ganzen Haus, sodass man sich dort unten vorkommen konnte wie in einem U-Boot, und tatsächlich hatte René, als er noch klein war, ab und zu mit seinem Vater in diesem Keller »U-Boot auf Erkundungsfahrt in der Ostsee« gespielt, was beide recht lustig gefunden hatten. Als er an diesem Samstagabend aus dem Keller kam und seinem Vater im Flur begegnete, war dieser sehr überrascht.

»Wo warst du denn?«, fragte er.

»Ehm, im Heizungskeller. Briketts nachlegen.«

»Aber da war ich doch selbst gerade eben.«

»Dann haben wir uns wohl knapp verpasst.«

»Verpasst? Im Heizungskeller?« Oberst Reinhardt schüttelte den Kopf.

Beim Abendbrot sagte René lange kein Wort. Schließlich

fragte er: »Was wäre, wenn wir wirklich mal angegriffen würden – aber nicht vom Klassenfeind aus dem Westen, sondern von jemand anderem?«

»Von jemand anderem?«

»Ja, der auch die im Westen angreift. Müssten wir uns dann nicht mit denen zusammentun und uns gemeinsam verteidigen?«

Sein Vater runzelte die Stirn. Was waren denn das für Fragen?

»Wer sollte das denn sein?«, brummte der Oberst, »Marsmännchen vielleicht?«

»Ja, zum Beispiel.«

Renés Mutter sah ihren Sohn zornig an. Er konnte sich denken, was sie jetzt dachte: Dass er das aus den Comic-Heften hatte. Sie hatte ja keine Ahnung, dass es wirklich Außerirdische gab!

»Also«, begann Renés Vater wieder, »wenn uns tatsächlich kleine böse Männchen vom Mars angreifen, dann müssen wir uns natürlich gegen sie verteidigen, notfalls auch zusammen mit dem Klassenfeind.«

»Das ist dann kein Verrat oder so was?«

»Nein, das ist dann so was wie ein Notfall.«

Oberst Reinhardt dachte, damit sei das Gespräch beendet, und schnitt sich noch ein großes Stück von seinem Schnitzel mit Letscho ab, als René erneut fragte:

»Sag mal, Papa – hast du schon einmal auf jemanden geschossen?«

Der Oberst hätte sich beinahe an seinem Schnitzel verschluckt. Er hielt inne, kaute langsam und starrte seinen Sohn an.

»Ja«, antwortete der Oberst knapp, und hoffte, dass das nun wirklich die letzte komische Frage beim Abendessen war. Er mochte es nicht, beim Essen zu reden. Und er mochte es generell nicht, zu viel über seine Arbeit zu reden. Was er aber am allerwenigsten mochte, war, über die Vergangenheit zu reden.

»Hast du getroffen?«

Der Oberst hielt wieder inne, sah seinen Sohn an, ließ Messer und Gabel auf den Teller fallen und fragte: »Was soll die ganze Fragerei? Ist das hier ein Verhör? Kann ich jetzt vielleicht endlich in Ruhe zu Ende essen?«

Und da fragte René nicht mehr.

Nach dem Essen setzten sie sich alle gemeinsam ins Wohnzimmer, doch die Fernsehsendung war schrecklich öde, und während René gähnte, sein Vater Bier trank und wortlos die langweilige Quiz-Show ertrug, versuchte seine Mutter erst in einem Buch zu lesen, griff dann jedoch nach dem Familien-Fotoalbum. Das machte sie gerne, und besonders gerne zeigte sie René Fotos von René, als er noch ein Baby war.

»Schau mal, René! Du im Kinderwagen! Und hier, als du versuchst zu laufen!«

René rollte die Augen. »Ja, Mama.«

»Du musst gar nicht so mit den Augen rollen!«, entgegnete sie leicht gekränkt. »Alle waren einmal Kinder, und wenn du erst erwachsen bist, wirst du dich über die Fotos freuen. Die kannst du deinen Kindern zeigen!«

Ja, dachte René, damit sie über mich lachen vielleicht.

Gerade als seine Mutter das Album seufzend schloss, rutschte eine kleines Schwarz-Weiß-Bild heraus. Sie hob es auf und rief triumphierend: »Ha! Wen haben wir denn da?!«

Dann hielt sie es ihrem Sohn vor die dicken Brillengläser.

Auf dem Foto konnte man zwei Jungen nebeneinander stehen sehen, sie hatten sich jeweils einen Arm auf die Schultern gelegt und lachten. Den einen erkannte René nicht, aber der andere sah – nun ja – mehr oder weniger aus wie er selbst: Etwas dick, gleiche Haarfarbe, und eine ähnlich dicke Brille. Nur konnte es natürlich nicht René sein: Solche kurzen Hosen wie der Junge auf dem Bild besaß er – Gott sei Dank – nicht, und überhaupt wirkte das Foto uralt.

»Das ist dein Papa! Ihr seid euch wie aus dem Gesicht geschnitten«, lachte seine Mutter. »Hier schau mal, Wolfgang, das bist du .... du und der ... wer ist das eigentlich da neben dir?«

Sie reichte Renés Vater das Foto, der nahm es, schaute es an, und René fiel auf, wie ein Auge seines Vaters leicht zuckte, wie er einen Moment lang zögerte, bis antwortete:

»Das ist irgendeiner aus der Schule. Kann mich nicht mehr erinnern wer. Hab den Namen vergessen.«

Das fand René schon merkwürdig. Am allermerkwürdigsten aber war, was dann geschah: Sein Vater behielt das Foto, steckte es einfach ein. Auch Renés Mutter wunderte sich, sagte aber nichts.

In dieser Nacht konnte der Oberst nicht einschlafen.

Er hatte gelogen. Natürlich wusste er noch ganz genau, wer

der andere Junge auf dem Foto war. Das war sein Freund Dieter gewesen. Mit Dieter war er aufgewachsen, mit Dieter hatte er Äpfel geklaut, war zusammen mit ihm in die Kinderkrippe, den Kindergarten, in die Schule, zu den Jungen Pionieren, und in den gleichen Judo-Club gegangen; sie waren in dasselbe Mädchen verliebt gewesen und hatten dieselben Lehrer geärgert. Aber eines Tages war Dieter nicht mehr da. Es hieß, seine Mutter, die ihn allein erzog, habe in einer anderen Stadt eine bessere Arbeit gefunden.

Erst Jahre später sah Renés Vater ihn wieder.

Plötzlich stand er auf dem Kasernenhof vor ihm, der Dieter, als einfacher Soldat, und sagte: Mensch, Wolfgang! Bist ja doch noch erwachsen geworden und hast schon den zweiten Streifen an der Schulter, jetzt muss ich wohl strammstehen, oder wie.

Und er, der Offiziersschüler Reinhardt, der damals nicht damit rechnete, jemals Oberst zu werden, lachte und umarmte seinen Freund und war froh, dass es ihn gab und sagte: Nee, musste nicht – solang keiner hinschaut.

Und obwohl es nicht gerne gesehen wurde, gingen sie manchmal am Zaun eine Doppelstreife zusammen, und erzählten sich von den alten Zeiten, als sie noch Kinder gewesen waren. Es gab wenig zu tun, denn es war Winter, ein harter Winter, mit meterhohem Schnee und Schneewehen und Schneegestöber und so kalt, dass niemand, der nicht musste, vor seine Haustür oder aus dem Wachturm ging, und die Soldaten sich beeilten auf ihren Patrouillengängen, damit sie schnell wieder ins Warme kamen. Von denen im Westen, den

Amis in ihren Jeeps und den Westdeutschen Polizisten war nichts zu sehen, und flüchten wollte und konnte in dieser Jahreszeit wohl auch niemand, und die Einzigen, die den Signalzaun in so einem Winter auslösten, waren Rehe, wenn eine Schneeverwehung so hoch am Zaun stand, dass man einfach, so wie früher, von einem Land ins andere hätte spazieren können. Sie sahen dann die Spuren der Rehe im Schnee und meldeten: Wieder nur Wildwechsel, kein Grenzverletzer weit und breit.

Aber kurz bevor Offiziersschüler Reinhardts Truppenpraktikum endete, und Dieter seine Zeit rum hatte und entlassen werden sollte, da bekam Dieter einen Brief und danach war er nicht mehr derselbe. Später hatte sich der Oberst oft gefragt, wie der Brief durch die Kontrolle gerutscht war, denn natürlich wurden alle Briefe an die Grenzsoldaten kontrolliert, und wie einer wie der Dieter überhaupt hatte Grenzsoldat werden dürfen. Aber solche Sachen passieren. Und dann ist es zu spät.

Es war ein stiller Tag im Januar, und nachdem es die ganze Nacht geschneit hatte, lag der Schnee noch höher als zuvor. Als sie zu ihrer Patrouille aufbrachen, stand die Sonne schon tief und schien nur schwach durch die Bäume im Wald, bevor sie hinter Wolken verschwand und es erneut zu schneien anfing. Als das Schneegestöber heftiger wurde, kamen sie an ein Stück Grenzzaun, von dem kaum mehr als die Pfosten und die oberste Reihe Stacheldraht zu sehen waren, und Spuren von Rehen, die in der Nacht einfach darüber hinweggesprungen waren.

Und da sagte der Dieter: Mein Vater ist wieder aufgetaucht. Im Westen. Tut mir leid, Wolfgang.

Das war alles.

Und dann drehte er sich um und folgte den Spuren der Rehe.

Und der Offiziersschüler Reinhardt rief: Mach das nicht, Dieter, bitte mach das nicht. Und dann: Ich befehle dir, sofort umzukehren. Ich befehle dir, zurückzukommen! Doch der Soldat Dieter stapfte nur immer weiter auf den kniehohen Stacheldraht zu. Und sein Freund, der Wolfgang, neben dem er in der Kinderkrippe auf dem Töpfchen gesessen hatte und mit dem er in einem Bottich gebadet worden war, rief: Stehenbleiben, oder ich schieße!

Aber Dieter blieb nicht stehen, war gleich an dem Stacheldraht, und fast schon darüber hinweg.

Und weil nicht alle Geschichten gut ausgehen müssen, hallten kurz darauf Schüsse durch den Wald, und dann war es wieder still.

20. KAPITEL:

WAS DIE KÖCHIN HÖRTE

Das Leben einer Spinne ist seltsam. Das liegt daran, dass es für ein Wesen, das kopfüber über eine Zimmerdecke gehen kann, eigentlich kein Oben und kein Unten gibt. Die Welt steht Kopf, und wenn man einen falschen Schritt mit einem seiner acht Beine macht, fällt man – schwups! – in den Himmel.

Spät am Samstagabend krabbelte ich über die Decke eines Flurs in der Kaserne der Grenztruppen in Ost-Marksdorf. Schließlich gelangte ich in das Dienstzimmer von Oberst Reinhardts Stellvertreter, Major Binding, der am Wochenende den Oberst vertrat, und für diese Zeit das Kommando hatte.

Oft nannte der Oberst Major Binding seine rechte Hand, aber genauso oft nannte er ihn leider auch »sein fleißiges Bienchen«, was dem Major ein Lächeln ins Gesicht zauberte, obwohl er das in Wirklichkeit überhaupt nicht witzig fand.

Aber der Major schwieg, wenn er »fleißiges Bienchen« genannt wurde, und das hätte Renés Vater nachdenklich machen müssen, tat es aber nicht.

Denn Binding war nicht Binding, oder sagen wir mal, er war nicht der Binding, für den er sich ausgab.

In dem Moment, als ich in das Dienstzimmer krabbelte, saß der Major über mir, sozusagen mit dem Kopf nach unten, und vor ihm lag, beziehungsweise »klebte« (so sah es für mich aus) auf dem Schreibtisch ein Stapel Paper.

Schon länger führte der Major im Verborgenen eine geheime Untersuchung, in der es unter anderem um ein paar verbotene Comic-Hefte aus dem Westen ging. In Wirklichkeit arbeitete er nämlich mit dem Ministerium für Staatssicherheit zusammen, das alles und jeden überwachte und im Zweifelsfall unter die Lupe nahm, und sein Auftrag war es, den Oberst unter die Lupe zu nehmen, ob der nicht doch ein Verräter sei.

Ich musste mich an meinem Faden bis fast auf die Höhe seiner Augen hinauf- beziehungsweise hinablassen, um – Spinnen können nicht besonders gut sehen – zu erfahren, was Binding in den Bericht an das Ministerium, an dem er jetzt schon sehr lange saß, geschrieben hatte. Dadurch – und mithilfe von etwas Gedankenleserei, erfuhr ich Folgendes:

Um herauszufinden, ob Renés Vater nicht tief in seinem Inneren ein »Republikfeind« wäre, hatte Major Binding einen Karton voller konfiszierter Liebesromane und Superheldencomics aus dem Westen heimlich ins das Haus seines ahnungslosen Vorgesetzten geschmuggelt. Er war furchtbar neugierig gewesen, was passieren würde, und hatte sich vorgestellt, wie sein Chef eines Tages ins Hauptquartier kam und aufgeregt davon berichten würde, er habe einen Karton voller verbotener Druckerzeugnisse mitten in seinem Wohnzimmer gefunden, er könne sich wirklich nicht erklären, wie die dahingekommen seien. Dies wäre der Moment gewesen, in dem Major Binding den Oberst in der Hand gehabt hätte. Diskret hätte er die Heftchen wieder verschwinden lassen, und diesen Dienst und sein Schweigen hätte er sich belohnen lassen, hätte auf seine Beförderung zum Oberstleutnant und das Kommando für ein eigenes Regiment bestanden, und gleichzeitig dem Ministerium für Staatssicherheit die absolute Unzuverlässigkeit von Renés Vater bestätigt und dessen Degradierung, besser noch Entlassung, oder – am allerbesten – Verhaftung empfohlen.

Doch Bindings Plan war nicht aufgegangen. Der Oberst erwähnte die Heftchen nie auch nur mit einem Wort, was den Major zwar in seinem Verdacht bestätigte, dass der Kommandeur im Grunde seines Herzens ein Verräter sei, ihn jedoch auch ein wenig ratlos gemacht hatte. Dummerweise hatte er nämlich keinen Beweis dafür, dass sein Kommandeur diese Schundhefte tatsächlich bekommen hatte. Mehrfach hatte er bei der Staatssicherheit um eine kleine, geheime Abhöraktion im Hause Reinhardt gebeten, doch entweder war seine Bitte in den endlosen Fluren des Ministeriums verloren gegangen, oder man nahm ihn auch dort nicht richtig ernst, was Binding noch ein wenig mehr verbitterte.

Ohne dass jemand angeklopft hätte, ging plötzlich die Tür auf. Der Major schreckte hoch, beziehungsweise hinab, und ließ den Stapel Papier blitzschnell in einer Schublade verschwinden. Ich machte, dass ich schleunigst meinen Faden hinab an die Decke kam.

Es war eine dicke Frau in Kittelschürze, die Stille Berta. Die taubstumme Köchin arbeitete zwar während der Woche in der Schule von Marksdorf, aber am Samstag musste sie für die Grenztruppen das Abendessen zubereiten. Das hatte der Oberst Reinhardt eingeführt, denn, so hatte er sich gesagt, wer am Wochenende eine gute, warme Mahlzeit im Bauch hat, der kommt nicht so schnell auf dumme Gedanken – und das war es, was er am allerwenigsten wollte – dass einer seiner Soldaten auf dumme Gedanken kam.

Die Köchin ließ sich in einen Lehnstuhl fallen, das heißt, aus meiner Perspektive sah es so aus, als würde sie vom Boden quasi angesogen. Major Binding schob ihr ein Päckchen Zigaretten über den Tisch, sie fischte sich eine heraus, steckte sie sich an und blies genüsslich Rauchringe in die Luft. Der Rauch rieselte zu mir hinab zur Zimmerdecke, und ich musste husten, was die beiden über mir aber nicht hörten, denn das Husten einer Spinne könnt ihr Menschen nicht wahrnehmen.

Berta schnipste mit den Fingern. Daraufhin öffnete der Major eine Schublade seines Schreibtisches, und holte ein Glas und eine Flasche mit einer honigfarbenen Flüssigkeit hervor – »Original Marksdorfer Bretterknaller« stand darauf. Die taubstumme Berta klemmte sich ihren Glimmstengel in den Mundwinkel, drehte den Schraubverschluss der Flasche auf, goss sich reichlich Schnaps ein, nahm die Zigarette in die eine Hand, das Glas in die andere und leerte es in einem Zug. »Aaaah«, stöhnte die Köchin zufrieden, nahm sich erneut die Flasche und die ganze Prozedur wiederholte sich. Beim dritten Glas wurde Major Binding langsam ungeduldig.

»Also?«, fragte er.

Sie zog wieder an der Zigarette, aschte auf den Boden, warf den Kopf in den Nackten. »Nix also. Von Ihren komischen Comic-Heften habe ich immer noch nichts gehört. Warum lassen sie nicht einfach sein Haus durchsuchen?« Sie hustete laut und ausgiebig. »Aber der Junge, dieser Rico – ...«

»René.«

»Von mir aus. Also dieser Dickmops glaubt, er sei verrückt geworden.«

»Verrückt?«

»Ja. Er meint, er hätte irgendwelche sprechende Tiere getroffen. Einen Raben und ein Känguru.«

»In der Deutschen Demokratischen Republik gibt es keine freilaufenden Kängurus.«

Berta rollte die Augen. »Denken Sie, das weiß ich nicht? Der Junge weiß das auch. Vor allem keine sprechenden. Deswegen glaubt er ja, verrückt geworden zu sein. Der Rabe und das Känguru haben ihm was von irgendwelchen Außerirdischen erzählt, die die Erde überfallen wollen, und dann gibt es da noch jemanden, mit dem er gegen diese Außerirdischen kämpfen soll –«

»Wer?«

»Ein Zorro irgendwas. Kann aber auch sein, dass so der Rabe oder das Känguru hießen. Was weiß ich! Es war alles vollkommen unsinnig, was der da erzählte. Außerdem hat er mit vollem Mund gesprochen.«

»Und weiter?«

Die Stille Berta gönnte sich noch einen Bretterknaller und zündete sich noch eine Zigarette an.

»Nichts weiter«, entgegnete Berta, im Mundwinkel ihren Glimmstengel. »War's das? Kann ich jetzt gehen?«

Der Major nickte.

»Wurde aber auch Zeit«, brummte sie, schnappte sich die Zigaretten und die Schnapsflasche, stand auf und ging, ohne sich noch einmal umzudrehen.

Als sie weg war, trat Major Binding nachdenklich ans Fenster. »Zorro irgendwas«, murmelte er, »war das nicht der Titel eines dieser Comics?«

Behutsam ließ ich mich an einem Faden von der Decke hinab, bis ich direkt neben seinem Ohr war, und sagte, gerade so laut, dass er es hören konnte:

»Pass bloß auf, du kleine, miese Schmeißfliege!«

Erschrocken drehte sich Binding um, doch alles, was er sah, war eine Spinne am Rand seines Tisches, die, seltsamerweise auf ihrem Rücken statt eines Kreuzes ein weißes »Z« hatte. Als er nach mir hauen wollte, war ich schon längst verschwunden.

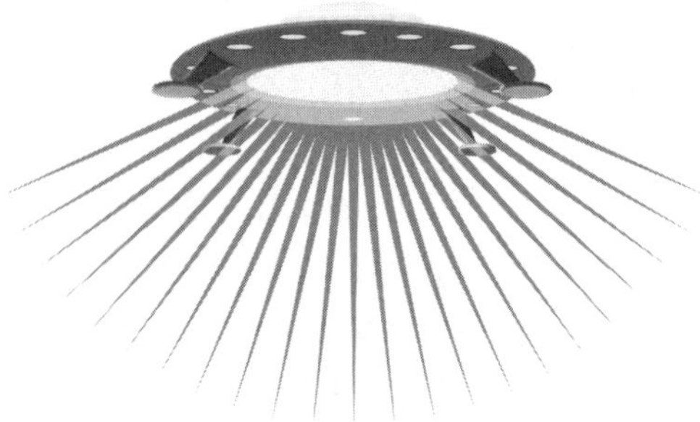

21. KAPITEL:

DES KAISERS NEUE KLEIDER

Als René am Montag in die Schule kam, schien es ihm, als müsse nun alles anders sein als zuvor, und dennoch hatte sich um ihn herum nicht viel geändert. Er setzte sich jetzt neben Annett, was natürlich jeden wunderte. Annett freute sich. Der Lehrer sagte – weil René ja der Sohn des Obersts war, nichts, obwohl man sich nicht einfach so umsetzen durfte. Die anderen Kinder hatten immer mal wieder erfolglos versucht, den Platz neben Annett zu ergattern, um bei Klassenarbeiten von ihr abschreiben zu können.

Natürlich vermuteten die Klassenkameraden, das sei auch für René der Grund. Vor allem Jochen, der nach wie vor glaubte, dass René ihn damals bei den Lehrern angeschwärzt habe, weil er die Stille Berta »Dicke Berta« genannt hatte.

Zorro hatte gesagt, er werde sich bei ihnen melden, mehr nicht. René hatte eigentlich angenommen, dass er spätestens Montagabend auftauchen oder irgendeine Nachricht hinterlassen würde, aber nichts geschah. Am Dienstagmorgen fragte er als Erstes Annett, ob sie schon eine Nachricht erhalten hatte.

»Nein, aber ich habe einige Berechnungen angestellt.«

»Berechnungen?«

»Wie lange diese Draconer noch brauchen, um zu uns zu kommen. Nehmen wir mal an, dass sie weit außerhalb des Sonnensystems aus dem Hyperraum gekommen sind, weil sich ihr Wurmloch oder ihr Sprungtor oder was auch immer sie für interstellare Reisen benutzen, nicht näher an der Sonne befinden darf, dann waren sie am Samstag vielleicht noch so weit weg wie der Mars.«

»Und wann sind sie dann hier?«

»Dazu müsste man wissen, mit welcher Antriebtechnologie sie bei Unterlichtgeschwindigkeit fliegen. Chemisch? Elektrisch? Atomar? Müssen sie ihren Flug abbremsen oder beschleunigen, wenn sie das Wurmloch oder den Hyperraum verlassen? Leider hat Zorro das nicht gesagt. Es kann also noch Tage dauern, oder Wochen, oder ...«

»Oder?«

»Na ja, die letzte Sonde zum Mars hat, glaube ich, über ein Jahr gebraucht ...«

»Ein Jahr? Du meinst, es könnte sein, dass wir noch ein Jahr hier so rumsitzen und warten?«

»Es ist nicht sehr wahrscheinlich, denn warum hätte Zorro dann schon so früh mit uns Kontakt aufnehmen sollen. Aber theoretisch ...«

René stöhnte. Die Vorstellung, noch ein Jahr auf diese Außerirdischen warten zu müssen, gerade jetzt, da er begonnen hatte, an diese ganze verrückte Geschichte zu glauben, behagte ihm überhaupt nicht. Und nicht nur das: Zum ersten Mal in seinem Leben störte ihn die Grenze. Früher war die Staatsgrenze für ihn vor allem der Arbeitsplatz seines Vaters gewesen. Andere Väter arbeiteten in einem Betrieb, auf dem Amt, in einer LPG, und sein Vater eben an der Grenze. Das da überhaupt eine Grenze war, hatte ihn nie im Mindesten gestört, er hatte sich nie gefragt, warum sie da war und ob es gut und richtig, oder eher schlecht und falsch war, dass es sie gab, und selbst als ein seltsamer Zufall ihm diese Comic-Hefte aus dem Westen in die Hände gespielt hatte, war er nie – nicht ein einziges Mal – auf die Idee gekommen, über die Grenze abzuhauen. Ganz abgesehen davon, dass er das seinen Eltern nicht antun könnte, wollte er es auch jetzt nicht. Aber es störte ihn, dass er nicht einfach so hinüber- und wieder zurückgehen konnte, so wie das mit Zorro möglich gewesen war. Er mochte Tim, und er hoffte sehr, dass ihn diese beiden Dorfdeppen nun für eine Weile in Ruhe ließen. Abgesehen von Annett, die er ja so richtig auch erst seit Samstag kannte, war Tim der Erste gewesen, der ihn so akzeptiert hatte, wie er, René, war – und vor allem – der keine Angst vor ihm hatte. Und er mochte auch Lucy, sie gefiel ihm, auf eine ganz seltsame Weise, auch wenn sie so schnippisch und nervig gewesen war.

Wenn das jetzt so lange dauerte, bis diese blöden Draconer endlich kamen, ob Zorro es dann nicht wenigstens einrichten könnte, dass sie ihre Gefährten im Westen ab und zu besuchten? Man müsste es natürlich streng geheim halten. Darüber hatte er laut nachgedacht, als er und Annett nach der Schule nach Hause gingen. Aber auch sie wusste darauf keine Antwort.

»Wie weit bist du mit deinen Basteleien?«, fragte er Annett.

»Fast fertig. Willst du dir's anschauen?«

René war noch nie bei Annett gewesen, und zu seiner Überraschung stellte er fest, dass auch sie in einem Raum über einem Stall des Hofes ihrer Eltern wohnte, der inzwischen als Garage für Traktoren genutzt wurde, ganz ähnlich wie Lucy und Tim.

Er staunte nicht schlecht, als er in ihrem Zimmer den Tisch mit dem Lötkolben und den übrigen Gerätschaften sah.

Annett hob eine der umgebauten Fernbedienungen hoch. An einer Seite ragte die Radioröhre heraus.

»Sieht so aus, als hätten wir uns für Fasching aus einer Fernsehfernbedienung versucht, eine Strahlenkanone zu bauen«, brummte René.

»Tja, da magst du recht haben. Das Merkwürdige ist – ich hab da mal Batterien reingetan und auf die Knöpfe gedrückt, um auszuprobieren, was passiert.«

»Und?«

»Es passiert nichts. Rein gar nichts. Es piept nicht, es brummt nicht, es blinkt nicht.«

Als er am nächsten Morgen am Frühstückstisch saß, war sein Vater wie immer hinter seiner aufgeschlagenen Zeitung verschwunden. Auf der Rückseite las René die Schlagzeile: »Staatsratsvorsitzender bekräftigt: ›Die Mauer wird auch in 100 Jahren noch stehen!‹«

Früher hätte ihn das nicht die Bohne interessiert, aber jetzt schreckte ihn die Vorstellung, dass er 100 Jahre alt werden könnte, und die Mauer quer durch Marksdorf wäre immer noch da, und auf der anderen Seite wären Lucy und Tim und sie wären auch 100 Jahre alt, und sie alle hätten sich nie wiedergesehen, noch nicht einmal zugewunken, hätten sie sich in diesen hundert Jahren, denn das wäre ja weiterhin verboten.

»René?«

Er schreckte hoch. Sein Vater hatte die Zeitung gesenkt und sah ihn nachdenklich an. »Alles in Ordnung? Hast du geträumt?«

René schüttelte den Kopf. »Nein, ich hab nur ... das hinten auf der Zeitung gelesen.«

Sein Vater drehte die Zeitung um und las die Schlagzeile. »100 Jahre! Na, wenn er's sagt. Mir würde es ja schon reichen, wenn die Mauer noch bis zu meiner Pensionierung steht! Hahaha!« Er lachte und beugte sich dann vor. »Pass auf, mein Junge: Schau mal, dass du immer anständig bleibst, lass dich nicht zum Lumpen machen, und bring gute Noten nach Hause, dann musst du keine Grenze bewachen, wie dein alter Herr Papa, sondern kannst was ganz anderes machen – kannst studieren und Kosmonaut werden und in den Weltraum fliegen wie der Sigmund Jähn und bekommst dafür den Karl-Marx-Orden.«

»Hast du Orden bekommen?«

»Ja.«

»Wofür?«

»Na, so für dies und das, für die Erfüllung meiner Pflicht.«

»Wofür hast du deinen ersten Orden bekommen?«

Sein Vater sah ihn wieder so komisch an, wie am Samstagabend, als er ihn gefragt hatte, ob er schon einmal auf jemanden geschossen hätte. Schließlich sagte er nur: »Es ist schon spät, René, wir haben uns ja richtig verquatscht! Nun mal los, sonst bekommst du noch einen Eintrag ins Klassenbuch!«

Der Unterricht begann mit Herrn Paffke, der die korrigierten Deutsch-Klassenarbeiten zum Thema »Des Kaisers neue Kleider« austeilte.

»Meine erste Fünf!«, flüsterte René Annett aufgeregt zu. Fast war er ein wenig stolz darauf.

»Ach, glaub ich nicht – unter eine Drei lässt der Paffke dich nicht fallen, dazu hat der viel zu viel Schiss.«

»Du hast ja keine Ahnung, was ich geschrieben habe!«

Die Deutscharbeit war nicht sehr gut ausgefallen. Selbst Annett hatte nur eine magere 2 minus.

Jochen hatte eine Fünf. Paffke schüttelte nur den Kopf und las vor: »›Die Beamten des Kaiserreichs brauchen alle eine Brille, dann können sie auch sehen, dass der Kaiser nackt ist, außer sie sind blind.‹ Was hast du uns denn mit diesem Stuss sagen wollen, Jochen?«, höhnte Paffke. »Aber wie mir zu Ohren gekommen ist, machst du dich ja gerne über andere lustig, die nicht sprechen oder hören können, und diesmal waren eben die Blinden dran, nicht wahr, Jochen?«

Jochen sagte nichts, sondern drehte sich nur hasserfüllt zu René um, als ob der etwas für seine Fünf könnte. Vielleicht war er aber auch nur neidisch auf Renés neue Uhr. René hatte erzählt, er hätte sie bei einem Wettkampf im Luftgewehrschießen gewonnen, aber Jochen glaubte eher, dass Renés Vater, der sich in Jochens Vorstellung alles erlauben und auch alles leisten konnte, ihm die Uhr im Intershop gekauft hatte.

»So, und nun kommen wir zur letzten Arbeit. Ich muss sagen, dass diese Arbeit unter allen hier herausragt«, begann der Lehrer in salbungsvollem Ton.

René spürte ein merkwürdiges inneres Kribbeln: Einerseits hatte er ein wenig Angst davor, gleich die erste Fünf seines Lebens zu bekommen, und auch davor, was sein Vater dazu sagen würde, wo er ihm doch heute Morgen noch aufgetragen hatte, gute Noten nach Hause zu bringen. Andererseits war er auch einfach aufgeregt, wie sich das anfühlen würde, endlich mal der Klassenschlechteste zu sein! Jochen wird es bestimmt freuen, dachte René, vielleicht ist er ja dann ein bisschen weniger nachtragend.

René hatte keine Ahnung, wie lange Herr Paffke über dem Blatt, das René abgegeben hatte, gebrütet und nachgedacht und sich sein Gehirn zermartert hatte. Was soll ich nur tun?, hatte er sich immer wieder und wieder gefragt. Der Junge ist schließlich der Sohn des Kommandeurs! Bis ihm dann die Lösung wie Schuppen von den Augen gefallen war.

»Nun, ich will ehrlich zu euch sein«, sagte Paffke zu seinen Schülern, »alle von euch haben mehr oder weniger das Gleiche geschrieben, einige haben es ein wenig besser und eleganter formuliert, wie beispielsweise Annett, aber letztlich war es alles« – hier macht er eine kurze Pause – »überflüssiges Blabla. Nur einer von euch hat kein Blabla geschrieben, nur einer von euch war kühn genug, das auch auszudrücken, nur einer von euch hat begriffen, worum es in dem Märchen ›Des Kaisers neue Kleider‹ tatsächlich geht!« Herr Paffke holte Luft.

René hielt die Luft an.

»René Reinhardt«, sagte Herr Paffke, »ich gratuliere! Eins plus.«

Als René an jenem Tag neben Annett vor seinem leeren weißen Blatt mit der »1+« und der Unterschrift Paffkes darauf saß, erinnerte er sich daran, dass er noch in der Woche zuvor geglaubt hatte, er sei verrückt.

Aber in diesem Moment wurde ihm klar, dass er sich sehr geirrt hatte. Nicht er war verrückt – die Welt der Erwachsenen war verrückt. Komplett und total verrückt geworden.

Lucy konnte immer noch nicht wirklich glauben, dass das alles passiert war – waren sie wirklich durch einen Kleiderschrank in ein Optikergeschäft in der DDR gelangt? Man stelle sich mal vor, sie würde das einer ihrer Klassenkameradinnen erzählen – die würden sie für völlig übergeschnappt halten! Doch auch wenn sie sich in den folgenden Tagen ab und zu die Augen rieb, wie um sicherzugehen, dass sie nicht immer noch träumte, war die Welt in ihren Augen nicht mehr dieselbe. Schon morgens, wenn sie rüber ins Haus ging, und den Stoffbeutel sah, der dort immer in der Garderobe am Haken hing, und auf dem gedruckt stand: »Schwerter zu Pflugscharen«, war es nicht mehr dieselbe, und als sie Gerd in der Küche vor seinem Kaffee sitzen sah, natürlich ohne ein Wort zu sagen, erst recht nicht.

»Schweigen ist vielleicht zu wenig«, schnauzte sie Gerd einen Morgens an, »Schweigen reicht vielleicht nicht für den Frieden, verstehst du?«

»Aber Lucy, was ist denn los?«, fragte ihre Mutter erstaunt – und Gerd glotzte sie hilflos an.

»Ach, lasst mich doch alle in Ruhe«, sagte sie und ging dann ohne ein weiteres Wort aus dem Haus.

In der Schule nahmen sie gerade die Dinosaurier durch, und als der Lehrer erklärte, wie die Dinosaurier durch den Einschlag eines Asteroiden ausgerottet worden waren, und dadurch Platz auf der Erde für kleine Säugetiere und später den Menschen frei geworden war, überlegte Lucy, ob die Menschen nach all den Kriegen jetzt nicht vielleicht Platz machen müssten für friedlichere Bewohner. Vielleicht hatten es die Menschen einfach nicht verdient, auf der Erde weiterzuleben? Laut sagte sie: »Warum sollte es uns besser ergehen als den Dinosauriern?«

Sie saß in der ersten Reihe, direkt vor dem Lehrer, der sie nun irritiert ansah. »Wem?«, fragte er.

Tim hingegen war zur gleichen Zeit bester Laune. Zum ersten Mal seit Jahren konnte er ohne Angst zur Schule und ohne Angst wieder nach Hause gehen, denn was »die beiden Dorfdeppen« anging, so hatte René recht.

Vorerst zumindest.

Marko war am Samstag nach Hause gerannt und hatte seiner Mutter unter Tränen eine wirre Geschichte von kommunistischen Spionen erzählt, die ihn und Reiner vermöbelt hätten – und von einem sprechenden Wolf namens Zorro.

Das hatte seine Mutter nicht unbedingt gut aufgenommen. Sowohl der Direktor der Marksdorfer Grundschule als auch eine sehr, sehr unverschämte Frau von einem Amt in der Kreisstadt, hatten ihr aufgrund von Markos Lernschwäche und ständiger Unkonzentriertheit schon einmal eine psychologische Beratung empfohlen. Bei einem Seelenklempner! Soweit kommt's noch!, hatte sie gedacht. Und jetzt kommt der Bengel nach Hause und faselt was von russischen Agenten und sprechenden Wölfen! Wenn das der Schuldirektor zu hören bekommt, dann landet er gleich auf der Sonderschule oder Schlimmeres!

Nein, in so einer Situation war dem armen Marko nur auf eine Art zu helfen. Sie gab ihm eine schallende Ohrfeige, so heftig, dass er beinahe umgefallen wäre.

»Wenn du auch nur irgendjemandem nochmal diesen Unsinn erzählst, dann bleibt es nicht bei einer Ohrfeige, verstanden?«

Was Marko erst noch hatte lernen müssen, dass man nämlich über bestimmte Dinge besser schweigt, wusste Reiner schon. Und obwohl dessen Gesicht immer noch vom Einseifen geglüht und er innerlich noch wie Espenlaub gezittert hatte, hatte er gegenüber seinem Vater kein Wort verloren, als er ihm am frühen Samstagnachmittag beim Aufräumen in der Metzgerei half.

»Wie war's in der Schule?«, hatte sein Vater gefragt.

»So wie immer«, hatte er, so wie immer, geantwortet.

Am Montag wagten er und Marko kaum in Tims Richtung

zu schauen. Am Dienstag warfen sie ihm ab und zu Seitenblicke zu, aber weder zogen sie ihm seine Schnürsenkel während des Unterrichts auf, noch schubsten sie ihn scheinbar unabsichtlich die Treppe hinunter.

Auch am Mittwoch gingen sie Tim noch aus dem Weg, aber je länger Reiner über seine Begegnung mit dem dicken, großen Jungen, dem Mädchen mit der Brille und dem angeblich sprechenden Wolf nachdachte, desto mehr glaubte er, dass der fremde Junge eigentlich gar nicht so groß gewesen war, sondern dass er, Reiner, eben einfach nur auf dem Schnee ausgerutscht war, und der Kerl nur deswegen auf ihm gelandet war, und ihn, den Stärksten aus der Klasse, auch nur wegen dieses Missgeschicks hatte einseifen können.

»Verstehst du, der hat einfach nur Suff gehabt, klar?«, bläute er Marko ein.

»Aber der sprechende Wolf!«, sagte der, und weil er ahnte, was sein Kumpel vorhaben könnte, fürchtete er sich und hätte sich am liebsten verdrückt, bevor er zum Eingeweihten eines Planes wurde, bei dem er lieber nicht mitmachen wollte.

»Das war kein Wolf! Der sah nur so aus wie einer! Vielleicht ein Schäferhund, der ein bisschen zu viel Wolf im Blut hatte, oder ein Husky, so ein kanadischer Schlittenhund, die sehen auch so aus.«

»Aber er hat gesprochen!«

»Nein, hat er nicht. Du solltest nur denken, dass er gesprochen hat. Das war das Mädchen, diese Brillenschlange.«

»Meinst du?«

»Mensch Marko, es gibt hier seit hundert Jahren keine Wölfe mehr, und die, die es gab, konnten auch nicht sprechen!«

»Aber wenn nun, – ich meine, wenn der das doch konnte?«

»Du Dummkopf! Das hast du dir doch nur eingebildet! Hast du etwa Angst? Ich hab keine Angst. Ich lass das nicht auf mir sitzen. Das hat sich die kleine Ratte so gedacht! Uns einen Schreck einjagen, damit sie dann hier den Ton angeben kann, oder was? Sollen wir uns das bieten lassen? Dass da irgend so ein Fettkloß und eine Brillenschlange aus der Stadt mal ein bisschen Hui-Buh machen und uns schlottern dann gleich die Knie und wir gehen nicht mehr raus? Nicht mit mir, sag ich dir. Die bekommen ihre Abreibung noch, alle! Und der dumme Köter auch!«

Als die Schule am Mittwoch aus war, schaute Reiner Tim für einen kurzen, winzigen Moment scharf an, und da wusste Tim, dass die beiden früher oder später versuchen würden, es ihm heimzuzahlen.

Und was machte Zorro?, werdet ihr nun fragen.

Hing er vielleicht auf einer einsamen Südseeinsel herum und schlürfte Kokosnussmilchcocktails?

War er vielleicht für einen Kurzurlaub zum Mars geflogen und fuhr auf einer der Polkappen Snowboard?

Leider nein. Ich musste noch einiges erledigen.

Zunächst einmal verordnete ich mir ein paar Fechtstunden. Dass ich in Tims Zimmer buchstäblich mehrfach danebengehauen hatte, war wirklich peinlich gewesen. So was sollte mir nicht noch einmal passieren.

Wie lernen die Onari Fechten? Ganz einfach: so wie wir alles andere auch lernen – durch Nachahmen. Wir sind bestimmt die größten Nachahmer der Galaxie! Etwas oder jemanden nachzumachen ist unsere größte Leidenschaft. Alles lernen wir so: Bewegung, Sprache, Gesichtsausdruck. Wir Onari haben ein gutes Gedächtnis. Was wir einmal sehen, hören, fühlen, lesen, riechen, schmecken, das vergessen wir selten. Es war also vollkommen logisch, zur Verbesserung meiner Fechtkünste einen alten Mantel- und Degen-Film anzuschauen. Ich stellte mich also vor eine der großen Bildwände im Raumschiff der Maschinisten, und rief: »Auf geht's« – und schon war ich mittendrin in einem alten Zorro-Film, schwang meinen Degen und rief immerzu: »Nimm das – Schurke!«

Eine schweißtreibende Angelegenheit. Und damit nicht genug: Gleich am nächsten Tag musste ich in der Gestalt eines Wiesels den amerikanischen Horchposten besuchen. Er befand sich auf einem Berg, von dem aus die Amerikaner die Grenze besonders gut überblicken konnten. Ich brauchte noch mehrere Verwandlungen (vom Wiesel in eine Kohlmeise, von der Meise in eine Fliege) bis es mir gelang, dem Kommandanten des kleinen Postens, Captain Pashendale, unbemerkt ein paar Fluxiduxis ins Mittagessen zu geben. Fluxiduxis kommen vom dritten Planeten des Sterns Rutilicus. Es sind eigentlich harmlose mikroskopisch kleine Parasiten, die aber bei all jenen Wesen, die die entsprechenden Verdauungsorgane besitzen, einen mehrere Tage anhaltenden Durchfall auslösen, bevor ihr Lebenszyklus automatisch endet.

Da sie sich außerhalb ihres Sternensystems nicht vermehren können, ist eine Fluxiduxi-Infektion zwar nicht ansteckend, wird aber gerade deswegen in der Galaxie gerne für den ein oder anderen bösen Scherz missbraucht. Auch bei dem amerikanischen Kommandanten wirkten die Fluxiduxis wie gewohnt, und als ich ihn von dem Beobachtungsturm all die Treppenstufen hinunter zur Toilette rennen sah, konnte ich sicher sein, dass für die nächsten Tage Spezialist Park das Kommando innehaben würde.

Höchste Zeit, dachte ich mir, Renés Mutter einen Besuch abzustatten. Sie arbeitete zwar in Zeuna, aber nur halbtags. Also klingelte ich mittags bei ihr, als sowohl ihr Mann als auch René nicht zu Hause waren.

Ich war mir natürlich bewusst, dass es ein Schock für sie sein musste, aber es ging nicht anders. Nachdem ich die Unterhaltung zwischen Major Binding und der Köchin gehört hatte, war Eile geboten.

Als sie die Tür geöffnet hatte und ich vor ihr stand, zitterten ihre Lippen, doch sie sagte erst einmal nichts.

Ich sagte: »Guten Tag, Frau Reinhardt.«

Und sie presste schließlich hervor: »Schiffsarzt Dr. Varden.«

»Genau der! Darf ich reinkommen?«

Ohne die Antwort abzuwarten, schob ich mich an ihr vorbei ins Haus.

»Sind Sie vom Ministerium für Staatssicherheit?«, platzte sie heraus.

Keine Ahnung, wie sie darauf kam. Vielleicht dachte sie, die Heftromane und die Umschlagfotos vorne drauf (auf denen man immer den lächelnden Dr. Varden und seine neueste Flamme sah) seien von der Staatssicherheit absichtlich hergestellt worden, um sie reinzulegen. Das wäre natürlich ein ziemlicher Aufwand gewesen, aber die Menschen trauen ihren Geheimdiensten anscheinend alles zu.

»Nein, bin ich nicht«, entgegnete ich. »Es würde jetzt wirklich zu lange dauern, Ihnen zu erklären, wer ich bin. Sagen wir einfach: Ich bin der Arzt, dem Sie jetzt vertrauen sollten.

Es kann nämlich sein, dass bald einer von diesen Stasi-Fritzen vor Ihrer Tür steht. Oder mehrere. Und deswegen muss ich Sie nun dringend bitten, doch alle diese Hefte, also auch meine gesammelten Abenteuer, unten im Keller, in Ihrem Kohleofen zu verbrennen. Alle, bis auf eines.«

Sie stellte keine Fragen, sondern machte genau das, was ich ihr gesagt hatte, vernichtete erst die Groschenromane, und dann – natürlich kannte sie alle Verstecke Renés – die Comics. Am Ende drückte sie mir das Heft, um das ich sie gebeten hatte, in die Hand.

»Gut«, sagte ich. »Das war's. Auf Wiedersehen!«

Es war ein ständiges Hin und Her, keine Zeit zum Verschnaufen. Denn schon wenig später saß ich – diesmal in der Gestalt einer Elster – am Fenster von Major Bindings Büro. Die kleine Spionagesonde der Terakki-Brüder hatte mich auf eine teuflische Idee gebracht.

An einem der nächsten Tage beobachtete ich den Major, der, wie es schien, nicht viel zu tun hatte. Wenn ich es richtig erkennen konnte, schrieb er gerade einen vertraulichen Brief an das Ministerium für Staatssicherheit, in dem er empfahl, das Haus der Reinhardts einer heimlichen Durchsuchung zu unterziehen, was bedeutete, es sollte still und leise durchsucht werden, wenn weder der Oberst, seine Frau, noch René dort wären. Dann könne man sich ja vor Ort davon überzeugen, welchen Schindluder der Oberst mit den verwerflichen Druckerzeugnissen aus dem Westen getrieben habe, wahrscheinlich habe er die eigene Familie mit dieser Art Propaganda vergiftet.

Als er den Brief beendet hatte, entdeckte Binding mich und schnitt Grimassen. Ich wartete darauf, dass sein Chef, der Oberst, an Bindings Schreibtisch vorbeikam. War der Oberst groß, kräftig und dick, so war der Major eher klein, schwächlich und dünn. Allerdings war er ein ganz erstaunlicher Grimassenzieher. Besonders wenn er sich mit Zeigefinger und Daumen die Augenlider herunterzog, und mit einem Finger der anderen Hand die Nase nach oben schob, sah das echt zum Gruseln aus. Warum er das machte? »Weiß der Kuckuck« – könnte ich jetzt sagen, aber ich bin mir ziemlich sicher, dass auch euer Kuckuck nicht den blassesten Schimmer hat, warum die Menschen diese Neigung besitzen, vor Tieren Grimmassen zu ziehen. Belassen wir es also dabei. Es dauerte ganze sieben Minuten, sieben Minuten Grimmassenschneiderei mit Major Binding, zweieinhalb Minuten länger als geplant, bis dass der Oberst sich endlich zeigte. Hastig schob Binding ein leeres Blatt Papier über den Brief.

»Ich muss mal kurz nach Zeuna«, sagte der Oberst. »Zum Optiker. Halten Sie hier die Stellung, ja?«

Binding lächelte unterwürfig, doch kaum war der Oberst durch die Tür verschwunden, streckte er ihm die Zunge raus.

Er wunderte sich nicht schlecht, als der Oberst fünf Minuten später wieder vor seinem Schreibtisch auftauchte – das heißt – jemand, der aussah wie der Oberst.

»Das habe ich ja ganz vergessen, Binding«, sagte ich, sah ihn dabei etwas unsicher an und fragte leise: »Können Sie ein Geheimnis für sich behalten?«

Eifrig nickte er. »Natürlich, Genosse Oberst!«

Ich zog die Fliegende Untertasse® aus meiner Manteltasche.

»Wissen Sie, was das ist, Binding?«

Er glotzte den kleinen, in der Mitte gebrochenen Diskus an.

»Nein, Genosse Oberst! Sieht aus ... wie eine Fliegende Unterasse®!«

»Tja, da könnten Sie sogar recht haben. Das Problem ist – mehr weiß ich auch nicht. Fragen Sie mich nicht, wie mir dieser Gegenstand in die Hände gekommen ist. Nur so viel: Sie müssen diesen Apparat untersuchen! Finden Sie heraus, was es damit auf sich hat. Mir scheint, es wird zur Beobachtung eingesetzt – nehmen sie das Ding auseinander, durchleuchten Sie es, was Sie wollen! Aber nur, wenn Sie allein sind. Sie dürfen es niemandem zeigen!« Ich beugte mich etwas zu ihm vor und flüsterte: »Sie dürfen von nun an noch nicht einmal mit mir darüber sprechen, selbst wenn Sie glauben, dass wir unter vier Augen sind.« Ich schaute mich konspirativ um. »Hier haben die Wände Ohren! Verstanden?«

Natürlich hatte er verstanden. Wieder nickte er eifrig.

»So«, sagte ich, »jetzt muss ich aber wirklich los!«

Zwei Stunden später kam der Oberst in der Gestalt des Oberst wieder.

»Hallo Binding, alles in Ordnung?«

Binding lächelte den Oberst schelmisch an.

Der Oberst runzelte die Stirn. »Wussten Sie, das Schotschke, der Optiker, im Urlaub ist? Wer macht denn um diese Jahreszeit Urlaub? ›Betriebsferien‹ stand auf einem Schild an seinem Laden – aber ohne Datum. Wissen Sie, wann der zurückkommt?«

Binding schüttelte den Kopf, lächelte aber noch immer.

»Na ja, klar wissen Sie das nicht, Sie haben ja keine Brille.« Der Oberst seufzte. Er schaute Binding an. Der lächelte immer noch schelmisch.

»Was grinsen Sie denn so, Binding?«

»Ich habe verstanden, Herr Oberst«, sagte Major Binding leise.

»So, haben Sie das? Na, das ist ja sehr schön.« Der Oberst schüttelte den Kopf und ging in sein Zimmer.

22. KAPITEL:

DIE BURG

»Diese Arschgeigen!«, rief Lucy. Sie war richtig wütend, und hätte am liebsten gegen etwas getreten, doch sie stand in Tims Zimmer, und letztlich konnte der nichts dafür. Tim saß auf der Bettkante und starrte betreten zu Boden. »Was machen wir nun?«, fragte er.

»Uns wird schon was einfallen.«

»Es tut mir so leid«, schluchzte er.

»Es ist nicht deine Schuld. Es ist Mamas und Gerds Schuld, mit diesem ewigen ›Der Klügere gibt nach‹-Getue.«

»Gegen den Hund konnte ich nichts tun. Der Hund ist so schrecklich. Er ist so groß und seine Zähne, seine Zähne ...«

»Jetzt beruhig dich mal wieder«, sagte Lucy, »wir werden schon eine Lösung finden.«

»Ich weiß nicht ... Was wird Zorro sagen?«

Kaum hatte er diese Frage ausgesprochen, blinkte auf Lucys Uhr die Anzeige und plötzlich war die Zahl 1764 zu sehen.

»42«, sagte Lucy.

Auf der Anzeige leuchteten jetzt Buchstaben:

TREFFEN IN EINER STUNDE: HALTET EUCH BEREIT!

Als René die Uhr zum ersten Mal hörte, war es Nachmittag und er stand nach dem Judo-Training in der Umkleidekabine der Schulsporthalle. Er war der Letzte in der Umkleidekabine, denn er hatte es nicht sonderlich eilig, nach Hause zu kommen. Was sollte er auch dort? Schon vor Tagen hatte seine Mutter ihm eröffnet, dass sie ihre Groschenromane und seine Comic-Hefte weggeschmissen habe. Es sei einfach nicht mehr zu verantworten gewesen, dass er noch länger diesen Quatsch aus dem Westen lese. Superhelden! Außerirdische!

Zu ihrer Überraschung hatte René nur mit den Achseln gezuckt, »wenn du meinst« gemurmelt, und war dann auf sein Zimmer verschwunden.

Auch er war überrascht gewesen, wie egal ihm diese Hefte plötzlich waren. Keine zwei Wochen war es her, da waren sie sein geheimster, teuerster Schatz gewesen, und er hatte es kaum erwarten können, sich in sein Zimmer zurückzuziehen, um in ihnen zu lesen. Doch dann war Zorro gekommen, ein wirklicher Superheld, und er hatte von wirklichen Außerirdischen erfahren, neue Freunde gefunden – Freunde im Westen – und er war im Westen gewesen, was, wenn er länger darüber nachdachte, noch viel verbotener war, als irgendwelche Comics zu lesen. Was passiert war, war viel aufregender als alles, was er sich bis dahin insgeheim vorgestellt hatte.

Nachdem Annett ihm erklärt hatte, dass es vielleicht noch

einige Zeit dauern könnte, bis die Außerirdischen auftauchten, hatte er beschlossen, die Zeit nicht einfach so wie sonst zu vertrödeln. Er ging zweimal die Woche zum Judo-Training und hatte begonnen zu Hause, wenn er allein in seinem Zimmer war, Gymnastik zu machen: Liegestütz, Kniebeugen, Klappmesser – schließlich musste er fit sein, wenn Invasoren von einem fremden Planeten kämen!

Er trainierte regelmäßig, aß etwas weniger, und tatsächlich – es fühlte sich an, als wären seine Schultern schon ein klein wenig breiter, sein Gang gerader. Er kam sich auch nicht mehr ganz so pummelig vor wie noch in der vergangenen Woche.

»Geht's dir gut, René?«, hatte sein Vater ihn beim Essen gefragt.

»Ja, Papa.«

»Haste keinen Hunger, oder warum isst du wie ein Spatz?«

»Wegen dem Judo«, erklärte er, »da muss ich ein wenig aufs Gewicht achten.«

Sein Vater runzelte die Stirn. Wieder so was Komisches, dachte er, als ob die ganze Welt plötzlich aus der Spur geraten sei. »Du bist im Schwergewicht, René, die Klasse ist nach oben offen. Da gibt es keine Gewichtsbeschränkung, im Gegenteil – je schwerer, desto besser! Du kannst so viel essen, wie du willst. Hau rein, mein Junge!«

»Aber wenn man zu fett ist, ist man nicht mehr beweglich genug.«

»In dieser Familie ist niemand zu fett!«, hatte sein Vater gepoltert.

Seit ihrem letzten Gespräch hatte sich Renés Sicht auf seinen Vater verändert. Auf wen hatte sein Vater geschossen? Vielleicht auf einen Republikflüchtling, vielleicht auf einen Grenzpolizisten oder Soldaten aus dem Westen. Warum sonst hatte er so komisch reagiert, als René ihn danach gefragt hatte! Vermutlich hatte er dafür sogar einen Orden erhalten, wer konnte das schon wissen? Aber sein Vater schien nicht gerade stolz darauf zu sein, dachte René.

»René? Bist du immer noch da?«

René schreckte aus seinen Gedanken hoch. Der Trainer hatte seinen Kopf durch die Tür gesteckt und sah ihn ungehalten an. »Auf der Matte biste jetzt ja schneller, aber in der Umkleide immer noch die alte lahme Ente! Mach mal 'n bisschen hinne, René. Die Nächsten kommen. In fünf Minuten will ich dich draußen sehen!«

René hatte gerade seine Jacke angezogen, als die Uhr in seiner Tasche piepte. Erschrocken kramte er sie hervor. Was, wenn der Trainer sie auch gehört hatte und gleich hereinkäme? Dann würde der vielleicht Fragen stellen, wo er sie herhatte. Andererseits war er der Sohn des Obersts.

Er starrte auf die roten Leuchtziffern der Anzeige, kein Zweifel, es ging los:

1764

»42«, flüsterte er.

Sofort wechselte die Anzeige: 01:00.

Nur eine Minute hatte er, die richtige Tür zu finden?

Doch schon im nächsten Moment war die Uhr bei: 00:58.

Du meine Güte – weniger als 60 Sekunden blieben ihm! Wie sollte er das schaffen?

Merkwürdigerweise zeigte das kleine Dreieck der Uhr direkt auf die Tür der Umkleide, und als er vor ihr stand, blinkten auf der Anzeige die Worte:

NOCH 0:23 Sek – HIER REIN!

Vier Minuten später steckte der Trainer wieder seinen Kopf in die Umkleidekabine, doch René war nicht mehr da.

Annett hatte einfach nur ihre Zimmertür geöffnet, nachdem sie das geheime Zeichen erhalten hatte, und schon im nächsten Moment stand sie in einem großen, düsteren Raum. Bequeme Art zu reisen!, dachte sie. Und im Grunde genommen störte es sie auch nicht wirklich, dass man nie so recht wusste, wo man rauskam.

Jetzt war es ziemlich duster. Ihre Augen mussten sich erst einmal an die Dunkelheit gewöhnen, bis sie erkennen konnte, wo sie sich genau befand: Sie stand in einem großen, hohen Saal. Dem Deckengewölbe nach zu schließen, gehörte dieser Saal zu einem sehr alten Gebäude. Auf der anderen Seite erkannte sie eine Reihe schmaler Erker mit Fenstern. Die Vorhänge der Fenster waren zugezogen, doch von draußen drang ein schmaler Streifen grelles Licht durch den Spalt zwischen den Vorhängen hindurch. In der Mitte des Raumes befand sich ein sehr langer Tisch, um den mehrere Stühle mit hohen Lehnen standen. Der Tisch selbst war leer. Links und rechts von ihr waren Türen wie jene, durch die sie gekommen war. Und vor den Türen standen dunkle, bewegungslose Gestalten.

»Tja, guten Abend zusammen«, sagte Annett, und als sie keine Antwort bekam, berührte sie die nächste Gestalt neben sich. Sie fühlte sich kalt an. Sie hatte es sich schon gedacht: Es waren ausgestellte, mittelalterliche Rüstungen. Offenbar befand sie sich in einer Burg oder einem Museum. Nur in welchem? In der weiteren Umgebung von Marksdorf gab es einige Burgen, doch keine war ein Museum. Die meisten waren verfallen, eine war ein Landschulheim, eine andere ein Gefängnis.

Plötzlich hörte sie das Quietschen einer Tür. Wer konnte das sein? Sie versteckte sich hinter einer der Rüstungen. Im selben Moment fiel die übernächste Rüstung krachend um und sie hörte jemanden fluchen. Sie kannte diese Stimme. »René? Bist du das?«

»Annett?«

»Ja.«

»Wo sind wir hier?«

»Scheint eine Burg zu sein.«

Die nächste Tür öffnete sich quietschend.

»Lucy? Tim?«

Tim und Lucy kamen auf sie zu. »Annett, René? Seid ihr das?«

»Ja«, antwortete René. Wie seid ihr hierhergekommen?«

»Wahrscheinlich genauso wie du. Die Uhr piepte, blinkte und dann ging's ab durch die Besenkammer!«

»Ihr Glücklichen. Ich war in der Umkleidekabine der Schule. Gott sei Dank war ich schon angezogen!«

»Gott sei Dank«, bestätigte Lucy.

In diesem Moment hörten sie die laute Stimme.

»Halt!«, rief sie. »Wer wagt sich da in meine Burg?«

Die Stimme klang kalt und schien von überall herzukommen.

»Entschuldigen Sie die Störung«, sagte Annett ruhig. »Aber wir sind nur zufällig hier.«

»Zufällig? Niemand ist zufällig hier. Wer hat euch geschickt?«

»Niemand.«

»Haha!«, donnerte die Stimme. »Eure Lügen werden euch noch leidtun!«

René hob das Schwert auf, das zu der umgefallenen Rüstung gehörte. »Ist das schwer!«, schnaufte er leise. »Wer auch immer du bist, wir kommen in Frieden!«, ächzte er. »Aber wenn du's drauf anlegst, können wir auch anders!« René versuchte, das Schwert abwehrbereit vor sich zu halten, doch schon nach ein paar Sekunden musste er die Spitze auf dem Boden ablegen.

»Haha! Schwächling! Ihr könnt ja kaum euer Schwert heben, kleiner dicker Lindwurm! Umso besser wird dir mein Streitkolben schmecken!«

Ein fürchterliches Gelächter erklang.

»W-w-wer bist du? Zeig dich!« An der Wand sahen sie jetzt den Schatten einer riesenhaften Gestalt.

»Ich bin der Geist des Grafen Sigismund! Und ich werde euch alle mit in mein kaltes, modriges Grab nehmen!«

Hinter einer Säule kam eine Rüstung hervor – und diese Rüstung lebte! Schwerfällig und scheppernd wankte sie in ihre Richtung und schwang dabei einen Streitkolben. René hatte ein kleineres Schwert gefunden, ein Rapier. Er streckte es in die Höhe. Lucy schob ihn zur Seite. Ruhig sagte sie: »Hör auf damit, Zorro.«

Die Rüstung blieb stehen.

»Willkommen auf Burg Marksdorf!«, rief ich und lachte.

Die anderen fanden meinen kleinen Scherz nicht so lustig.

»Bist du verrückt? Was sollte das?«

Ich schob das Visier hoch. »Also ich fand's saulustig. Ihr habt doch nicht etwa tatsächlich an ›Graf Sigismund‹ geglaubt, oder? Verflucht, wie soll man sich in so einer Rüstung überhaupt bewegen? Ihr habt daran geglaubt – wenigstens für einen kurzen Moment? Herrje. Dann sehe ich ja richtig schwarz!«

Annett trat hervor. »Warum siehst du schwarz? Und was sollen wir auf dieser Burg?«

Ich setzte mich auf einen der Lehnstühle. »Antwort auf Frage Nummer eins: Die Draconer werden den Menschen eine ganze Menge Dinge vorgaukeln, die es gar nicht gibt. Und sie sind ziemlich gut darin. Auch ihr werdet dagegen nicht vollkommen immun sein. Sie werden nicht nur ihre Psycho-Projektoren einsetzen. Sie sind auch Meister darin, eure vorsintflutlichen elektronischen Apparate zu stören. Also – Fernseher, Radarantennen, Funkgeräte, selbst so etwas Einfaches wie Verkehrsampeln, können plötzlich wie von Geisterhand verrücktspielen. Zu allem Übel beherrschen sie auch noch die Gravitationsmanipulation.«

»Die was?«, fragte René.

»Das Manipulieren von Objekten mittels Mikrogravitationsfeldern. Funktioniert so ähnlich wie bei den Fliegenden Untertassen®. In der Milchstraße ein sehr beliebter Schabernack, wenn man sich mit primitiven Zivilisationen einen bösen Scherz erlauben will. Wenn ihr etwas von Leuten hört, die schweben können, übers Wasser laufen, oder wie dieser – wie hieß er doch gleich, ah ja, Aladin aus dem Alshain-System im Adler – fliegende Teppiche zur Fortbewegung verwenden – dann könnt ihr davon ausgehen, dass ihr einem außerirdischen Scharlatan auf den Leim gegangen seid. Um auf die Draconer vorbereitet zu sein, müsst ihr euch vor allem eines klarmachen: Es gibt keine übernatürlichen Phänomene, keine Geister irgendwelcher Ritter oder so was. Alles hat eine natürliche Erklärung. Nur, dass ihr die nicht immer gleich erkennt.«

»Was ist mit der Antwort auf Frage Nummer zwei?« Lucy sah sich um. »Ich kenne diesen Ort. Das ist tatsächlich die Burg Marksdorf. Im Sommer haben wir sie mal mit der Schulklasse besucht. Ist so was wie ein Museum. Aber jetzt im Winter ist hier niemand. Die Burg ist bis Ende März geschlossen und wird nur von außen angestrahlt.«

»Stimmt genau«, entgegnete ich. »Ich hielt das einfach für einen günstigen Ort der Zusammenkunft. Außerdem gibt es hier eine Menge Türen. Wie ihr wisst, kann man nicht immer die gleichen Türen öffnen – weil das Universum ständig in Bewegung ist. Da ist es gut, wenn ein anderer Ausgang in der Nähe ist. Die Burg ist so was wie eine Kreuzung.«

Ich stand auf und grinste.

»Iiii«, sagte Lucy, »du hast ja einen Bart.«

»Stimmt mit dem was nicht? Auf den alten Gemälden hatte praktisch jeder dieser Typen einen Bart.«

»Es sieht irgendwie komisch aus.«

»Es juckt vor allem.« Mir fiel auf, dass Tim mich nicht anschaute, sondern betreten zu Boden sah.

»Sonst noch was?«, brummte René.

»Ja, etwas sehr Praktisches«, antwortete ich und drückte einen kleinen Schalter an der Wand. Am anderen Ende des Raumes ging das Licht in einer lang gestreckten, flachen Glasvitrine an. »Werte Reisegruppe: Bitte hier entlang«, sagte ich und deutete in Richtung des Vitrinentisches.

Alle schauten zu dem Tisch, und diesen kurzen Moment nutzte ich – um mich von Graf Sigismund wieder in Zorro zu verwandeln!

Annett fiel der Blitz auf und sie drehte sich zu mir um: »Oha, und was ist mit der Rüstung passiert?«

»Gar nichts. Einfache feste Strukturen können Teil meiner Verwandlung sein. Zwischen einer Ritterrüstung und einem Schildkrötenpanzer ist kein so großer Unterschied. Nur komplizierte mechanische oder elektronische Bauteile gehen nicht.«

»Deswegen hast du als Zorro zwar einen Degen, aber keine Pistole.«

»Genau.«

»Und warum ist das so?«

»Mein lieber René«, entgegnete ich, »hast du schon mal einen Vogel gefragt, warum er fliegen kann? Die Antwort würde dich überraschen. Sie lautet: Ich habe keine Ahnung.«

Wir gingen hinüber zu dem beleuchteten Tisch. Was unter der Glasoberfläche war, war ein Modell des geteilten Marksdorf, der Burg und der näheren Umgebung mit der Grenze. Das Ganze hatte etwas Gespenstisches an sich – auf beiden Seiten der Grenze waren kleine graue und olivgrüne Plastik-Soldaten in Gruppen angetreten, als würden sie gleich in die Schlacht ziehen. Die Mauer und der Sicherheitsstreifen, die das Dorf teilten, waren sehr detailliert dargestellt, und wer auch immer dieses Diorama geschaffen hatte, hatte es sich nicht nehmen lassen, weitere kleine Plastikfiguren hineinzustellen, die wohl die Bewohner darstellen sollten. Wahrscheinlich hatten diese früher einmal tatsächlich eine Modelleisenbahn bevölkert, und auf einem Bahnhof dem Zug hinterhergewunken. Jetzt winkten sie sich über die Mauer hinweg zu, was sie ja in Wirklichkeit nicht machen durften.

»Das hier kennt ihr ja: Es ist ein Abbild von Marksdorf und Umgebung. Wir müssen immer wissen, wo wir hinmüssen: Hier ist die Grenze, das hier ist der amerikanische Beobachtungsposten, und hier, dieser Turm auf der östlichen Seite ...«

»Das ist der Kommandoturm meines Vaters.« René klang beinahe ein wenig stolz. »Von dort aus hat man den besten Blick in den Westen. Er hat mich schon öfter dorthin mitgenommen – obwohl das gar nicht erlaubt ist, glaube ich. Aber im Regiment machen alle, was mein Vater sagt.

War früher mal ein Wasserturm. Er hat drei Stockwerke und noch so einen Keller, in dem früher die Pumpe war. Also eigentlich ist das streng geheim. Dass es den Keller noch gibt, mein ich. Weil der hat so eine richtig dicke Tür und eine eigene Entlüftung und alles – wie ein richtiger Bunker. Der Turm auf der anderen Seite ist der von den Amis.«

»Genau, von hieraus beobachten sie alles, was im Osten vor sich geht.«

»Und was ist das für ein großes flaches Gebäude mit dem riesigen Parkplatz hier?«, fragte Annett.

»Ach, das ist der olle Möbelmarkt«, erklärte Lucy. »Der hat vor über einem Jahr schon Pleite gemacht. Jetzt wollen die Amis angeblich Baracken darauf bauen, für ihre Soldaten, aber sicher ist das nicht.«

»Prägt euch alles sehr genau ein«, sagte ich, »vor allem die Seite der Grenze, die ihr nicht kennt.«

Annett runzelte die Stirn. »Was werden sie tun, diese Draconer?«

Nun sahen alle mich an.

»Schakkalack«, sagte ich.

Die vier Erdlinge wussten natürlich nicht, was Schakkalack ist. Es ist schon ein wenig nervig, eine noch nicht interstellare Spezies vor dem Untergang zu retten, wenn man beinahe alles und jedes erklären muss.

Ich seufzte. »Es gibt auf Chalawan ein Spiel, das heißt Schakkalack. Bei den Draconern heißt es Pling-Pling, und bei euch auf der Erde: Domino. Die Regeln sind unterschiedlich und auch die Werte, die auf den Spielsteinen stehen, aber was überall gleich ist, ist ihre Form: es sind überall die gleichen rechteckigen kleinen Klötzchen. Und in der gesamten Galaxie macht man mit ihnen, wenn man nicht gerade nach den lokalen Regeln spielt, das Gleiche wie bei euch: Man stellt sie hintereinander auf, möglichst viele. Man stellt sie in einer Reihe auf, und in Kurven und mit Hindernissen und was weiß ich. Man stellt sie auf einem Tisch oder in einer kleinen Hütte an einem grünen Meer oder in einem riesigen Raumschiffhangar auf dem Boden auf. Und wenn man die Steine hintereinander aufgestellt hat, und tippt den Ersten an, dann fällt er um und nach ihm alle anderen. Auf Chalawan sagen sie, das ganze Universum ist ein einziges riesiges Schakkalack, und wir – die Wesen, die diesen Kosmos bevölkern – sind die Steine.

Hier auf diesem kleinen Wasserplaneten, auf dem ihr die Herren seid und den ihr so achtlos behandelt, hat der Mensch nur einen Feind, und das ist er selbst. Denkt an die Grenze, an der ihr lebt: Jede Seite lebt in ständiger Furcht vor einem Angriff der anderen. Denn dann muss man zum Gegenangriff übergehen, will man den Krieg nicht verlieren. Nur – wenn die Soldaten einmal marschieren, wenn die Panzer erst fahren, die Bomber und Raketen in der Luft sind, wer will sie dann noch stoppen?

Der Plan der Draconer ist sehr, sehr einfach: Hier in Marksdorf ist ihr Schakkalack schon aufgebaut. Sie müssen gar nicht viel tun, nur den ersten Stein antippen. Denn wenn das Umfallen einmal angefangen hat, kann man es nicht mehr aufhalten.

Sie werden ihre Psycho-Projektoren hier an diesem Stückchen Grenze einsetzen, und plötzlich werden die Soldaten hüben wie drüben beobachten, wie sich Truppen sammeln, wo gar keine sind. Sie werden Kanonen und Panzer rollen sehen, wo keine rollen, Schüsse hören, obwohl es ganz still ist. Und sie werden denken, dies sei der lange befürchtete Angriff, und dann werden sie ihrerseits angreifen, und dann wird der Krieg beginnen, der eure Erde zerstört.«

»Und was genau können wir dagegen tun?«, fragte Annett, »wir sind nur vier Kinder.«

»Eben. Und weil ihr Kinder seid, seid ihr für diese Psychostrahlung weniger empfänglich, nicht immun, aber widerstandsfähiger. Den Rest erledigen die Brillen. Ihr habt eure Brillen doch noch?« Alle nickten.

»Und was wäre, wenn wir diese Brillen nicht hätten?« René sah mich an. Diese Frage schien ihn wirklich zu beschäftigen.

»Dann könnte es ein wenig unangenehm werden. Wie gesagt – ihr seht dann die Dinge, vor denen ihr Angst habt. Nicht das, was die Draconer wollen, sondern eure eigenen Albträume.«

»Klingt nicht sehr schön«.

»Ist es auch nicht.«

»Wozu habe ich an diesen Fernbedienungen rumgebastelt?«, fragte Annett. »Das würde mich viel mehr interessieren.«

Ich legte ein paar grüne, längliche Zylinder auf die Glasplatte. Sie sahen aus wie herkömmliche Batterien.

Annett stöhnte. »Sag jetzt nicht, dass die Dinger mit Batterien laufen, das hab ich nämlich schon ausprobiert, und sie taten keinen Mucks. Wenn sie mit Batterien laufen sollen, dann habe ich sie falsch zusammengebaut.«

»Hast du die Fernbedienungen dabei?«, fragte ich Annett. Sie nickte und holte sie aus ihrem Rucksack.

»Wenn man normale Batterien reinlegt, passiert natürlich nichts, aber das hier sind Antimateriebatterien mit der tausendfachen Leistung.«

»Die sehen aber aus wie normale Batterien.«

»Natürlich tun sie das. Und wenn die Antimaterie in ihnen aufgebraucht ist, dann sehen sie immer noch so aus wie normale Batterien, und niemand wird darauf kommen, dass es sich um außerirdische Technologie handelt. Sie wandern einfach in den Müll.«

»Man darf Batterien nicht einfach in den Müll werfen«, gab Tim zu bedenken.

»Ehm ja, stimmt. Wie auch immer ...« Ich öffnete eine der Fernbedienungen und tat eine Antimateriebatterie hinein.

»Hier – mit den Tasten Lautstärke, Farbe, Helligkeit und Kontrast können wir das Signal der Psycho-Projektoren verändern – was eben noch schwarz war, wird rosa, wer eben noch deutsch sprach, spricht plötzlich chinesisch. Und hiermit, mit dem ›Ein/Ausschalter‹ können wir die Dinger, und damit die Illusionen, die sie erzeugen, zerstören. Wenn wir nahe genug dran sind.«

»Zerstören?«

»Geht mal ein paar Schritte zurück«, sagte ich. Dann zielte ich auf die Rüstung, die mir am nächsten Stand, drückte den Schalter – und aus der Fernbedienung züngelte ein greller, blauer Lichtblitz! Die Rüstung zitterte, schlug Funken – und viel krachend um.

»Schakkalack!«, sagte ich.

»Wow!«, sagte Lucy.

»Na ja«, meinte René, »eine Strahlenkanone ist das nicht.« Er nahm eine der Fernbedienungen in die Hand. »Wie weit gehen die?«

»Das Störsignal etwa einen halben Kilometer, aber der statische Blitz nur 10 Meter.«

»Was passiert, ich meine ... was passiert, wenn –«

»– Wenn man damit einen Menschen erwischt? Nun, es wirft ihn aus den Socken. Aber es bringt ihn nicht um. Doch so was dürft ihr nur im absoluten Notfall machen. Und in keinem Fall zum Spaß auf Tiere zielen, vor allem nicht auf kleine Tiere, sonst werden die Maschinisten richtig ungemütlich, und das ist das Allerletzte, was ihr wollt, denn sie warten nie mit ihren Strafen, sondern vollziehen sie sofort.«

»Und was ist mit dir, Zorro?«

»Ich habe meinen Degen – und diesmal habe ich trainiert!«

»Trainiert?«

»Ja, ich habe mir so ziemlich jeden Mantel-und-Degen-Film angeschaut, der jemals auf der Erde gedreht wurde. Bin jetzt fast so was wie der fünfte Musketier.« Ich zog meinen Degen, sprang mit einem Satz auf den langen Tisch und vollführte ein paar schnelle Hiebe, Ausfallschritte und Paraden. Meine Gefährten schauten mich ein wenig irritiert an. »Also, wie dem auch sei ... ich brauche keine. So, ich schlage vor, jeder nimmt sich jetzt seine Fernbedienung.«

Sie griffen nacheinander nach den umgebauten Geräten, nur Tim nicht.

Ich stieg vom Tisch hinunter. »Tim, was ist? Na los, du brauchst auch eine«, ermunterte ich ihn.

»Besser nicht«, sagt er leise.

»Besser nicht?«

»Es ist besser, wenn ich keine nehme, damit sie nicht in falsche Hände gelangt.«

»Was ist passiert?«

Tim sah mich immer noch nicht an. »Sie haben sie mir abgenommen. Die Uhr, meine ich. Marko und Reiner. Und der Hund. Die hatten diesen schrecklichen großen Hund mit dabei. Den Hund vom Metzger. Der ist beinahe so groß wie ein Pferd. Ich wollte mich ja wehren, aber ich konnte nicht. Und jetzt haben sie die Uhr.« Er fing an zu weinen.

Mist, dachte ich. Das war nicht eingeplant.

Annett runzelte die Stirn. »Heißt das, diese beiden Dorfdeppen können jetzt überall Türen öffnen und tauchen dann wasweiß-ich-wo auf?«

»Nein«, erklärte ich, »die Uhren sind im Prinzip nur Uhren, über die ich euch Nachrichten schicken und euch sagen kann, wo sich die nächste Tür öffnet.«

»Siehst du?«, sagte René zu Tim in sanftem Ton, »kein Grund zu weinen. Alles halb so schlimm.«

»Nicht ganz«, sagte ich. »Zum einen war das nicht eingeplant. Und was nicht eingeplant ist, verändert den Plan, logisch oder?«

»Und mit dem Plan verändert sich die Zukunft«, ergänzte

Annett. »Und das bedeutet, niemand weiß, wie diese Sache hier ausgehen wird.«

Ich nickte. »Stimmt genau. Auch ich habe keine Ahnung wie. Und ich weiß nicht, ob den Maschinisten diese Planänderung gefällt. Das Beste wird sein, wenn ich mich in diesem Fall so wenig wie möglich einmische. Aber auch dann müsst ihr die Uhr wiederbeschaffen. Das ist das andere Problem: Außerirdische Technologie in den Händen von so einem wie Reiner? Das darf nicht sein.«

»Aber der Hund!«, schluchzte Tim wieder.

Ich seufzte. »Na gut, ich helfe euch mit dem Hund, aber der Rest ist euer Problem.«

Lucy hatte sich die ganze Zeit über nicht eingemischt, sondern sich in dem Saal umgeschaut. Vor einer der Rüstungen blieb sie stehen. »Ich glaube, ich habe da eine Idee.«

»Sehr gut«, rief ich ihr zu, »schließlich kann ich nicht alles alleine machen!«

»Und du kümmerst dich ganz sicher um den Hund?«, fragte Tim.«

»Ja.«

»Betäubst du ihn, bevor wir kommen?«

»Betäuben? Wozu das denn? Ich werde mit ihm reden.«

»Mit ihm reden? Der ist riesig! Gefräßig! Er hat schrecklich große Zähne! Sehr viele schrecklich große Zähne! Mit dem kann man nicht reden!«

»Doch«, erwiderte ich. »Man kann mit fast jedem reden. Man muss nur wissen, wie.«

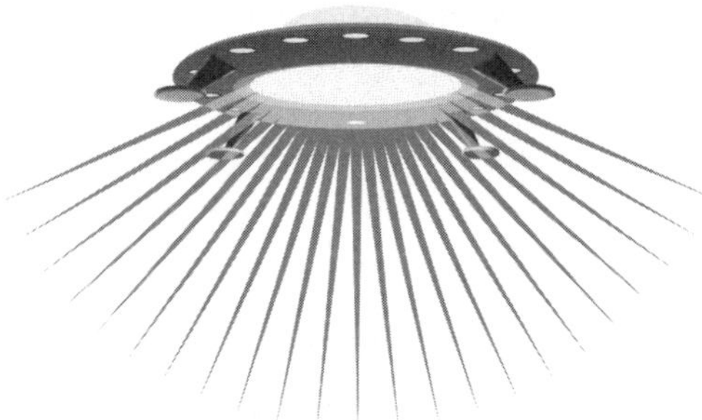

23. KAPITEL:

EIN ARMER HUND

Hasso war eine Dogge mittleren Alters, ein Hund, nicht so groß wie ein Pferd, aber beinahe so groß wie ein Esel, und er sah wirklich furchterregend aus.

Er lebte in einer Hundehütte auf dem Hof des Hauses, in dem Reiner, der Sohn des Metzgers, wohnte. Das hatte für ihn den Vorteil, dass er ab und zu einen dicken Knochen vor seine Hütte geworfen bekam.

Ansonsten war Hasso nicht sonderlich glücklich mit seinem Leben. Er hatte nicht den Eindruck, dass die Menschen, mit denen er zusammenlebte, ihn brauchten. Meistens beachteten sie ihn gar nicht. Die Frau des Metzgers am allerwenigsten. Der Metzger selbst warf ihm neben Knochen ab und zu ein paar Fleischabfälle hin, und der Sohn, dieser Reiner, benutzte ihn dafür, andere Kinder zu erschrecken.

Nachts lag Hasso oft wach, der Kopf ragte aus seiner Hundehütte, die er auch im Winter bewohnte, und trotz der Kälte sah er sich dann den Sternenhimmel und den Mond an. Und das machte ihn noch melancholischer, als er ohnehin schon war.

An jenem Nachmittag, an dem ich ihn besuchte, lag er wieder so in seiner viel zu kleinen Hütte, den Kopf halb draußen. Er sah mich an und dachte:

Wer bist du denn?

Ich bin ein freier Hund.

Du meinst, ein Streuner.

So nennen uns nur jene, die keine freien Hunde sind.

Falls du Essen haben willst, keine Chance, ich hab alles schon verputzt.

Das sehe ich.

Wie meinst du das?

Nur so.

Findest du mich dick?

Sagen wir mal, ich sehe, dass du keine Not leidest.

Das ist der Vorteil, wenn man kein freier Hund ist.

Ja, das stimmt.

Was willst du hier?

Ist das hier gut? Ich meine, wie sind deine Menschen?

Ich hab sie im Griff, dachte Hasso. Also keine Probleme, würde ich sagen. Das Essen ist reichlich, gibt sogar noch einen Knochen die Woche extra dazu. Die Leute sind nett, aber nicht so, dass es lästig ist, und sie tun, was ich von ihnen erwarte. Ab und zu muss ich für den dummen Sohn jemanden erschrecken, aber solche Sachen muss man halt in Kauf nehmen, wenn man so groß ist wie ich. Du musst wissen, ich esse ziemlich viel, und das Geld für mein Essen müssen die verdienen, und dann kann ich ihnen auch mal den ein oder anderen Gefallen tun.

Verstehe.

Was willst du hier? Eigentlich müsste ich jetzt bellen, aber wenn ich jetzt belle und sie sehen, dass ich nur wegen einem wie dir gebellt und sie gestört habe, dann sind die wieder den restlichen Tag schlecht gelaunt.

Ich bin deinetwegen hier.

Meinetwegen?

Ganz genau.

Und was willst du von mir?

Hast du dir schon mal überlegt, ein freier Hund zu werden?

Oh, schon oft. Aber wie gesagt: Ich esse zu viel. Da hat man als Streuner schlechte Karten. So einer wie du, der kann immer was in einer Mülltonne oder am Hintereingang eines Fresshauses der Menschen finden. Aber ich? Ich bräuchte mindestens fünf Mülltonnen und drei Fresshäuser, um auch nur ein wenig satt zu werden.

Ich rede ja nicht davon, dass du für immer ein freier Hund sein sollst. Aber was wäre, wenn es, sagen wir, in ein oder zwei Tagesmärschen einen Menschen gäbe, der dich braucht? Ich meine, einen, der dich wirklich braucht.

Wie soll ich so jemanden finden?

Du musst sie gar nicht suchen, ich kann dir sagen, wo sie ist.

Eine Menschenfrau?

Ja. Nicht alt, aber auch nicht mehr jung. Ihr Mann ist vor sechs Jahren gestorben, und seitdem lebt sie in Erinnerungen, und plagt sich mit der ewigen Frage, was gewesen wäre, wenn ihr Mann noch lebte. Sie ist nach außen hart und verbittert, aber innerlich zart und verletzlich. Und sie braucht jemanden wie dich.

Meinst du?

Ich sage nicht, dass es leicht wird. Du wirst dich sechs Tage und Nächte lang auf den Fußabtreter vor ihrem Haus legen müssen, was jetzt im Winter nicht gerade angenehm ist. Sie wird morgens, auf dem Weg zu Arbeit, sechs Tage lang über dich stolpern, und dich beschimpfen, aber am siebten Tag wird sie erkennen, dass du genau der bist, den sie braucht.

Du legst mich rein, nicht wahr?

Nur ein bisschen.

Ein bisschen?

Die Frau ist nicht erfunden, es gibt sie wirklich. Aber gleich kommen ein paar Kinder, die wollen sich von Reiner etwas wiederholen, was er ihnen weggenommen hat.

Das Glitzerding von dem kleinen Jungen! Ich erinnere mich. Reiner hat dem kleinen Menschenjungen gesagt, ich würde ihn fressen, wenn er ihm das Glitzerding nicht gibt.

Die Menschen werden sie weder sehen noch kommen hören, noch riechen können, aber du kannst diese vier Menschenkinder sehen und riechen und hören. Und deswegen bitte ich dich, nicht zu bellen.

Hasso dachte nach.

Aber ihr dürft dem Reiner nicht wirklich was tun! Ihr dürft ihn nicht verletzten. Er ist zwar ein Dummkopf, aber ihm darf nichts passieren, bei meiner Hundeehre!

Keine Angst, wir werden ihn nur ein klein wenig erschrecken.

In welche Richtung muss ich laufen?

Dorthin, wo bald der Polarstern leuchtet, immer der alten Landstraße nach. Nach gut einem Tag kommt eine Tür. Geh einfach durch sie hindurch, und dann bist du da.

Das wäre schön, ach so schön! Wieder gebraucht werden! Aber es ist ja alles nur ein dummer Traum! Schau her: ich bin angekettet.

Jetzt nicht mehr!

Wie hast du das gemacht?

Wir freien Hunde können so was.

Dann geh ich jetzt mal los. Leb wohl – wie heißt du eigentlich?

Zorro.

Ziemlich ungewöhnlicher Name für einen Rauhaardackel.

Man kann sich seinen Menschennamen nicht aussuchen.

Wem sagst du das!

Viel Glück!

Dir auch, Zorro, viel Glück!

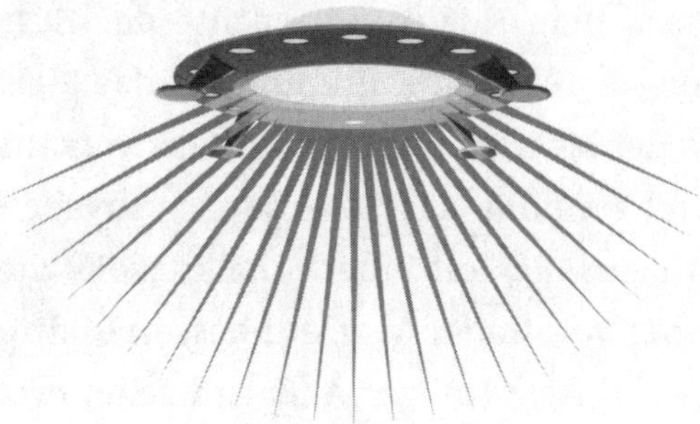

24. KAPITEL:

SPACE INVADERS!

»Ich verstehe das nicht!«

»Was denn?«

»Die blöde Uhr zeigt immer nur ›1764‹. Ich dachte erst, das wäre die Uhrzeit, aber sie verändert sich nicht.«

»17 Uhr 64? Was soll denn das für eine Uhrzeit sein? Mars-Zeit vielleicht? Mensch, Marko, die ist einfach kaputt, die dumme Uhr.«

»Dann hätten wir sie Tim auch nicht abnehmen müssen.«

»Natürlich mussten wir sie ihm abnehmen, du Hirni. Hast du gesehen, wie der geflennt hat? Der kleine Hosenscheißer! Die Heulsuse! Ich hätte ihm sogar seine stinkigen Socken abgenommen, nur um ihn flennen zu sehen. Der hat's nicht besser verdient! Lass uns weiterspielen.«

Reiner und Marko saßen in Reiners Zimmer. Reiners Zimmer befand sich im Erdgeschoss des Hauses seiner Eltern, die im ersten Stock wohnten, sodass Reiner einen eigenen Eingang hatte. Auf dem Hof davor wachte der Hund und quer über den Hof ging es zum Kühlraum für das Fleisch, das Reiners Vater in der Metzgerei im Vorderhaus verkaufte.

Reiner spielte gerade das Spiel »Space Invaders«, also »Invasoren aus dem All«, auf einer Spielkonsole, die mit einem alten Fernseher verbunden war, auf dessen Bildröhre jetzt die Heerscharen kleiner, pixeliger Außerirdischer erschienen, die Reiner verbissen mit einem Joystick in der Hand abzuschießen versuchte. Das machte er bereits seit über einer Stunde. Insofern war die Formulierung »Lass uns weiterspielen« ein wenig unsinnig, da im Grunde genommen nur Reiner spielte, und Marko ihn dabei bewundern durfte. Reiner war in Marksdorf die unangefochtene Nummer eins in »Space Invaders«. Auch wenn das Spiel ein wenig veraltet war, prahlte er gerne damit, wie hoch sein »Highscore«, seine höchste Punktzahl war.

»Du, Reiner ...«

»Jetzt nicht!«

»Ehm, Reiner, mit der Uhr ...«

»Lass mich mit der Scheiß-Uhr in Frieden!«

»Ich meine ja nur ... mit der Uhr stimmt was nicht ...«

»Natürlich stimmt was nicht mit der! Sie ist ja auch kaputt.«

Reiner drückte wie verrückt auf seinem Joystick herum.

»Da! Und da! Fresst Blei, ihr Drecks-Aliens!«

»Du Reiner ...«

»JETZT NICHT!«

Reiner war kurz davor, seinen eigenen Highscore zu überbieten!

»Auf der Uhr steht jetzt was anderes ...«

»Ist mir scheißegal, was da draufsteht!«

»Da steht: ›Macht die Tür auf‹.«

»Was?« Reiner ließ verdutzt den Joystick sinken.

Die außerirdischen Invasoren besiegten die Erde.

»Da siehst du's: Jetzt ist mir mein Highscore flöten gegangen! Ich hoffe für dich, dass das kein blöder Witz ist.«

»Kein Witz, so was würde ich nie machen, Reiner«, sagte Marko kleinlaut und zeigte Reiner die Digitaluhr, die sie Tim abgenommen hatten. Und tatsächlich, darauf stand:

MACHT DIE TÜR AUF

Das verwirrte Reiner schon ein wenig. Wie ging so was? Auf der anderen Seite: Wozu hatte man einen dummen Kumpel, wenn nicht dafür?

»Na, dann mach sie halt mal auf, Marko, die blöde Tür!«

Mit einem mulmigen Gefühl im Magen ging Marko aus dem Zimmer durch den kurzen Flur und öffnete die Tür.

»Und – ist da wer?«, rief Reiner, der in seinem Fernsehsessel sitzen geblieben war und ein neues Spiel gestartet hatte.

»Ja!«, rief Marko im Flur. »Es ist Tim!«

»Haha! Und was will die Heulsuse?«

»Er will seine Uhr zurück.«

»Da kann er lange warten!«

»Er sagt, es sei unsere letzte Chance!«

»Da pfeif ich drauf!«

»Er sagt, wir hätten es nicht anders gewollt.«

Reiner drückte auf dem Joystick herum, fragte sich aber gleichzeitig, wie Tim an dem Hund vorbeigekommen war. Vermutlich hatte der wieder geschlafen, der faule Köter. Der bekommt heute Abend keinen Knochen, die dumme Töle! Da hörte er es scheppern und stampfen und einen erstickten Schrei im Flur. Kurz darauf kam Marko ins Zimmer gestürmt und versteckte sich hinter Reiner und dem Fernsehsessel. »Sie kommen!«, keuchte er.

»Wer?«

Aber noch bevor Marko hätte antworten können, standen sie in der Tür: Tim, das Mädchen mit der großen Brille, das er schon einmal gesehen hatte und – ein Ritter, oder jemand in einer Ritterrüstung, und neben ihm eine etwas schmalere Gestalt in einem Kettenkleid mit Kapuze und einem Schleier davor.

»Rück die Uhr raus«, sagte das Mädchen mit der Brille.

Reiner kniff die Augen zusammen. Er war schon ziemlich erschrocken, doch er wollte noch nicht so leicht aufgeben.

»Das ist doch wieder so ein Trick. Ich kenn dich doch – du bist das Mädchen, das angeblich aus dem Osten kommt ...«

»Nicht angeblich. Ich komme von dort.«

»Und deine Blechkameraden da?«

»Ich bin Zardoz«, dröhnte die Stimme aus dem Inneren der Rüstung, »Ritter vom Titan, und das ist meine Waffenschwester Morgana!«

Reiner stand auf und lächelte überheblich. »Ach komm, hört auf! Denkt ihr, ich falle auf so was rein? Das ist doch nix weiter als ein Faschingskostüm! Wo ist denn dein Schwert, du toller Rittersmann? Oder hast du nur deine Blechstiefel?«

»Du wirst sie mir gleich küssen, meine Blechstiefel!«

Reiner griff neben den Fernseher. Dort hatte er einen schweren, hölzernen Axtstiel versteckt. Drohend nahm er ihn hoch. »Ich hab jetzt genug von dem Quatsch! Verschwindet, alle zusammen! Oder ich mach dir eine fette Beule in dein Blechkostüm!«

Morgana (oder wie sie hieß) hielt etwas in der Hand, mit dem sie jetzt auf Reiner zielte.

»Letzte Chance.«

»Oh, willst du mich erschießen? Oder eher pulverisieren? Mit einer ollen Fernsehfernbedienung?« Obwohl die Rüstungen schon ziemlich echt aussahen – das musste er zugeben –, war sich Reiner, als er die Fernbedienungen sah, wieder ziemlich sicher, dass alles nur Maskerade sein konnte.

Morgana ignorierte ihn, richtete die Fernbedienung auf den Fernseher. »Zeit für einen kleinen Programmwechsel.«

Ein blauer Blitz schoss aus der Fernbedienung und schlug in der Bildröhre ein, die mit einem Krachen zerbarst. Es roch plötzlich nach verschmorten Kabeln. Auch Zardoz vom Titan hatte nun eine Fernbedienung in der Hand und richtete sie auf Reiner.

»Schakkalack«, sagte Zardoz vom Titan.

»Schakka – was?« Jetzt hatte Reiner doch Angst. Sogar ziemlich viel Angst. Wobei er sich fragte, ob er mehr oder weniger Angst hatte als Marko, der neben dem Fernsehsessel kauerte, die Augen fest zusammenkniff und sich die Hände auf die Ohren hielt.

»Die Uhr«, sagte das Mädchen mit der Brille, »aber flott!«

»Aber flott!« Lucy lachte. »Das war wirklich gut, Annett. Und Reiners Gesicht dazu!«

»Schakkalack, sag ich nur!« Renés Stimme kam immer noch aus der Tiefe des Helms. »Kann mir mal jemand helfen?«

Wir waren wieder zurück in der Burg und saßen oder standen um den Tisch herum. Tim half René, und mit gemeinsamen Kräften konnten sie das Visier hochschieben.

»Uff, ganz schön stickig hier drinnen!«

»Vielleicht«, riet Annett, »solltest du dir mal ein paar Tröpfchen Öl gönnen, Zardoz vom Titan.«

»Stimmt, wenn ich hier drin weiter so schwitze, könnte ich sonst Rost ansetzen.« Und wieder lachten sie alle.

»Fast bin ich ja froh drum, Tim, dass die beiden Idioten dir die Uhr abgenommen haben. Sonst hätten wir den Riesenspaß verpasst, sie uns wieder zurückzuholen.«

»Ja« – Tim lächelte etwas gequält – »nur war ich euch ja keine große Hilfe dabei.«

»Wieso?«, fragte Annett, »ohne deinen Satz ›Gebt mir die Uhr zurück – das ist eure letzte Chance!‹ wäre doch alles nur halb so lustig gewesen.«

»Nur schade«, meinte René, während er sich abmühte, aus der Rüstung herauszukommen, »dass sie mir nicht wirklich die Stiefel küssen mussten.«

»Man darf es nicht übertreiben«, warf ich ein.

»Oh, Zorro«, entgegnete René augenzwinkernd, »das sagt der Richtige. Ich sage nur: Känguru!«

»Und jetzt?«, fragte Lucy.

»Wir müssen noch durch eine Tür.«

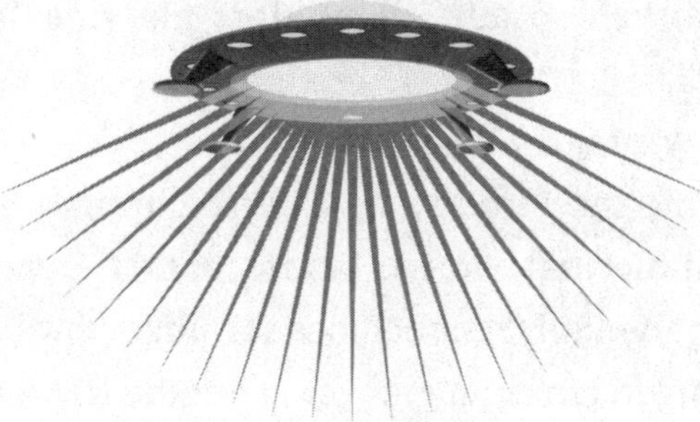

25. KAPITEL:

DIE GANZE WELT

Auf dem Schild über der Tür stand: »Zur Aussichtsplattform auf dem Burgfried« – aber natürlich führte sie für uns ganz woandershin.

Ein kurzer Moment der Dunkelheit und Verwirrung – dann fanden wir uns in einem langen Korridor wieder. Das Licht schien irgendwie von hinter den Wänden zu kommen, oder die Wände, oder woraus sie bestanden, leuchteten selbst, aber so etwas wie eine Glühbirne war nirgends zu sehen. Die Wände waren grau wie Metall, doch wenn man sie berührte, fühlte es sich gar nicht wie Metall an – sie waren glatt, aber nicht metallisch kühl. Still war es, und alles, was wir hörten, war ein leises, tiefes Brummen, das sich wie ein Kühlschrank anhörte. Lucy, die als Letzte durch die Tür gegangen war, drehte sich um. Wenn die Aussparung in der Wand hinter ihr eine Tür gewesen sein sollte, dann war sie jetzt fest verschlossen. Sie drückte, klopfte dagegen – aber es tat sich nichts.

Es sah eigentlich so aus, als ob dort nie eine Tür gewesen wäre.

»Wo sind wir hier?«, fragte sie.

»Abwarten«, antwortete ich, »Überraschung!«

»Weißt du diesmal, wo wir sind?«, bohrte Lucy nach. »Ehrlich gesagt gehen mir nämlich das ständige Abwarten und die Überraschungen langsam ein wenig auf die Nerven.«

Ich zuckte mit den Achseln. »Tja, da kann man nichts machen. Aber falls es dich beruhigt: ich weiß, wo wir sind, also – so ungefähr.«

»So ungefähr – na toll!«

»Mehr kann ich euch nicht verraten.«

»Und warum nicht, Mister Geheimnisvoll?«

»Mensch, Lucy«, sagte René, »sonst ist doch die ganze Überraschung futsch und dann ist es kein Abenteuer mehr.«

»Ich mag keine Überraschungen«, sagte Lucy, »und auch keine Abenteuer, bei denen man in irgendwelchen unterirdischen Labyrinthen herumirrt.«

Wir gingen den Gang weiter, der sich nach vielleicht fünf Metern gabelte. Links oder rechts? Ich wusste es selbst nicht so genau. Beide Gänge sahen vollkommen gleich aus. Aber hier drinnen, das wusste ich, sah ja immer alles ziemlich gleich aus. Ich entschied mich für den linken Gang.

»Ist das hier ein Bunker?«, wollte Annett jetzt wissen.

»Ein Atombunker von den Amis vielleicht?« René war bei diesem Gedanken ganz aufgeregt. »Eine geheime Kommandozentrale?«

»Gerd hat uns erzählt, dass alle Präsidenten und Generäle und jeder, der wichtig ist, so einen haben, nur wir haben keinen, und wenn ein Krieg losgeht, dann sind wir eigentlich schon alle tot.«

»Ja, Tim«, sagte ich, »das stimmt. Aber was nicht stimmt, ist, dass ihr unwichtig seid.«

Wir waren noch nicht sehr viel weiter gekommen, da gabelte sich der Weg erneut. Wieder nahmen wir den linken Gang. Plötzlich endete er vor einer glatten, fugenlosen Wand. Neben mir hörte ich ein zischendes Geräusch. Ich machte eine halbe Drehung nach rechts: Eine Schiebetür hatte sich dort geöffnet, und dahinter tat sich ein langer, aber niedriger Flur auf.

»Wohin jetzt?«

»Folgt mir.«

»Und dann?«

»Das weiß ich nicht genau. Ich nehme an, ich soll euch etwas zeigen.«

Alle zusammen durchquerten wir den Flur, an dessen Ende sich eine weitere Tür zischend öffnete, und gelangten in einen leeren Raum, der bis auf die Tür, durch die wir hineingekommen waren, keinen Ausgang zu haben schien.

»Sackgasse«, stellte René fest.

Lucy hatte die ganze Zeit über geschwiegen. Sie stand vor einer der Wände und befühlte sie sorgsam. »Wo sind wir hier? Unter der Erde? Sollen wir hier den Krieg überstehen, falls was schiefgeht und wir diese Draconer nicht aufhalten können? Das hier ist nicht menschlich, stimmt's? Das hier haben die Maschinisten gebaut, nicht wahr?« Sie sah mich an.

»Ja, das haben sie«, gab ich zu, »aber es ist nicht das, was du denkst. Ehrlich gesagt, überrascht es mich selbst, dass wir hier sind. Die Maschinisten sind nämlich strikt gegen jegliche direkte Einmischung. Deswegen müssen wir Onari ja die ganze Arbeit machen. Irgendwie müsst ihr was ganz Besonderes sein, sonst hätte die Tür nie hierher geführt.«

»Ich dachte, die Tür hättest du geöffnet, mit deiner Digitaluhr.« René runzelte die Stirn.

Ich erklärte meinen Mitstreitern, dass man zwar mit dem, was sie »meine Digitaluhr« nannten, eine Tür öffnen könne, aber nur irgendwo hinkam, wenn auf der anderen Seite ein Ausgang vorgesehen war. Natürlich wollten sie wissen, was geschehe, wenn es keinen Ausgang gab.

»Oh, das hat in der Anfangszeit zu einigen Katastrophen geführt. Wisst ihr, meine Artgenossen von Oneiros sind nicht gerade dafür bekannt, dass sie sich gerne an Regeln halten, und wollen immer alles ausprobieren, gerade wenn's verboten ist. Na ja, und was geschah, wenn einer eine Tür öffnete, für die kein Ausgang vorbereitet war? Der Ausgang konnte ja irgendwo liegen! In einer Wüste, mitten in einem Vulkan oder auf dem Grund eines Ozeans! Und was passiert, wenn ihr auf dem Grund eines Ozeans eine Tür öffnet, die da nicht hingehört? Genau dasselbe, wie wenn ihr in eurer Badewanne den Stöpsel zieht!«

»Au weia!«, hauchte Tim.

»Das kannst du laut sagen. Auf jeden Fall haben die Maschinisten nach einigen leer gelaufenen Ozeanen eine Sicherung eingebaut. Wenn man jetzt eine Tür nur so zum Spaß öffnet, ohne zu wissen, wohin sie führt, dann öffnet sie sich zwar, aber man kann nicht durch sie hindurchgehen, und umgekehrt auch nicht. Ein Kraftfeld verhindert das. Es ist dann so, als würde man vor einem Fenster stehen, nur ist es ein besonderes Fenster, ohne Scheiben aus Glas.«

»So eines wie dieses hier?«

Alle drehten wir uns zu Lucy um. Als wäre sie eine Jalousie, öffnete sich gerade vor ihr die Wand, und gab den Blick nach draußen frei. In diesem Moment wurde mir klar, warum ich die Kinder hierher bringen sollte.

Das Raumschiff befand sich in einer planetaren Umlaufbahn, und das, was meine Gefährten durch das eben geöffnete Fenster sahen, war ihre Heimatwelt, die Erde.

»Das kann nicht sein«, sagte René.

»Wir sind im Weltraum!« Annett hatte die Augen weit aufgerissen, und ihr Gesichtsausdruck schwankte zwischen ungläubigem Staunen und Begeisterung. »Wir sind es wirklich! Das ist der absolute Wahnsinn!«

»Genau«, sagte ich. »Ihr seid im Weltall. Auf dem Mutterschiff der Maschinisten, und die blaue Murmel da unten ist euer Planet, der bald nur noch eine öde Wüste ist, wenn ihr es nicht verhindert.«

»Wie schön sie ist«, sagte Lucy.

René, Annett und Tim stellten sich neben Lucy an das Fenster.

Ich erinnerte mich daran, wie René bei seiner ersten Begegnung mit Lucy gesagt hatte, wir könnten ja die halbe Welt retten, wenn Lucy weiterhin so schnippisch sei und nicht mitmachen wolle.

Aber ich glaube, in jenem Moment wurde ihnen allen klar, dass man nicht nur eine Hälfte retten kann. Man muss die ganze Welt retten, oder gar nicht.

Das Kraftfeld, aus dem das Fenster bestand, zitterte leicht, als Lucy ihre Hand darauf legte, als könnte sie so die Erde berühren. Dann legte Tim seine Hand auf ihre, und Annett ihre Hand auf Tims, und René seine Hand auf Annetts, und – nach kurzem Zögern, denn es war ja genau genommen nicht mein Planet – ich meine Hand auf die von allen anderen.

Eine Weile lang standen wir schweigend so da.

»Alle für eine«, sagte Lucy, »und eine für alle.«

Als sie abends in der Küche beim Essen saßen, waren Lucy und Tim sehr schweigsam. Das fiel in diesem Fall besonders auf, da sich Gerd ja noch immer sozusagen inmitten seines Gelübdes befand, und ebenfalls schwieg, was ihre Mutter in diesem Augenblick, ohne dass sie das zugeben wollte, besonders nervte. Zudem schmeckte das Abendessen, das Gerd zubereitete hatte – Möhrenratatouille mit Bio-Bulgur – leider wieder so fade wie immer.

»Also, wie war euer Tag?«, begann ihre Mutter.

Lucy hörte am Klang ihrer Stimme, dass sie auf irgendetwas Bestimmtes hinauswollte. »So wie immer«, sagte sie.

»Und was habt ihr so gemacht?«

»Na, wir waren in der Schule.«

»Und nachmittags? Wo wart ihr da? Ich hab das rote Telefon klingeln lassen, aber niemand hat abgehoben, ich hab an euren Türen geklopft, aber es hat niemand aufgemacht. Ich dachte schon, es könnte einen Notfall geben, und war kurz davor, die Tür zu öffnen!«

Es gab bei Irene strenge, sehr strenge Regeln, was das Verletzen der Privatsphäre anging. Und ihre Vorstellung von Gleichberechtigung in der Erziehung bedeuteten, dass diese Regeln auch für ihre Kinder galten. Nur in einem »Notfall« durfte man nach den Regeln unangemeldet und ohne Erlaubnis in ein Zimmer eindringen. Allerdings war nicht ganz klar, was ein Notfall eigentlich sein könnte. Mal abgesehen von Feuer, Erdbeben, Unfällen mit Verletzungen oder Ähnlichem.

»Ich hatte wahrscheinlich die Musik laut, und hab dich nicht gehört«, sagte Lucy, während sie lustlos in ihrem Ratatouille stocherte.

»Ich habe aber überhaupt keine Musik aus deinem Zimmer gehört.«

»Hatte die Kopfhörer an.«

»Und du, Timmy?«

»Ich heiße Tim.«

»Entschuldige. Also, was ist mit dir, Tim?«

»Hab auch laut Musik gehört.«

»Du hast aber keine Kopfhörer.«

Tim schwieg.

»Tim, willst du mir nicht die Wahrheit sagen?«

»Die willst du ja eh nicht hören.«

»Doch, ich will sie hören.«

»Der Reiner und der Marko –«

»Hab ich's doch gewusst!«, sagte Irene. »Diese beiden Dorffieslinge stecken wieder dahinter. Vielleicht ist es Zeit, dem

Metzger mal einen Besuch abzustatten und mit ihm von Angesicht zu Angesicht zu reden? So geht das nicht weiter.«

»Also, Reiner und Marko, die haben mir meine Uhr abgenommen ...«

»Was denn für eine Uhr?«

»Die wir von Zorro bekommen haben. Wegen der Türen. Digitaluhren. Man kann mit ihnen die Türen nicht öffnen, das können nur Zorro und die Maschinisten ...«

»Die Robotertypen?«, fragte Irene.

Tim lächelte. »Ja, genau. Die haben wir aber noch nicht gesehen. Also, die Uhren können anzeigen, wo Türen sind.«

»Türen wohin?«

»Wohin du willst. Aber es muss auf der anderen Seite einen Ausgang geben. Reiner und Marko haben sie mir abgenommen, ohne zu wissen, wozu sie gut ist. Kennst du die Wurzel aus 1764?«

»Nein.«

»Tja, die beiden auch nicht. Blöderweise hatten die den Hund dabei, als sie mir die Uhr abgenommen haben, und deswegen konnte ich noch weniger gegen sie ausrichten als sonst.«

»Den Hund vom Metzger, dieses Monstervieh?«

»Ja, genau der. Aber der Hasso ist gar nicht so böse. Außerdem ist er jetzt frei.«

»Frei?«

»Ja, er ist jetzt ein freier Hund und sucht sich ein neues Frauchen. Zorro hat ihn befreit. Wir haben uns mit Zorro in der alten Burg Marksdorf getroffen, aber er hat gesagt, das mit Reiner und Marko müssen wir diesmal alleine regeln. Und dann hat sich René ’ne olle Rüstung genommen und sich als ›Zardoz vom Titan‹ verkleidet und Lucy als ›Morgana‹ und dann haben wir den beiden mit den Fernbedienungen einen mächtigen Schrecken eingejagt.«

»Fernbedienungen? Hast du dazu auch noch etwas zu sagen, ›Morgana‹?«

Lucy schwieg.

»Also, meine Lieben, ich habe mit Dr. Drexler, dem Psychologen, einen Termin nächste Woche gemacht, damit der mal mit euch, besonders mit dir, Tim, spricht.«

Wütend stand Lucy auf. »Nächste Woche gibt es aber vielleicht keine Termine bei Dr. Drexler mehr! Nächste Woche gibt es vielleicht überhaupt keine Termine mehr! Ihr denkt, es reicht, Bio-Gemüse anzubauen und mal zwei Wochen lang wie dieser, dieser Freak hier, die Klappe zu halten, und schon wird die Welt besser! Aber das wird sie nicht! Ihr habt nicht die geringste Ahnung, was da draußen abgeht!«

»Ach so – aber ihr habt Ahnung – ihr und euer Fantasie-Zorro!«

»Ja«, schrie Lucy, »weil wir da oben waren! Weil wir wissen, worum es geht! Weil wir sie gesehen haben!«

Lucy rannte hinaus und knallte die Tür zu.

Irene sah Tim kopfschüttelnd an. Er dachte, sie würde gleich wieder »Pubertät« sagen. Aber das tat sie nicht. Stattdessen fragte sie: »Was hat sie nur damit gemeint? Weil ihr was gesehen habt?«

»Na«, antwortete Tim, »die Erde.«

Annett und René kamen durch dieselbe Tür nach Ost-Marksdorf zurück, durch die sie das allererste Mal in den Westen gegangen waren. Ein Volkspolizist wollte sie schon kontrollieren, doch als er René sah, grüßte er nur freundlich, sagte etwas wie »So spät noch unterwegs?« und ging dann weiter.

Es war zwar wärmer geworden, doch es lag immer noch Schnee, der langsam schmolz, zu Schneematsch wurde und kleine Pfützen bildete. Dunkel war es, und die alten Straßenlaternen tauchten alles in ein schummriges Licht. Als sie an die Stelle kamen, wo sich die Straße gabelte und es rechts zu den Reinhardts und links zu Annetts Haus ging, sagte René nachdenklich:

»Annett, weißt du eigentlich, dass du jetzt die erste deutsche Frau im All bist?«

»Ich und Lucy.«

»Ja, aber du warst die Erste, Lucy ist nach dir durch die Tür gegangen. Und ich bin der zweite Mann aus der DDR, nach Siegmund Jähn. Und eigentlich müssten wir dafür den Karl-Marx-Orden bekommen, aber ich glaube, daraus wird wohl nichts.«

Annett lächelte, gab ihm einen Kuss auf die Wange.

»Du bist süß«, sagte sie, drehte sich um und ging.

Als René am Abendbrottisch saß, fragte ihn sein Vater, wie das Judo-Training gewesen sei.

»Gut«, sagte René.

»Und – was hast du danach gemacht?«

René zögerte. »Ich hab mit Annett Altstoffe gesammelt«,

sagte er schließlich, »schon mal vorab für den nächsten Pioniernachmittag.«

»Sehr gut«, lobte der Oberst, »Altstoffe kann man nie genug sammeln.«

René ging früh ins Bett, konnte aber nicht einschlafen. Es war bereits nach elf, da lag er immer noch wach in seinem Zimmer. Seine Mutter war schon längst im Bett, aber sein Vater nicht. Er hörte sein lautes Schnarchen aus dem Wohnzimmer nach oben dringen.

René starrte an die Decke. Schließlich fasste er einen Entschluss: Was auch immer passierte, sein Vater sollte nicht daran schuld sein, dass die Welt unterging.

Leise stand er auf, und ebenso leise schlich er hinunter ins Wohnzimmer.

Es war, wie er erwartet hatte: Sein Vater war in seinem Sessel vor dem Fernseher eingeschlafen. Seine Füße steckten in den golddurchwirkten Hausschuhen, die ihm der Grenzoffizier aus der Kasachischen Sowjetrepublik einst geschenkt hatte. Seine rechte Hand hing schlaff über der Lehne und sein Schnarchen war in unmittelbarer Nähe zu einem gewaltigen Dröhnen angewachsen. In der Hand hielt er seine Brille.

Sanft nahm René ihm die Brille ab und legte stattdessen seine neue – die Spezialbrille, dank der der Optiker Schotschke jetzt seinen Lebensabend auf Tau Ceti verbringen durfte – auf den kleinen Tisch neben dem Sessel.

Dann legte René seinem Vater die Hand auf die Schulter.

»Gute Nacht, Papa.«

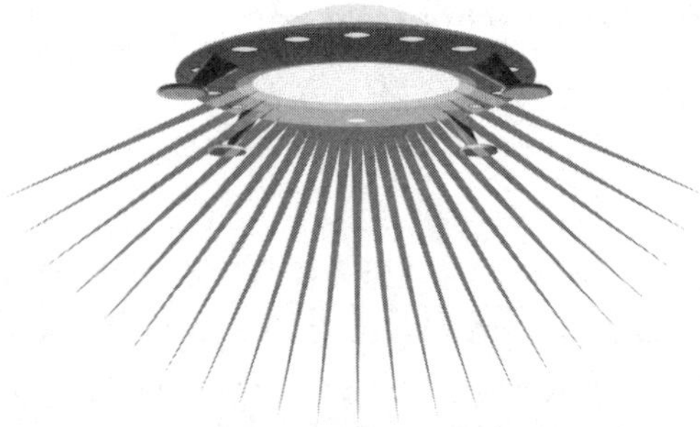

26. KAPITEL:

SIE SIND DA!

Wie erobert man einen fremden Planeten? Nun, man kann es auf die herkömmliche Tour machen: Man fliegt mit seiner Invasionsflotte in die Umlaufbahn der Welt, die man sich unter den Nagel reißen will, bombardiert die Oberfläche, bis die Verteidiger sturmreif geschossen sind, und dann wartet man auf die Kapitulation oder man setzt Landungsboote aus, stürzt durch die Atmosphäre wie ein Schwarm glühender Meteore – und geht zum Nahkampf über. Im Prinzip unterscheidet sich die Eroberung eines Planeten nicht wesentlich von der Eroberung einer eurer primitiven, mittelalterlichen »Burgen«.

Doch der Plan der Draconer war ein anderer. Sie wollten euch ja nicht erobern, sie wollten euch noch nicht einmal persönlich einfach so zum Spaß ausmerzen, wie es die bereits erwähnten Pontrax von Toliman mit ihrer berühmt-berüchtigten Planetenkanone bestimmt gerne täten.

Und sie wollten nicht auffallen. Mit dem, was sie vorhatten, verstießen sie gegen mindestens ein halbes Dutzend Richtlinien der Großen Galaktischen Kommission (GGK), mit der man sich besser nicht anlegte, wollte man sich nicht langjährige Verfahren und saftige Bußgeldzahlungen einhandeln.

Ein nicht sehr großes Schiff, ausgestattet mit modernster Tarnkappentechnologie, erreichte euren Orbit, und ein kleineres Schiff, dessen Hitzeschilde mit einem speziellen Kühlmaterial ausgestattet waren, sodass sie beim Eintritt in eure Atmosphäre keinen verräterischen Feuerschweif zeigten, koppelte wenig später von dem etwas größeren Schiff ab. Es war das Jahr 1989 und der einzige menschlichen Außenposten im All war die sowjetische Raumstation »Mir«, was »Frieden« heißt. Die Kosmonauten darin hatten nicht die geringste Ahnung, dass die draconische Landefähre in wenigen Hundert Metern Abstand an ihrer kleinen, zusammengebastelten Station vorbeiglitt. Nur dem Kommandanten Volkov fiel ein kurzes blasses Leuchten auf, als er vor einem Bullauge schwebte und die Wälder seiner Heimat betrachtete. »Was kann das gewesen sein?«, fragte er.

»Keine Ahnung«, sagte sein Bordingenieur Krikalyov, »vielleicht eine Reflexion der Sonnensegel.«

Volkov schaute wieder durch das Bullauge zur Erde.

»Wie schön sie ist«, sagte er.

Das draconische Schiff landete dort, wo mit Sicherheit niemand die Landung eines außerirdischen Flugobjekts erwartet hätte: Auf dem verlassenen Parkplatz des Möbelmarktes an der Kreisstraße im Nordwesten von West-Marksdorf, der im Jahr zuvor Pleite gegangen war. Unsichtbar für eure Augen und beinahe geräuschlos setzte das Landungsschiff auf, in dem Möbelmarkt zitterten ein paar eingestaubte, leere Schrankwände, die Bremsdüsen schmolzen etwas dreckigen Schnee, und wenig später fuhr wie aus dem Nichts (denn das Schiff hatte seine Tarnfunktion nicht abgeschaltet) eine kleine Treppe aus, auf der die ersten Draconer hinabstiegen, und feststellten, dass es auf der Erde doch um einiges kälter war, als sie erwartet hatten.

Ihr Auftrag war, euch davon zu überzeugen, einen Krieg zu beginnen. Hatte ich schon erwähnt, dass man die Erde in der Milchstraße auch den Lügenplaneten nennt? Ich glaube schon. Auf jeden Fall fiel es den Invasoren nicht schwer, auf eurem Planeten, der von Misstrauen, Gefallsucht und Zweifeln regiert wird, ein paar Lügen zu verbreiten. Lügen deren Ursprung niemand kannte, und die trotzdem ziemlich schnell von nicht wenigen für wahr gehalten wurden: Eben noch hatten sich der Osten und der Westen darauf geeinigt, einen Teil ihrer Waffen zu verschrotten, da tauchten in den Nachrichten Gerüchte auf: Waren die Raketen wirklich vernichtet worden? Oder wurden sie nur versteckt? Fotos von neuen Waffen wurden im Fernsehen gezeigt, Waffen, die noch nie ein Mensch zuvor gesehen hatte, und jede Seite beschuldigte die andere, im Geheimen an neuen Apparaten der Vernichtung zu forschen.

Die Draconer hatten Psycho-Projektoren dabei, Apparate, um in euren Geist einzudringen, damit ihr vergesst, wer ihr wart und wer ihr seid und wer ihr, vielleicht, einmal sein könnt. Kaum waren sie gelandet, begannen sie sie zu installieren, und für den entscheidenden Moment, für das Schakkalack vorzubereiten.

Ehrlich gesagt, standen eure Aktien also ziemlich schlecht. Wenigstens kreiste hoch über der Erde nicht nur die klapprige Mir. Sondern inzwischen auch – in einigem Abstand – ich. Das heißt – ich im Mutterschiff der Maschinisten. Und dessen Scanner hatte die Draconer natürlich längst entdeckt.

»Sie sind da«, schnarrte seine blecherne Herrlichkeit, König Morpheus der Erste, und ein Blick auf die Gravitationslupe genügte, um festzustellen, dass die Draconer ihren Weltraumschlitten vor dem bereits erwähnten Möbelhaus geparkt hatten.

»Tja, Morpheus, wer will dir da widersprechen? Du hast mal wieder recht. Eigentlich hast du ja immer recht. Was unsere kleine WG hier oben etwas langweilig macht. Aber kein Zweifel: Sie sind da«, sagte ich, ohne mich aus dem bequemen Sessel, in dem ich mich gerade fläzte, zu erheben. Ich hatte die Gestalt eines eurer Faultiere angenommen, und mich eigentlich auf die irdische Sportschau gefreut.

»Bist du bereit?«, fragte Morpheus mich.

»Seid bereit – immer bereit!«, rief ich.

Morpheus' rotes Auge fuhr etwas aus und nahm mich in den Fokus. »Was soll das bedeuten?«

»Ach nix«, seufzte ich. »Okay, sie sind da. Dann wird's wohl nichts mit einem freien Wochenende. Ich hatte ja gehofft, dass ein aus der Bahn getretener Asteroid ihr Schiff rechtzeitig pulverisiert ...«

»Die Wahrscheinlichkeit für solch ein Ereignis war nie höher als 0,0000136%.«

»Tja, ich hätte ja auch mal Glück haben können. Wie sagen die Menschen: die Hoffnung stirbt zuletzt.«

Morpheus rollte etwas näher heran, als ob er ungeduldig würde. Können die Maschinisten ungeduldig werden? Blechern schnarrte er:

»Glück ist kein Faktor. Hoffnung ist keine Strategie. Hast du einen Plan?«

»Ich dachte, den Plan habt ihr?«

»Dumme Witze führen nicht zum Ziel.«

»Wenigstens hast du erkannt, dass es ein dummer Witz war. Das ist ja schon mal ein Fortschritt. Aus dir kann noch was werden, Morpheus.«

Dass sie keinen Humor haben, wahrscheinlich noch nicht einmal wissen, was das ist, wusste ich ja. Aber können die Maschinisten auch verärgert sein? Vielleicht schon. Jedenfalls veränderte Morpheus nach meiner letzten dummen Bemerkung die Molekularstruktur des Sessels, sodass ich im nächsten Moment auf dem Boden in schleimigem Glibber saß.

»Okay, hab schon verstanden. Na, dann wollen wir mal. Wie sagte schon der erste Mensch im All vor dem Start: Auf geht's!«

Gerade wollte ich in der Gestalt Zorros durch die Tür verschwinden, da merkte ich, dass Morpheus mir gefolgt war. Ich drehte mich um.

»Ist noch was?«

»Du bist von nun an weitgehend auf dich gestellt, Zorro, auf dich und die Kinder. Vergiss das nicht. Wir haben vorbereitet, was vorzubereiten war. Jetzt dürfen wir uns nicht mehr einmischen.«

»Ja, keine Sorge, ich werde das Kind schon schaukeln.«

»Wieso willst du so etwas tun?«

»Das ist nur so eine irdische Redewendung.«

»Damit du es weißt: Dieser Auftrag ist anders als alle anderen Aufträge bisher.«

»Das hab ich auch schon gemerkt.«

»Es steht viel auf dem Spiel.«

»Na ja, für die da unten vielleicht.«

»Auch für mich, auch für die vielen, auch für dich.«

»Jo, schon verstanden...«

»Die Wahrscheinlichkeit, dass der Auftrag erfolgreich abgeschlossen wird, beträgt 49,99932%.«

Morpheus nannte mir diese Zahl wie immer ohne die geringste Regung in seiner blechernen Maschinenstimme. Dabei haute mich diese Nachricht aus den Socken.

»Wie? Moment mal – hast du gesagt 49 Komma soundsoviel Prozent? Das heißt weniger als 50?«

»Geringfügig weniger, ja.«

»Also dieser Planet da unten existiert in der nächsten Woche nur in weniger als der Hälfte aller Fälle? Hör mal zu, du altes Schraubenlager, so haben wir nicht gewettet!«

»Wir haben überhaupt nicht gewettet.«

»Natürlich nicht! Wetten, die ich in mehr als der Hälfte der Fälle verlieren könnte, schließe ich gar nicht erst ab! Bei den anderen Aufträgen war die Wahrscheinlichkeit für Erfolg immer über 80, manchmal über 90 Prozent!«

»Du musstest üben und lernen.«

»Das waren Übungsaufträge?«

»Gewissermaßen.«

»Und jetzt wird's ernst?«

»Ziemlich ernst.«

»Ich nehme an, ich kann nicht kurzfristig noch absagen?«

»Du kennst die Regel.«

Ja, ich kannte die Regel. Die Regel war sehr einfach: Wenn man einen Auftrag der Maschinisten verweigert, wird der Vertrag sofort fristlos gekündigt, und man wird von ihnen auf dem nächstbesten bewohnbaren Planeten ausgesetzt. Der war in meinem Fall eure Erde. Ich hatte also gar keine große Wahl.

»Mitgehangen, mitgefangen«, sagte ich.

»Ich schlussfolgere«, schnarrte Don Blech, »das war wieder so eine irdische Redewendung.«

»Brillante Schlussfolgerung!«, brummte ich, als sich die Tür öffnete, »noch mehr davon, und du kannst auf der Erde als Schachcomputer Karriere machen.«

Als ich in der Burg eintraf, waren die anderen schon da: Tim, Lucy, René und Annett saßen an dem großen Tisch, wie die Ritter der Tafelrunde. Sie schauten mich an – halb erwartungsfroh, halb ängstlich. Nun ja, was sollte ich sagen? Es gab ja nur eines zu sagen:

»Sie sind da!«

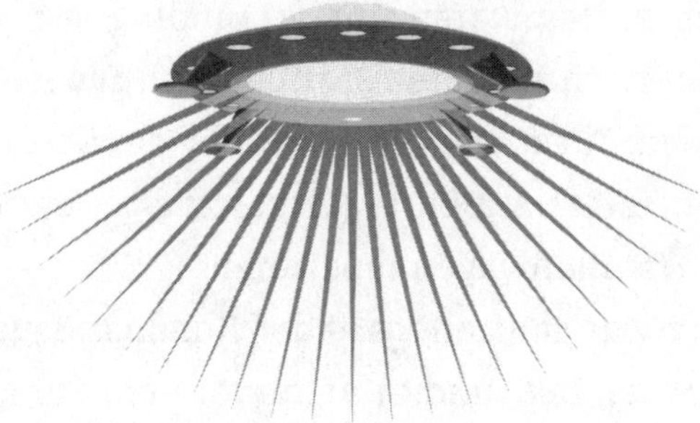

27. KAPITEL:

WACHTMEISTER MOSER

Der Kommandoturm von Renés Vater war früher einmal, als noch keine Mauer durch Marksdorf gegangen war, ein Wasserturm gewesen. Am Rande von Marksdorf auf einer Anhöhe gelegen, war er inzwischen Teil der Kaserne. Er überragte alle gewöhnlichen Wachtürme und erlaubte dem Oberst einen weiten Blick ins Land. Nachdem er eine Weile lang leer gestanden hatte, war er für die Zwecke der Grenztruppen aus- und umgebaut worden. Ganz oben befand sich ein großer, runder Beobachtungsraum, von dem aus der Oberst, wie er zuweilen scherzte, an einem klaren Tag sehen könne, ob sich die Amis auf ihrem Turm gegenüber morgens auch die Zähne geputzt hätten. Kurz vor dem Wochenende, am Freitagmittag, pflegte er dort noch zum Abschluss nach dem Rechten zu schauen, einen Lagebericht einzuholen, und – wenn es nichts Besonderes gab, das Kommando an sein »fleißiges Bienchen«, Major Binding, zu übergeben.

An diesem Mittag waren nur er, Binding, ein junger Leutnant und ein noch jüngerer Sprutz – ein neuer Rekrut – namens Müller im Turm. Den Unteroffizier, der dort üblicherweise Dienst tat, hatte der Oberst fortgeschickt – er musste einen kaputten Patrouillenwagen reparieren.

Der Sprutz war saufroh, dass der Kommandeur ihn Dienst im Turm machen ließ, und er nicht vor dem Fuhrpark in eisigem Wind Wache schieben musste.

Als der Oberst im Beobachtungsraum erschien, hielt sich Major Binding gerade ein Fernglas an die Augen.

»Genosse Oberst, es ist merkwürdig, aber ich habe den Eindruck, als ob auf der anderen Seite Truppenbewegungen stattfinden.«

Der Oberst nahm sich sein eigenes Fernglas – ein spezielles Fernglas, durch das er schauen konnte, ohne seine Brille abzunehmen – und suchte missmutig das Gelände jenseits der Mauer ab. Er war müde und abgespannt. Zu allem Übel drückte seine Brille, schon den ganzen Tag. Als ob sein Kopf gewachsen wäre oder die Brille geschrumpft! Er musste mal wieder zum Optiker, um sie sich anpassen zu lassen, aber dieser Schotschke meinte ja, jetzt, mitten im Winter, Urlaub machen zu müssen! Wo kann der nur hingefahren sein? So oder so – als er durch das Fernglas schaute, sah der Oberst nichts. Keine Truppenbewegungen, keine Panzer, nichts Ungewöhnliches. »Ich weiß nicht, was du da gesehen haben willst, aber da ist nichts.«

»Es ist schwer zu erkennen«, behauptete Binding, »aber ich bin mir doch ziemlich sicher, dass man am Waldrand getarnte Panzerwagen sehen kann.« Binding reichte sein Fernglas dem jungen Leutnant. Der sah den Oberst kurz und unsicher an. Dann schaute er durchs Glas. Auch er hatte Kopfschmerzen. Aber – wenn er genau hinschaute, dann glaubte auch er, dass da am Waldrand irgendwelche Fahrzeuge aufgereiht waren. Oder spielten ihm seine Augen einen Streich? Je länger er hinschaute, desto mehr war er sich sicher, dass da was war, und desto mehr wollte er gleichzeitig, dass da nichts war.

»Nun, Genosse Oberst, für mich sieht es auch so aus, als, na ja, als ob da irgendetwas ist.«

Der Oberst schaute wieder durch sein Glas. »Irgendetwas, soso ... Ich beobachte dieses Stück Grenze jetzt seit bald 25 Jahren, bei Wind und Wetter, ich kenne jeden Hügel, jeden Baum, jeden Strauch, mir entgeht selbst die kleinste Veränderung nicht. Und ich sage euch, Genossen: Da ist nichts. Gar nichts. Das ist das Spiel des Lichts in den Bäumen. Keine Panzer.«

»Aber, aber«, stammelte Binding, »ich bin mir sicher ...«

»Spruutz!«, rief der Oberst, »herkommen! Hier, nimm mein Glas – und dann sag uns, was du siehst!«

Sprutz Müller sah durch das Fernglas des Oberst, und auch er war sich ziemlich sicher, dass dort am Waldrand Fahrzeuge aufgereiht standen. Andererseits – manchmal spielten einem Licht und Schatten wirklich einen Streich, oder? Je länger er hinschaute, desto mehr glaubte er, dass es so war – eine optische Täuschung, hervorgerufen, durch Licht und Schatten. Abgesehen davon wusste er, was passieren würde, wenn er dem Kommandeur widersprach: Er würde aus dem warmen Turm fliegen und müsste wieder im Freien Wache schieben.

»Also ich sehe nichts, Genosse Oberst. Bis auf die Bäume natürlich.«

»Siehst du, Binding«, lachte der Oberst, »da muss erst ein Sprutz kommen, damit ihr merkt, dass ihr Tomaten auf den Augen habt! Schönes Wochenende, Genossen!«

Auf der anderen Seite der Grenze, im Horchposten der Amerikaner, wurde Spezialist Park, der das Kommando hatte, weil der Captain immer noch an schrecklichem Durchfall litt, aus dem warmen Abhörraum auf den zugigen Beobachungsposten gerufen.

Ein Soldat namens Miller erwartete ihn.

»Was gibt's?«, fragte ihn Park.

»Ich glaube, da braut sich was zusammen, Chef.«

Miller reichte ihm das Fernglas. »Da hinten am Waldrand. Sieht aus wie eine Panzerkolonne.«

Park schaute durch das Fernglas. Wenn man genau hinschaute, konnte man tatsächlich zwischen den Bäumen getarnte Kettenfahrzeuge erkennen.

»Vielleicht eine Übung«, meinte Park.

»Es ist keine angekündigt.«

»Vielleicht haben sie vergessen, es anzukündigen.«

»Sollen wir nicht das Hauptquartier benachrichtigen?«

»Besser noch nicht.« Park seufzte. »Ah, die frische Luft tut gut. Hab schon den ganzen Tag Kopfschmerzen.«

»Komisch«, erwiderte Miller, »ich auch. Muss am Wetter liegen.«

Park räusperte sich. Kommandant zu sein war ungewohnt

für ihn. »Okay, bleiben Sie wachsam, Miller, und melden Sie mir jede Veränderung.«

»Also gut«, sagte ich, »ihr müsst wachsam sein, aber das Wichtigste, das Aller-, Allerwichtigste ist, dass ihr auf gar keinen Fall einen Draconer angreift.«

Meine vier Gefährten starrten mich an.

»Und warum nicht?«, fragte Lucy.

»Weil sie möglicherweise nur darauf warten. Dann dürfen sie sich nämlich nach ihren und den galaktischen Gesetzen selbst verteidigen. Und die haben leider Strahlenkanonen.«

»Moment mal – die greifen doch uns an!«

»Nicht direkt. Sie wollen uns ja nur so weit bringen, dass wir uns selbst angreifen.«

»Das verstehe einer.«

»Egal, ob ihr das versteht oder nicht, haltet euch daran.«

»Und nun?«

»Jetzt geht's los.«

»Was heißt das?«

»Wir müssen diese Psycho-Projektoren zerstören. Wahrscheinlich haben sie mehrere in der Umgebung verteilt, beziehungsweise tragen sie am Körper und geben sich als Menschen aus. Doch weil die Reichweite nicht hoch ist, werden sie einen großen, der gleichzeitig Verstärker für die kleinen ist, irgendwo versteckt haben. Um die ganze Gegend um die Grenze herum zu bestrahlen. Den müssen wir finden, das ist das Entscheidende. Die roten Dreiecke auf den Uhren zeigen in die Richtung der Projektoren, je heller sie leuchten, desto näher oder stärker ist die Quelle. Gelingt es uns, den Hauptprojektor auszuschalten, hat der Spuk schnell ein Ende. Hat jeder seine Ausrüstung, die Fernbedienungen? Die Brillen? Habt ihr diesmal an Taschenlampen gedacht? So was wie in Schotschkes Keller sollte uns nicht noch mal passieren.«

Ich sah in die Runde. Alle wühlten in ihren Taschen und Rucksäcken. René wich meinem Blick aus. Herrjeh!, dachte ich. Was war mit dem schon wieder los? Als ich ihn mir näher im schwachen Licht des Rittersaals anschaute (wir hatten die Vorhänge dicht zugezogen und es gewagt, ein paar Lampen anzumachen), wurde mir plötzlich klar, was mit ihm los war. »René?«

»Ja?« Er suchte in seinem Rucksack herum, als könnte er dadurch unsichtbar werden.

»Suchst du vielleicht deine Brille?«

René lachte gequält. »Nein, wieso denn? Hab ich doch auf der Nase.«

»Ich meine die Spezialbrille.«

»Ja, genau, die hab ich auf meiner Nase, wieso?«

»Hör auf René, wir wissen beide, dass das deine richtige Brille ist.«

Alle schaute zu René und René schaute hilflos zu mir.

»Die Spezialbrille rutschte mir andauernd runter.«

»Was hast du damit gemacht?«

Er ließ die Schultern hängen. »Hab sie meinem Vater gegeben.«

»Du hast was?« Lucy war außer sich. »Geht's dir noch gut?«

»Das verstehst du nicht.«

»Und was hast du ihm erzählt? ›Hallo Papa, ich hab hier so eine komische Brille, mit der wollte ich eigentlich den Dritten Weltkrieg verhindern, den hier so ein paar Außerirdische anzetteln wollen, aber sie rutscht ein wenig, und deshalb lass ich's besser sein‹? Weil dir die Brille nicht gepasst hat, gefährdest du die GANZE WELT?«

»Er hat gar nicht gemerkt, dass ich die Brillen ausgetauscht habe. Ich will einfach nicht, dass mein Vater dran schuld ist, wenn es Krieg gibt. Das ist alles. Außerdem sind wir doch sowieso nicht so anfällig für diese Strahlen.«

»Nur solange ihr den Verstärkern nicht zu nahe kommt«, warf ich ein.

Annett schüttelte den Kopf. »Das kann ja heiter werden.«

»Gibt's nicht noch was anderes, was diese Psychodinger blockiert?« René sah mich erwartungsvoll an.

Ich deutete auf die alten Ritterrüstungen: »Du kannst dir von den Blechkameraden hier noch mal ein Kettenhemd und einen Helm borgen, René.«

Ich sah auf die Anzeige meiner »Uhr«.

Waren meine Gefährten, in dem Moment als wir uns trafen, noch aufgeregt gewesen, so schienen sie mir jetzt merkwürdig still zu sein.

»Wie geht's jetzt weiter?«, fragte Tim.

»Der erste Schritt ist klar, aber danach sind wir auf uns allein gestellt und müssen den Weg selbst finden.«

»Und was ist der erste Schritt?«, fragte Lucy.

»Wie besuchen den Landeplatz der Draconer.«

Wir gingen durch die Tür mit der Aufschrift »Museumsshop« – und schon im nächsten Augenblick standen wir auf einem riesigen Flachdach.

Es hatte angefangen zu schneien. Große weiße Flocken fielen aus dem grauen, düsteren Himmel auf uns herab.

»Wo sind wir hier? Und wo sind die Draconer?« Auch Lucy wusste im ersten Moment nicht, wo wir uns befanden. Wenn man zum ersten Mal auf dem Dach eines Gebäudes steht, das man sonst nur von unten oder von innen kennt, ist das auch nichts Ungewöhnliches. Ich schaute mich um. Nicht weit entfernt sah ich die Straße und den Berg, auf dem sich der Horchposten der Amerikaner befand.

»Psst«, sagte ich, »seid leise! Und versucht, an nichts Aufregendes zu denken!«

»Wieso das denn? Und was meinst du mit ›Aufregendes‹?«

»Die Draconer können starke Gefühle – Angst, Aufregung, Freude, Hass über kurze Distanzen spüren. Sie wüssten dann, dass noch jemand außer ihnen hier ist.«

»Okay, woran sollen wir denken?«

»Das müsst ihr Erdlinge doch selbst am besten wissen! An was möglichst Langweiliges halt. Zimmer aufräumen, Hausaufgaben, Zähneputzen, so was eben! Und jetzt still!«

Ich hockte mich hin, lauschte und winkte dann, dass die anderen mir folgen sollten. Im Entengang watschelten wir durch den Neuschnee, bis zum Rand des Daches. René stolperte mehrfach, durch den Helm konnte er schlecht sehen, und wir hatten Glück, dass Schnee lag, der die Geräusche abdämpfte. Vom Rand des Dachs sahen wir hinunter.

»Ich weiß jetzt, wo wir sind!«, flüsterte Tim. »Wir sind auf dem Dach von dem Möbelmarkt, der zugemacht hat. Und das da unten ist der Parkplatz!«

»Nicht so laut!«

»Wieso, hier ist doch niemand.«

»Das denkst du! Siehst du da unten die dunklen, runden Flecken im Schnee?«

»Ja!«

»Die kommen von ihren Landetriebwerken.«

»Du meinst, die Draconer waren schon da?«

»Nein – sie sind schon da. Hört gut zu: Was immer auch als Nächstes passiert, wie ungewöhnlich es auch sein mag – ihr müsst euch beherrschen! Denkt an was Langweiliges, denkt an den langweiligsten Augenblick eures Lebens.«

»So einen Rat hat mir noch nie jemand gegeben«, hallte es aus dem Ritterhelm.

»Komm schon, René«, flüsterte Lucy, »das kann dir nun wirklich nicht schwerfallen. Höchstens die Wahl, was denn nun das Alleralleroberlangsweiligste gewesen ist.«

»Ruhe, verdammt noch mal!«

Alle fünf schauten wir auf den Parkplatz hinunter. Er war leer, bis auf ein Autowrack, das jemand verbotenerweise in der äußersten Ecke abgestellt hatte und das jetzt friedlich vor sich hin rostete. Auch mir kamen Zweifel – waren wir vielleicht schon zu spät?

Doch dann öffnete sich etwas unterhalb von uns, auf halber Höhe über dem Parkplatz, eine Tür. Es sah aus, als würde sie frei in der Luft schweben, aber das tat sie natürlich nicht.

»Was ist das?«, fragte auch Annett erstaunt.

»Das sind die Draconer. Sie haben ihr Schiff getarnt. Es ist praktisch unsichtbar.«

Eine Treppe, die aussah, als würde sie aus schwarzem Glas bestehen, fuhr Stufe um Stufe aus und erreichte schließlich lautlos den von Schnee bedeckten Asphalt. In der Tür erschien eine graue Gestalt, tat einen Schritt auf die erste Stufe und schaute sich um.

Die vier hielten die Luft an, und ich glaube, jeder von ihnen versuchte, sich an etwas Langweiliges zu erinnern. Keine einfache Sache, wenn man bedenkt, dass sie – mich nicht mitgezählt – noch nie einen Außerirdischen gesehen hatten. Der Anblick des ersten Aliens im Leben kann einen ganz schön aus den Socken hauen. Aber – irgendwann ist halt immer das erste Mal. Also mein Tipp: gewöhnt euch dran! Gewöhnt euch dran, dass ihr nicht allein im Universum seid!

Der Draconer trug einen silbrigen Anzug und einen Gürtel, an dem eine kleine Kugel befestigt war – sein persönlicher Psycho-Projektor. Er war nicht sehr groß, tatsächlich gerade so groß wie ein zehnjähriges Kind, und er sah menschenähnlich aus, hatte zwei Beine und zwei Arme, aber der relativ zum Körper große Kopf war oval, wie in die Länge gezogen, die Haut war grau, die Nase winzig klein, ebenso wie die Ohren, und die Augen groß, ohne Weiß und dunkel. Er schien zu blinzeln, als ob das Licht ihn blendete, und zog sich einen breiten, länglichen Bügel übers Gesicht, der die Augen mit einer dunklen Fläche bedeckte und einer Brille ähnelte.

»Selbst die Wintersonne blendet sie. Ihr Stern ist nicht so

nah wie eurer, sie sind die Helligkeit hier nicht gewohnt, dafür fühlen sie umso besser.«

Kaum hatte ich das gesagt, hielt der Draconer, der begonnen hatte, die Treppe hinunterzugehen, inne und schaute sich wieder um. Er sah in unsere Richtung, doch er schien uns nicht bemerkt zu haben. Er stieg weiter hinab, und als er unten angekommen war, drehte er sich um. Es sah so aus, als würde er jemandem etwas zurufen, aber er war vollkommen still. In der Luke des immer noch unsichtbaren Raumschiffs erschienen jetzt zwei weitere Draconer und gingen die Treppe hinunter. Sie sahen genauso aus wie der erste, nur trugen sie keine silbrigen, sondern dunkelgraue Anzüge. Schließlich standen alle drei am Fuße der Treppe. Sie schienen miteinander zu diskutieren, doch es war eine lautlose, stumme Diskussion. Einer hatte etwas in der Hand – eine Kugel, wie jene, die sie am Gürtel trugen, nur viel größer. Mit dieser Kugel ging er auf das Gebäude des ehemaligen Möbelmarktes zu. Die anderen zwei standen weiter am Fuß der Treppe. Sie warteten. Aus der Richtung des Waldes und des Berges mit dem Beobachtungsposten kommend, tauchten plötzlich zwei weitere von ihnen im grauen Overall und mit ihren Sonnenbrillen auf dem Parkplatz auf, und marschierten zielstrebig zu den anderen an der Treppe. Es sah so aus, als ob sie dem im silbrigen Anzug Bericht erstatteten, bevor sie die Stufen hinaufgingen und im unsichtbaren Raumschiff verschwanden.

Auf der Straße, die am Möbelmarkt vorbeiführte, war die ganze Zeit über nicht ein einziges Auto gefahren, doch im nächsten Moment bog ein blauer Kombi auf den Parkplatz ein, hielt zwei Meter vor den beiden Außerirdischen und ein dicker, älterer Mann in einer blauen Uniform stieg aus.

»Ach, du schöne Scheiße«, flüsterte Lucy, »Wachtmeister Moser!«

»Wer soll das sein?«, fragte ich leise.

»Der war früher Polizist beim Bundesgrenzschutz. Hat alles und jeden kontrolliert, überall Terroristen und kommunistische Spione gesehen. Der hat meine Mutter hinter ihrem Rücken ›Haschtussi‹ genannt, und sogar unser Auto mal unter einem Vorwand angehalten, um uns zu filzen – und wir zwei saßen hinten drin, und haben uns vor Angst in die Hosen gemacht, dachten, er würde uns einsperren. Nach seiner Pensionierung hat er dann angefangen, am Wochenende für einen Wachdienst zu arbeiten, hat was von seiner kleinen Rente erzählt, aber in Wahrheit will er einfach nur weiter kontrollieren. Na, der wird sich jetzt aber wundern. Kann ihn schon hören: Was fällt Ihnen ein, mit Ihrem Raumschiff ohne Erlaubnis auf meinem Parkplatz zu landen!«

Die anderen mussten sich ein Lachen verkneifen. Ich flüsterte: »Das glaub ich kaum. Er sieht nicht das, was wir sehen.«

Moser hatte sich vor den beiden Außerirdischen aufgebaut, und wollte wohl schon lospoltern, ließ es dann aber bleiben. Die beiden Draconer gingen etwas von der Treppe weg (vielleicht weil sie Angst hatten, Moser könnte über die unterste Stufe stolpern), und der Wachmann folgte ihnen. So näherten sich die drei dem Möbelmarkt und damit auch unserem Versteck. Ich konnte nur hoffen, dass die Draconer so mit diesem Moser beschäftigt waren, dass sie uns nicht bemerkten.

»Nun«, hörten wir ihn laut sagen, »ich bitte vielmals um Entschuldigung, Herr Direktor, aber ich wurde nicht darüber informiert, dass Sie heute kommen würden.«

Es folgte eine Pause, in der die Draconer schwiegen wie bisher, dann sagte Moser: »Natürlich, da haben Sie vollkommen recht. Aber uns von der Wachfirma sagt man halt immer zuletzt, oder überhaupt nicht Bescheid! Es ist eine Schande! Was, wenn ich fragen darf, haben denn Sie und die neuen Investoren mit dem Objekt vor?« Wieder kam eine Pause.

»Puh, ist das gruselig«, sagte Tim leise.

»Euer Moser glaubt«, erklärte ich, »dass er sich mit realen Menschen unterhält, dabei schicken ihm die Draconer einfach nur Gedanken in den Kopf.«

»Ein Musical-Theater!«, rief Moser. »Ja, das ist ja mal was Feines! Hier gibt es ja sonst kaum Kultur. Zonenrandgebiet, Sie verstehen! An der Mauer von Marksdorf ist die Welt zu Ende, Sie verstehen! Und wann soll's losgehen?« Pause. »So bald schon! Ich bin der Erste, der davon erfährt? ... Keine Sorge, Herr Direktor. Ich werde schweigen, schweigen wie ein Grab! ... Eine Frage noch – was passiert mit dem, also mit den Sachen, die immer noch im Möbelmarkt sind? ... Räumungsverkauf, sagen Sie? ... Knallerpreise? ... Ich bräuchte ja mal eine neue Schrankwand ... Schrankwände fast zum Nulltarif? ... Sie sagen mir rechtzeitig Bescheid? Ich weiß gar nicht, wie ich Ihnen danken soll, Herr Direktor!«

Der Draconer, der im Möbelmarkt verschwunden war, kam zurück – ohne die Kugel. »Sie können ruhig offen lassen«, rief Moser, »ich muss sowieso gleich meine Runde machen!« Moser wandte sich dem Draconer im silbernen Anzug zu. »Ja, natürlich, wenn Sie meinen, kann ich die Runde auch ausfallen lassen. Ihr Kollege hat schon nach dem Rechten geschaut? Na, wenn das so ist ... verstehe. Dann wünsche ich Ihnen allen noch einen schönen Tag!«

Die Draconer gingen die Treppe hinauf, die Stufen fuhren wieder ein, die Luke schloss sich, sodass nichts mehr von dem Raumschiff zu sehen war. Gleich darauf spürten wir eine heftige Windböe. Währenddessen winkte Moser einem Auto hinterher, das es gar nicht gab.

Ich schaute in den Himmel.

»Was ist?«, fragte Lucy.

»Sie sind gestartet. Hoffentlich haben sie uns im letzten Augenblick nicht doch noch entdeckt!«

»Du meinst«, fragte Lucy ungläubig, »die Draconer sind weg? Einfach so?«

»Zumindest sind sie nicht mehr hier. Vielleicht sind sie noch woanders hingeflogen. Sich ein letztes Mal ein paar irdische Sehenswürdigkeiten anschauen, den Eiffelturm in Paris, den Buckingham Palast in London, die Berliner Mauer – das alles gibt's ja bald nicht mehr. Oder sie sind schon im Orbit, sitzen in ihrem Mutterschiff in den Sesseln, neben sich ein paar Dosen caraianisches Bier oder diese leckeren Ohren-Chips von Nekkar – und freuen sich auf die Show? Wer weiß.«

»Ohren-Chips?«, erkundigte sich René unter dem Helm.

»Ja«, antwortete ich, »auf Nekkar gibt es so Tiere, die ähneln ein wenig euren Hausschweinen. Schneidet man ihnen die Ohren ab, macht das nichts, denn die wachsen immer wieder nach. Die Nekkarer halten diese Tiere in riesigen Herden, viermal im Jahr werden die Ohren abgeschnitten und in die ganze Galaxie verkauft. Sind in Öl frittiert ein beliebter Snack.«

»Igitt!«

»Leise!« Annett hob die Hand.

Unter uns fluchte Moser vor sich hin: »Diese Bonzen! Kreuzen hier in ihrem dicken Schlitten auf und bringen einen ehrlichen Mann um seine wohlverdiente Pause! Saubande, elende! Jetzt hab ich nur noch zehn Minuten!« Mit diesem Worten ging er zu seinem Auto, kehrte aber sofort wieder mit einer Brotbüchse und einer Thermoskanne zurück. Wir beugten uns über die Brüstung: Moser schloss eine Tür auf, verschwand im Möbelmarkt, ließ die Tür aber nur angelehnt.

»Was nun?«

»Schaut auf eure Uhren!«

»Da sind eine Menge roter Dreiecke!«, rief Tim. »Die meisten zeigen Richtung Wald, zum Horchposten der Amerikaner, aber das hellste ... das hellste rote Dreiecke zeigt ...« Er drehte seinen Arm mit der Uhr – »es zeigt unter uns.«

»Die Kugel, die der Draconer in den Möbelmarkt gebracht hat!«, sagte ich. »Tim und Annett – ihr kommt mit mir. Wir müssen den Amerikanern einen Besuch abstatten. René und Lucy – ihr beide schleicht euch hinter Moser in den Möbelmarkt. Versteckt euch, bis er wieder verschwunden ist. Dann sucht ihr nach der Kugel. Wenn ihr sie findet, zerstört sie! Wenn ihr sie nicht zerstören könnt, wartet auf uns! Aber passt auf, es könnte sein, dass man euch – wie sagt man? – Steine in den Weg legt. Oder wirft.«

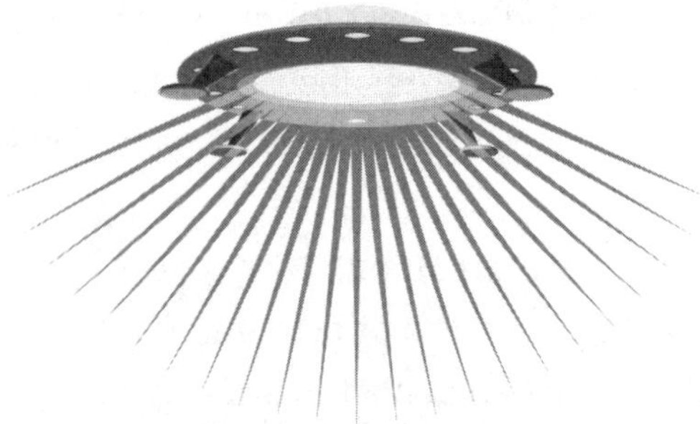

28. KAPITEL:

KUGELN UND BÄLLE

Moser hatte es sich in einer Polsterecke auf einem Sofa namens »Toledo« bequem gemacht und vertilgte ein großes Fleischkäsebrötchen, das ihm Reiners Mutter in der Metzgerei mit viel Liebe und noch mehr Senf am Morgen zubereitet hatte. Mit den zehn Minuten, die er angeblich nur hatte, nahm er es nicht so genau, und kaute lange und genüsslich auf dem Brötchen herum. Dabei las er in einer Zeitschrift. Er kippte eine große Tasse Tee hinterher und abschließend rülpste er laut und ausgiebig, dass die Trennwände zwischen den einzelnen Abteilungen im Möbelhaus wackelten.

Lucy und René hatten sich ein »Zimmer« weiter hinter dem Sofa Modell »Modena« versteckt. René hatte den Helm abgenommen und sagte leise:

»Mein Gott, ich hoffe dieser Kerl rülpst nur!«

»Es ist immer wieder eigenartig, wie sich euresgleichen verhält, wenn ihr euch unbeobachtet fühlt«, flüsterte Lucy.

»Wen meinst du mit euresgleichen?«

»Männer.«

René schüttelte den Kopf. »Wenn er jetzt Frau Moser wäre, würde er – ich meine sie – das wahrscheinlich auch tun.«

Moser bekam von dieser kleinen Diskussion nichts mit. Missmutig stand er auf, fluchte noch einmal: »Saubande!«, bevor er an einer großen Schalterkonsole an der Wand das Licht löschte und den Möbelmarkt durch dieselbe Tür verließ, durch den er ihn betreten hatte.

Lucy und René hörten, wie er abschloss, dann seine Schritte auf der kurzen Metallgittertreppe runter zum Parkplatz, und schließlich das Motorengeräusch, als er mit seinem Auto davonfuhr.

Sie standen auf. René suchte die Konsole für das Licht, und als er sie gefunden hatte, legte er alle Schalter um. Sofort gingen in der Halle nacheinander jeweils mit lautem Klacken die Deckenlampen an. Die beiden schauten sich um. Sie waren durch den Seiteneingang offenbar in der Wohnzimmerabteilung gelandet. Überall lag eine feine Staubschicht auf den Couchtischen, Sesseln, Sofas und Regalen, an manchen Stellen war ein »Zimmer« halb ab- oder aufgebaut, ein paar Sonderangebots- und »Alles-muss-raus«-Schilder klebten an der ein oder anderen Kommode, aber im Großen und Ganzen sah es immer noch so aus wie am letzten Tag, den der Möbelmarkt offen gehabt hatte.

»So ein riesiges Möbelhaus habe ich noch nie gesehen. Aber warum ist es geschlossen?«

»Die Firma ist pleitegegangen«, erklärte Lucy achselzuckend, »zu viele Schulden und zu wenig Kunden, hat Gerd gesagt. Das Zeug steht immer noch hier, weil die Banken sich nicht einigen können, was damit passieren soll.«

»Also bei uns gehen Geschäfte nicht einfach pleite. Und die Möbel hier sind doch noch gut! Die wären bei uns schneller verkauft, als du ›piep‹ sagen könntest.«

»Na ja, ich würd mir diesen Spießerkram nicht ins Zimmer stellen. Du vielleicht? Egal, wir müssen dieses komische Psychodings finden!« Sie schaute auf ihre Uhr. »Wenn ich das richtig sehe, müssen wir einmal quer durch die ganze Halle.«

»Nur geht das nicht so leicht«, meinte René, »das ist hier ja das reinste Labyrinth.«

»Da vorne ist ein Wegweiser oder so was.«

Vor einem sommerlich eingerichteten Wintergarten stand eine Schautafel mit einem Plan des Marktes.

»Okay, wir sind in der Abteilung ›Wohnzimmer‹ und müssen durch ›Schränke und Regale‹ vorbei an ›Schlafzimmer‹, ›Teppiche und Bodenbeläge‹ und ›Bad und Küche‹ zu den Lampen«, sagte Lucy.

René drehte sich um. »Und warum gehen wir nicht hintenrum?«

»Weil das auch nicht schneller ist, da schau doch: Da müssen wir erst den ganzen Weg zurück, und noch am ›Kinderparadies‹ vorbei. Und dann kommt noch das Restaurant, und das ist wahrscheinlich abgeschlossen.«

Am Ende des Weges, der sich zu ihnen durch die Kinder- und Wohnzimmerabteilung schlängelte, fiel René jetzt ein riesiges

Becken mit bunten Plastikbällen darin auf. Am Rand standen kleine Tische, Stühle und Sonnenschirme.

»Was ist das denn dahinten?«

»Das Bällebad vom Kinderparadies. Dort werden die lieben Kleinen abgegeben, und in dem Bällebad können sie sich dann um die kostenlosen Süßigkeiten balgen, sich gegenseitig anspucken, kneifen, treten, schreien und die Bälle mit Karacho anderen Kindern ins Gesicht werfen, während sich ihre lieben Eltern hier in der Wohnzimmerabteilung in aller Ruhe darüber streiten, ob sie nun das beige hässliche oder doch lieber das grüne hässliche Sofa kaufen.«

»Klingt so, als hättest du das schon mal erlebt.«

»Mehr als einmal.«

Sie gingen weiter. Merkwürdigerweise standen vor ihnen zwei Sofas im Weg, als hätte sie jemand da hingeschoben und dann vergessen. Plötzlich hörten sie ein Knacken und ein Rauschen, dann spielte Musik – in der ganzen Halle waren die Lautsprecher angegangen.

»Hast du das angeschaltet?«

»Nein, wie denn?«

»Heute sind alle Aufbewahrungsmöbel um 30 Prozent reduziert«, unterbrach eine Männerstimme die Musik aus den Lautsprechern, »30 Prozent auf alle Schränke, Kommoden, Regalsysteme und Sideboards, schlagen Sie zu!«

Sie hatten die Abteilung »Schränke und Regale« erreicht, als es passierte.

Es geschah so schnell, dass sie kaum Zeit hatten, sich darüber zu wundern:

Zunächst gingen die Türen aller Schränke, Regalwände und Vitrinen gleichzeitig auf.

»30 Prozent!«, rief es aus den Lautsprechern, »schlagen Sie zu!« Dann schlossen sich alle Schranktüren wieder gleichzeitig mit einem ohrenbetäubenden Knall. »Schlagen Sie zu, hahaha!«

»Vorsicht, René!«, rief Lucy, und stürzte auf ihn zu. Im letzten Moment stieß sie ihn zur Seite. Dann fielen zwei Schrankwände um und zerbarsten krachend an der Stelle, an der sie beide eben noch gestanden hatten.

Lucy betrachtete die geborstenen Türen, Spanplattenwänden und Regalböden vor sich.

»Schakkalack! Hätte nicht gedacht, dass das mit dem Klötzchen anschubsen so wörtlich gemeint ist!«

René hielt sich den Kopf.

»Bist du verletzt?«, fragt Lucy.

»Nein, es ist nur – mein Kopf tut weh, und ich höre die ganze Zeit diese Stimme im Kopf, die wir auch im Lautsprecher hören.«

»Was sagt sie?«

»Nicht so wichtig.«

»Du setzt besser deinen Helm wieder auf!«

René hob den schweren Helm auf seinen Kopf.

»Hahaha!«, lachte die Stimme. »Und das war noch nicht das letzte Knallerangebot!«

»Zieh dich warm an, Möbelmann«, brummte René, »jetzt kommt Zardoz vom Titan!« Entschlossen stapfte er Richtung Bettenabteilung.

Im Horchposten der Amerikaner wurde Spezialist Park unterdessen ein weiteres Mal auf den kalten, zugigen Turm gerufen.

Obwohl der natürlich nichts dafür konnte, blaffte Park den Soldaten auf dem Turm verärgert an: »Was gibt's schon wieder, Miller?«

Miller reichte ihm das Fernglas. »Sehen Sie selbst. Ich sag's Ihnen lieber vorher – ziemlich seltsam, was Sie da gleich sehen werden, Sir, sehr, sehr seltsam.«

Park hob das Glas an die Augen.

Die aufgereihten Panzerwagen waren immer noch da. Nur waren sie jetzt, obwohl es dämmerte, viel besser zu sehen. Das lag daran, weil sie gelb waren.

»Warum sind die plötzlich gelb?«, murmelte Park.

»Fragen Sie das mich? Sie sind der Spezialist, ich habe keine Ahnung. Ich weiß nur eins«, sagte Miller, »Gelb ist keine Tarnfarbe.«

Im Wald hatten Annett, Tim und ich alle Hände voll zu tun. Die Draconer hatten den Wald um den Beobachtungsposten mit ihren kleinen golden schimmernden Kugeln ausstaffiert wie einen eurer irdischen Weihnachtsbäume. Sie waren allerdings nicht immer einfach zu finden. Während Tim die Übertragung störte, suchten Annett und ich. Der Erste hatte noch wie achtlos weggeworfen in einem Busch gelegen, und ein kurzer Blitz aus der Fernbedienung zerstörte ihn. Doch schon der nächste war eine Herausforderung. »Hier müsste er eigentlich sein«, sagte Annett.

Wir standen am Fuß einer hohen Kiefer, aber da war nichts. Annett legte den Kopf in den Nacken. Der Psycho-Projektor schimmerte golden in den Strahlen der Nachmittagssonne hoch oben im Wipfel der Kiefer, eindeutig außerhalb der Reichweite der Fernbedienungen. Christbaumkugeln! Ich sag's ja.

»Wie haben die den da rauf bekommen?«, fragte Annett. »Können die fliegen, die Draconer?«

»Nein. Das ist simple Gravitationsmanipulation. Objekte schweben lassen mithilfe eines Antigravos. Hatte ich euch ja schon von erzählt.«

»Dumm, dass wir nicht so ein Ding haben.«

»Ich könnte raufklettern«, bot Tim an. »Ich will auch mal was machen. Ich fühl mich so nutzlos.«

»Du bist nicht nutzlos«, sagte Annett, »aber ich fürchte, bis einer von uns auf dem Baum ist, ist es stockduster und die Mission ist längst gescheitert.«

»Alles muss man selbst machen«, seufzte ich.

Blitzschnell hatte ich mich in ein Eichhörnchen verwandelt und ebenso blitzschnell war ich auf dem Baum, kletterte schnurstracks hinauf – wenn es bei euch einen Kletter-den-Baum-rauf-Wettbewerb gegeben hätte, hätte ich ihn bestimmt gewonnen! Es machte mir sogar Spaß, so schnell und behände durch das Geäst zu sausen.

Es dauerte nicht lange, da hatte ich den äußersten Ast erreicht, auf dem diese draconischen Spaßvögel ihre kleine Überraschung platziert hatten. Ein Schubser mit meinem kleinen Händchen, und die Kugel fiel hinab zu meinen Gefährten und landete vor ihren Füßen. Sie mussten sie nur noch mit den Fernbedienungen zerstören. Aber das taten sie nicht. Stattdessen winkten sie mir zu. Ich winkte mit meinem Händchen zurück. Ja, dachte ich, sehr lustig, so ein bisschen Winke-winke, aber jetzt wär's echt mal schön, wenn ihr dem Ding da vor euren Füßen eine ordentliche Ladung elektrischen Stroms verpasst. Doch sie wedelten weiter mit ihren Händen und riefen etwas, das ich nicht verstand. Ich stellte mich auf meine Hinterbeine und winkte jetzt mit beiden Händchen, aber das schien sie nur noch zu ermuntern, noch wilder zu gestikulieren.

Gerade wollte ich wieder so schnell wie möglich den Baum hinablaufen, als es dunkel wurde. Eben noch hatten Sonnenstrahlen in den immergrünen Ästen der Kiefer geflimmert, jetzt war ein Schatten auf mich gefallen. Eine Wolke? Ich drehte mich um. Und in jenem Augenblick fiel mir wieder die wichtigste Frage ein, die man sich auf fremden Planeten vor einer Verwandlung stellen muss:

Wer ist dein Fressfeind?

Mein Fressfeind war in jenem Augenblick ein Habicht, der mich zu seinem Abendessen auserkoren hatte. Es war zu spät, den Baum hinunterzurennen – der Raubvogel würde mich so oder so erwischen! Ich blickte in die Tiefe: 25 Meter, grob geschätzt. Konnte ein Eichhörnchen einen Sturz aus dieser Höhe überleben? Wahrscheinlich nicht. Aber ich hatte keine andere Wahl – ich ließ mich fallen.

Was geht einem Eichhörnchen durch den Kopf, wenn sein letztes Stündlein geschlagen hat? Zieht, so der Aberglaube, dann noch einmal sein ganzes Leben an ihm vorbei? Welcher Baum wann bestiegen wurde, welche Nuss es in welchem Winter gesammelt und wo es sie versteckt hatte? Keine Ahnung. Mich beschäftige allein die Frage, wie ich einem Aufschlag auf dem Boden entgehen konnte.

Ich fiel. Und fiel und fiel. Und der Habicht jagte im Sturzflug hinter mir her.

Was konnte mein Ende jetzt noch aufhalten?

Nach siebeneinhalb Metern hatte ich einen Entschluss gefasst und nach zehn Metern verwandelte ich mich, winkelte meine Arme an, spannte meine Gleitmembran von den Ellenbogen bis zu meinen Fersen, fing den Sturz ab, steuerte mithilfe meines langen Schwanzes, und glitt schließlich im Segelflug auf den rettenden Ast eines nächstens Baumes, eineinhalb Meter über dem Waldboden, direkt vor meinen verdatterten Freunden. Den Habicht hatte meine Verwandlung so verwirrt, dass er abgedreht war, jetzt wieder hoch über uns ziellos über den Wipfeln kreiste, und sich fragte, was ihm da im letzten Augenblick durch die Lappen, beziehungsweise Krallen gegangen war – er hätte schwören können, dass es ein Eichhörnchen gewesen war, aber seit wann können Eichhörnchen fliegen?

»Bist das du, Zorro?« Annett sah zu mir hinauf.

»Jo.«

»Und … was bist du?«

»Ein Australischer Riesengleitbeutler. Was Besseres fiel mir auf die Schnelle nicht ein.«

»Was machen wir jetzt?«

Ich schlang meinen Schwanz um den Ast und ließ mich träge auf den Boden sinken.

»Wir machen weiter.«

Lucy und René hatten die Bettenabteilung erreicht, als sie ein komisches Sausen in der Luft wahrnahmen. Gleichzeitig meldete sich der Kaufhauslautsprecher:

»Der kleine ... möchte aus dem Kinderparadies abgeholt werden ... ich wiederhole: Der kleine ... möchte aus dem Kinderparadies abgeholt werden ... Der kleine ... möchte aus dem Kinderparadies abgeholt werden ...«

René nahm den Helm ab und stöhnte: »Die machen mich wahnsinnig, kann man das nicht irgendwie abstellen?«

»Die Durchsage kommt vom Band, die setzen da normalerweise nur noch den Namen ein.«

»Der kleine ... möchte aus dem Kinderparadies abgeholt werden ...«

»Jetzt reicht's!«, schimpfte René, zog die Fernbedienung hervor, und ließ einen Blitz in einen der Lautsprecher einschlagen. Das war natürlich nicht wirklich hilfreich, denn alle anderen Lautsprecher funktionierten ja noch. »Der kleine ... möchte aus dem Kinderparadies abgeholt werden ...«, rief es ihnen aus der Schrankwandabteilung hinterher. Missmutig stapfte René weiter, während sich Lucy noch einmal umdrehte. Sie hatte sich darüber gewundert, dass das Sausen in der Luft stärker geworden war. Und nun sah sie, warum.

»René? Schau mal.«

René drehte sich um. »Ach du schöne ...«

»Scheiße«, vollendete Lucy seinen Satz.

»Musst du immer Kraftausdrücke benutzen?«

»Können wir das später diskutieren, ja?«

Im Hallenhimmel hing eine Art Wolke – eine wabernde Wolke –, die sich aus den Bällen des Bällebades zusammensetzte! Immer noch stiegen neue bunte Plastikkugeln aus dem Kinderparadies empor, sodass sie weiter anschwoll.

»René?«

»Ja?«

»Zieh deinen Helm auf und dann lauf!«

Die Wolke hatte kurz innegehalten, als ob sie nachdenken oder Ausschau halten würde, doch nun bewegte sie sich wie ein riesiger Schwarm Insekten auf sie zu.

Sie hatten die Abteilung »Teppiche und Bodenbeläge« gerade erst erreicht, als die ersten bunten Kugeln neben ihnen einschlugen. »Plom! Plom!«, machte es jedes Mal, wenn die Geschosse aus dem Kinderparadies die aufgehängten Orientteppiche trafen. Und »Boing! Boing«, als sie gegen Renés Helm knallten!

»Schnell«, rief Lucy, »hier entlang!«

Sie bogen um eine Ecke und standen in der Küchenabteilung.

»Haben wir sie abgehängt?«, fragte René atemlos.

»Das glaub ich kaum.«

»Dann«, sagte René, »sollten wir nicht länger abhauen.«

»Bist du verrückt?«

René schaute sich um.

»So wie die auf uns geballert haben, ist die Wolke nur noch

halb so groß. Hier schau, überall kullern die Dinger herum. Zeit sich zu wehren.«

»Womit?«

»Hiermit«, antwortete René und hielt ihr einen großen Topfdeckel und eine noch größere Bratpfanne hin. »Schakkalack!«

Kaum hatte er das gesagt, bog schon der vordere Teil der Bällewolke um die Ecke aus dem Gang, durch den sie in die Küchenabteilung gekommen waren. Schon schossen die ersten Kugeln auf sie zu! René parierte eine mit seinem Topfdeckel, und schlug als Nächstes mit voller Wucht mit der Bratpfanne in die Wolke hinein. Neben ihm tat Lucy das Gleiche. Langsam wichen sie zurück. Dabei fiel ihnen auf, dass eine zurückgeschossene Kugel, die den Schwarm traf, zu Boden fiel, zusammen mit den anderen, die sie getroffen hatte. René ließ den Topfdeckel fallen und nahm sich von einem Stapel eine zweite Bratpfanne. Bälle krachten gegen seinen Helm, aber das war ihm egal. Mit den Armen wie eine Windmühle kreisend, schlug er einen Ball nach dem anderen zurück und die Wolke wurde nach und nach immer kleiner. Schließlich beförderte er die letzte Kugel mit einem kraftvollen Schlag Richtung Decke, von der sie abprallte und dann zerdrückt auf dem Boden liegen blieb.

»Satz und Sieg, würde ich sagen.«

»Was?«, keuchte René atemlos.

»Tennis«, sagte Lucy, »du wärst vielleicht ein guter Tennis-Profi.«

»Es gibt bei uns keine Tennis-Profis.«

»Oder Golf, ich meine, bei dem Schlag, den du hast.«

»Gibt's auch nicht.«

»Was sagt diese Stimme in deinem Helm?«

Einen Moment lang schwieg René, dann antwortete er: »Sie sagt die ganze Zeit: Du hast keine Freunde, du bist allein, du schaffst es nicht, du bist nicht der Richtige.«

»Ziemlicher Quatsch, wenn du mich fragst«, sagte Lucy, und legte René kurz die Hand auf die Schulter, »du hast doch Freunde.«

»Wir müssen weiter, diese andere, verdammte Kugel finden.« René drehte sich um, wollte weitergehen, aber blieb im selben Moment stehen.

»Scheiße.«

»Das hast diesmal du gesagt«, sagte Lucy. Sie hatte es auch bemerkt.

Sie konnten nicht einmal davonlaufen. Die Kugeln hatten sie in eine Ecke gedrängt. Hinter ihnen war nur die Wand. Und schräg gegenüber befand sich die Küchenmesserausstellung. Die verschiedensten Messer waren dort an eine Magnetleiste gehängt worden, sodass die Kunden sie begutachten konnten. Nur hatten sich diese Messer jetzt von der Leiste gelöst, schwebten zitternd in der Luft – und ihre Spitzen zeigten auf Lucy und René.

René stellte sich mit seinen Bratpfannen bewaffnet vor Lucy. Er schloss das Visier seines Helms.

»Bleib hinter mir.«

Nach Morpheus' düsteren Andeutungen und einer Erfolgsaussicht von 49,99932 % hatte ich eine Menge Schwierigkeiten erwartet, aber von dem Habicht abgesehen, war alles nicht so schwer, wie ich befürchtet hatte. Klar – einige der Apparate waren sehr nahe an der Grenze positioniert, sodass sie bis in den Osten strahlten, und wir höllisch aufpassen mussten, nicht von der einen oder anderen Seite entdeckt zu werden. Den letzten Psycho-Projektor, den die Draconer in der Nähe des amerikanischen Horchpostens deponiert hatten, fanden wir direkt am Eingang des Sperrgebietes – hinter dem Wachhäuschen am Tor. Ich musste nichts weiter tun, als mich ein weiteres Mal in einen Waschbär zu verwandeln, und schon hatte ich die beiden Soldaten am Eingang abgelenkt, sodass Annett und Tim die unscheinbare Kugel mit einem gezielten Stromstoß zerstören konnten.

»Das war einfach«, sagte Tim.

»Irgendwie zu einfach«, meinte Annett.

»Wir sollten nach den anderen schauen.«

Während wir zurückgingen, war es seltsam still. Als würden die Tiere des Waldes uns beobachten, als wüssten sie, dass mit uns auch ihr Leben stand und fiel. Es fing wieder an zu schneien, klebrige, dicke Flocken, und man konnte nicht sehr weit sehen. Alles schien wie hinter einer dicken weißen Wand aus Dunst verborgen, und wir waren beinahe überrascht, als wir plötzlich vor dem großen, kastenförmigen Bau des Möbelmarkts standen.

»Und nun?«

»Ich habe ihnen schon eine Nachricht geschickt, dass sie die Tür von innen öffnen sollen«, antwortete ich, »aber – du siehst ja.« Die Tür des Notausgangs vor uns blieb verschlossen.

»Tja«, seufzte ich, »dann muss ich das halt auch wieder machen.«

»Kannst du die Tür mit deinem Ding da am Arm öffnen?« fragte Tim erneut.

»Nein, wie ich bereits sagte, damit kann man keine normalen, verschlossenen Türen öffnen. Ich muss es auf die anstrengende Tour erledigen.«

Also verwandelte ich mich in eine Kellerassel, und als ich unbeschadet und nicht-von-irgendetwas-vorher-gefressen-oder-zertreten auf der anderen Seite herausgekrochen kam, wieder in Zorro, also den Menschen-Zorro, und öffnete meinen zwei Freunden die Tür. Ganz schön anstrengend!

Wir standen offenbar in der Bettenabteilung. Überall auf dem Boden lagen bunte Plastikkugeln verstreut herum.

»Ich weiß, wo die her sind«, erklärte Tim, »die sind aus dem Kinderparadies, aus dem Bällebad!«

»Oh weh«, sagte ich, »ich ahne, was hier vor sich gegangen ist.«

»Was?«

»Schwerkraftmanipulation. Die Draconer haben ihren größten Psycho-Projektor mit Fallen geschützt.«

Wir kamen in die Küchenabteilung. Hier lagen noch mehr Bälle herum. Es sah nach einer richtigen Schlacht aus. Und da war noch etwas – Messer, die wie Wurfgeschosse in der Wand steckten. Von Lucy und René keine Spur.

»Lucy?«, rief Tim. »Lucy!«

Keine Antwort.

»René!«, rief jetzt Annett.

Wir gingen weiter, folgten der Spur der Verwüstung: Küchenmesser, Fleischgabeln, Pfannenheber, zerbeulte Kochtöpfe, zerbrochenes Geschirr, zerschmetterte Gläser bedeckten den Boden.

»Na, auch schon da?«, rief jemand in der Dunkelheit vor uns.

Während alle anderen Teile des Möbelhauses hell erleuchtet waren, war die nächste Abteilung – die Abteilung »Lampen und Leuchtmittel« – in Dunkelheit getaucht, Dunkelheit, die ab und zu von ein paar hellen Lichtblitzen erhellt wurde. Eine Gestalt löste sich aus dem Flimmern. Es war René.

»Wie geht's, wie steht's?«, fragte er und nahm seinen Helm ab. Sein schweißnasses Haar klebte ihm an der Stirn, und er sah uns durch seine Brillengläser müde, aber vollkommen ruhig an.

»René!«, rief Tim, sichtlich erfreut.

Annett stellte sich vor ihn und fragte: »Sag mal, ist das ein Kartoffelschäler, was da in deinem Kettenpanzer steckt?«

»Wie, wo, was?«, sagte René, schaute an sich herab, entdeckte das Messer, zog es heraus und warf es in die Ecke. »Ja, wir hatten ein paar Verzögerungen hier.«

Lucy trat neben René und sagte: »Er hat mir das Leben gerettet.«

René winkte ab: »Hat sie auch getan – als um ein Haar zwei Schrankwände gleichzeitig über mir zusammengebrochen wären.«

»Gut«, sagte ich, »aber was ist mit dem Psycho-Projektor?«

»Der ist wahrscheinlich in der Lampenabteilung«, erklärte Lucy, »nur da kommen wir nicht ran.«

Ich schob sie zur Seite. »Was ist das Problem?«

»Schau selbst.«

Ich sah in die Lampenabteilung. Es war dunkel, aber ab und zu leuchtete eine Lampe auf und nach einigen Sekunden sprang das Licht mit einem hellen Bogen auf eine andere irgendwo im Raum hinüber.

»Eine Lichtbogenfalle!« Ich zuckte mit den Achseln. »Ein wenig primitiv, würde ich sagen, aber für euch natürlich unglaublich beeindruckend. So wie einst für die Neandertaler das Feuer. Mir nach!«

Das Fecht-Training zahlte sich aus: Ich ging voran, und wo immer ich eine Lampe sah, hieb ich mit meinem Degen das Kabel durch. Es war wirklich nicht sehr schwer. Man nahm dem Lichtbogen einfach die Möglichkeiten. Irgendwann war ich schneller als er: Eine Lampe leuchtete auf und noch im selben Moment durchschlug ich das Kabel der Lampe, auf den der Lichtbogen springen wollte. Ich erstickte ihn sozusagen. Kaum war das passiert, ging in der Lampenabteilung wieder das Licht an. In der Mitte, quasi vor unseren Nasen, hing, als wäre er eine unscheinbare, kugelförmige Lampe, der Psycho-Projektor.

»Alle zugleich!«, rief ich, und meine Gefährten richteten ihre Fernbedienungen auf die goldene Kugel, die mit einem Knall zerbarst.

»Okay«, sagte ich, »das war's.«

René sah mich verwundert an. »Wie – das war's?«

»Der Hauptprojektor ist zerstört, die Erde somit gerettet, das war's. Klappe zu, Affe tot. Ende gut, alles gut, Friede,

Freude, Eierkuchen – oder was für beknackte Redewendungen ihr noch dafür habt.«

»Ging ein bisschen zu einfach, findet ihr nicht?«, meinte Annett.

Lucy seufzte. »Also ich fand's nicht ganz so einfach.«

»Ich meine jetzt am Ende«, erklärte Annett. »Wir sind durch den Wald gestapft, um diese Kugeln zu finden, ihr durch diesen Möbelmarkt, und ich hatte trotzdem die ganze Zeit das Gefühl, als würden wir Zeit vergeuden, schlimmer – als wollte man, dass wir Zeit vergeuden.«

Sie schaute sich um. »Das Ganze hier ist wie ein Hindernisparcours. Warum gibt es eigentlich keine Projektoren bei uns im Osten?«

Ich stöhnte (und rollte mit den Augen, was hinter der Augenmaske immer etwas seltsam aussah): »Die Armeen des Westens hatten immer Angst vor denen im Osten, weil sie ihnen zahlenmäßig weit überlegen sind. Mehr Soldaten, mehr Panzer, mehr Flugzeuge. Deswegen lautet die Verteidigungsstrategie im Westen: sobald der Osten angreift und durchzubrechen droht, müssen wir unsere Atomraketen zünden. Die Maschinisten haben das ausgerechnet: Um Erfolg zu haben, ist es das Einfachste, die im Westen dazu zu bringen, aus Angst vor einem Angriff selbst zuerst anzugreifen. Deshalb war es nur logisch, dass die Draconer ihre Psycho-Projektoren hier platzieren würden, um den Westen zu einer Reaktion zu bewegen. Die Wahrscheinlichkeit dafür, dass sie genau das tun, lag bei über 90 Prozent.« Ich deutete auf den zerstörten Projektor. »Und du siehst ja, die Maschinisten mit ihren unerbittlichen

Elektronenhirnen und Wahrscheinlichkeits-Algorithmen lagen richtig.«

Annett betrachtete die Trümmer des Psycho-Projektors. »Ich kann ganz gut Schach spielen. Und nachdem ich die Schulmeisterschaft und dann die Jugend-Kreismeisterschaft gewonnen hatte, haben die mich gegen einen Computer antreten lassen, für drei Partien. Die ersten beiden habe ich verloren, aber bei der letzten habe ich meine Strategie geändert: Ich habe ein, zwei unsinnige Züge gemacht, die der Computer nicht erwartet hatte, und gewann. Was, wenn die Draconer längst wussten, dass die Maschinisten versuchen würden, ihr Vorhaben zu vereiteln und die Erde zu beschützen?«

Ich dachte darüber nach, drehte die Argumente hin und her. Es half nichts: So gerne ich auch euren merkwürdigen Planeten so schnell wie möglich verlassen hätte, eine laute innere Stimme sagte mir, dass Annett recht hatte. »Ich fürchte«, sagte ich in die Runde, »ich habe da so eine Ahnung, wo die Draconer mit ihrem Raumschiff hingeflogen sind.«

29. KAPITEL:

DER FALSCHE OBERST

In Ost-Marksdorf, in der Kaserne der Grenztruppen, saß Major Binding, das »fleißige Bienchen«, und musste fleißig Papierkram machen, was er über alle Maßen hasste. Er hasste es auch, Wochenendschichten zu schieben, selbst wenn er dann zeitweilig das Kommando innehatte. Für alle wichtigen Entscheidungen musste er sowieso den Oberst aus dem Feierabend klingeln. Viel lieber hätte er weiter an dem geheimnisvollen Gerät herumgebastelt, das ihm der Oberst in einem seltenen Augenblick der Arglosigkeit gegeben hatte. Er unterbrach seine Arbeit und zog es aus einer Schublade seines Schreibtisches hervor. Fasziniert betrachtete er es. Was für ein Geheimnis barg der kleine, fremdartige Diskus? Je länger er daran heimlich herumschraubte, desto mehr glaubte Binding, er sei da einer großen Sache auf der Spur.

Ein Unteroffizier kam in sein Büro, und der Major ließ die Spionagesonde blitzschnell in der Schublade verschwinden, und wandte sich wieder dem Papierkram zu. Der Unteroffizier sah derweil recht eingeschüchtert aus.

»Genosse Major! Da will Sie jemand dringend sprechen!«

Binding sah noch nicht einmal von seinen Akten auf. Missmutig fragte er: »Wer denn, verdammt nochmal?«

»Generalmajor Kumarov von den Sowjetischen Strategischen Raketenstreitkräften.«

Binding schoss hoch wie eben eine jener Raketen.

»Wie? Wo? Was? Warum? Wieso? Woher?«, stammelte er. »Natürlich! Sofort! Unbedingt! Was stehst Du hier so herum! Bitte ihn herein! Sofort!«

Und so traten an diesem Nachmittag Anfang 1989, ohne dass es jemand auch nur ahnte, zwei Draconer, die aussahen wie Offiziere der Roten Armee, in Bindings Büro. Binding salutierte und versuchte strammer zu stehen, als er das je in seinem Leben getan hatte.

»Genosse Generalmajor!«, rief Binding. »Welch eine Ehre! Es tut mir schrecklich leid, aber Ihr Kommen wurde uns nicht angekündigt, sonst hätten wir etwas für Sie vorbereitet! Womit kann ich Ihnen dienen?«

Kumarov sah Binding scharf an. »Es kommt Sturm!«

Binding sah aus dem Fenster. »Ein Sturm? Nun, die Vorhersage hatte ja eigentlich gelautet, dass es etwas milder und sonniger werden soll ...«

»Wenn ich sage, es kommt Sturm, kommt Sturm!« (Bemerkenswerterweise gelang es dem Übersetzungschip im Psycho-Projektor, nicht nur die draconischen Gedanken zu übersetzen, sondern auch noch den russischen Akzent nachzuahmen!)

Binding erbleichte. »Natürlich, wenn Sie sagen, es stürmt, stürmt es!«

»So ist. Hast du hier Kommando?«

»Ja, das heißt, solange der Genosse Oberst Reinhardt nicht da ist.«

»Wo ist Oberst?«

»Er wird jetzt in diesem Augenblick wahrscheinlich schon im Wochenende sein. Er hat frei.«

»Frei? Ein Soldat nie hat frei. Du ihn holen.«

Binding zögerte einen Moment. Einerseits sollte er tun, was dieser Generalmajor gesagt hatte, nämlich den Oberst holen, andererseits witterte er in diesem Augenblick auch eine Chance.

»Was ist?«, fragte der General.

»Also, natürlich kann ich jetzt den Genossen Oberst holen, das müsste ich wahrscheinlich sogar ... – allerdings hat es in letzter Zeit ... wie soll ich sagen ... gewisse Zweifel an seiner Zuverlässigkeit gegeben.«

»Was für Zweifel?«

»Es gibt den Verdacht, er könnte beschlagnahmte westliche Druckerzeugnisse unterschlagen haben ...«

»Druckerzeugnisse?«

»Comics.«

Der Generalmajor winkte ab. »Das uns egal.«

»Und dann ist da noch die Sache mit seinem Sohn. Der ist ein wenig ... verrückt.«

Der Generalmajor gähnte. Offenbar war es ihm tatsächlich egal, ob der Kommandeur eines strategisch so wichtigen Grenzabschnittes heimlich Comics las und sein Sohn plemplem war! Binding war ein wenig gekränkt, weil der General auf seine Enthüllungen so gelangweilt reagierte. Er startete noch einen letzten Versuch:

»Dieser Sohn, René, glaubt unter anderem, er werde von Außerirdischen verfolgt ...«

Kaum hatte der Major das Wort »Außerirdische« ausgesprochen, war der General hellwach. Seine Müdigkeit schien verflogen und er schaute Binding wieder scharf an.

»Außerirdische?«

»Ja, genauer gesagt, ein Außerirdischer, von dem er glaubt, dass der sich in alles Mögliche verwandeln kann. In einen Raben, ein Känguru, er nennt ihn ... mhm, Moment, lassen Sie mich überlegen ... Zorro ... Zorro ...«

»Vela!«, zischte der General.

»Onari«, sagte Hauptmann Titov hinter Komarov.

Komarov drehte sich zu ihm um und nickte. »Onari!«

Der Major konnte ein wenig Russisch, aber das Wort »Onari« hatte er noch nie gehört. Was mochte das bedeuten? Vielleicht eine Redewendung? Ein Fluch? Wieder sah der General ihn an. Sein Blick war jetzt so durchdringend, dass der Major das Gefühl hatte, als könnte der General geradewegs in sein Gehirn hineinschauen. Er bekam Kopfschmerzen.

Der General sagte: »Du doch nicht holen Oberst. Sache sehr geheim! Du musst sein dieses Wochenende besonders wachsam!«

»Natürlich. Ich bin immer besonders wachsam, aber jetzt werde ich noch viel besonderer wachsam sein, Genosse General!«

Die beiden Sowjetoffiziere schauten sich an. Schließlich wandte sich der General erneut Binding zu. »Es wird Sturm kommen. Sturm aus Westen. Wir glauben, dass Imperialisten uns bald überfallen!«

»Sie meinen – einen Überraschungsangriff? Trotz der Abrüstungsverhandlungen? Mitten im Frieden?«

»Ja, Abrüstung nur Täuschung!«, sagte der General. »Deswegen du musst sein bereit, und tun alles, was wir dir sagen!«

Bei den Worten »tun alles, was wir dir sagen« wurde es dem Major irgendwie schwindelig. Er fühlte sich wie hypnotisiert, wobei ihm einfiel, dass er ja noch nie hypnotisiert worden war.

»Jawohl, Genosse General. Ich werde alles machen, was Sie sagen, Ihr Wunsch ist mir Befehl!«

»Und du musst bewahren Geheimnis!«

Der Schwindel und die Kopfschmerzen nahmen zu, während der General das sagte. Binding hatte das Gefühl, dass sein Kopf platzte, während ihn der sowjetische Offizier unbeirrt anstarrte. »Kannst du das?«

»Für Sie, Euer Generalgenossenschaft, und die ruhmreiche Union der Sowjeten, die Parteien, also Ihre und unsere, und natürlich für den Sozialismus des Sieges, ich meine, den Sieg des Sozialismus, und von allem anderen auch, bewahre ich bei Lenin jedes Geheimnis, ganz gleich welches, das Ihnen gerade einfällt.« In seinem Kopf drehte sich alles.

Der General, der kein wirklicher General war, lächelte. Er lächelte, weil die Menschen so leichtgläubig, vor allem aber, weil sie so befehlshörig waren. Es reichte, dass man eine Uniform anzog, einen hohen Rang bekleidete, ihnen etwas Angst machte, und ein ganz klein wenig in ihre Gedanken eindrang – und schon fraßen sie einem aus der Hand. Der General, der in Wirklichkeit Admiral war – Admiral Akondo von der Draconischen Furchtlosen Schwadron – war beinahe enttäuscht, dass es so leicht war. Aber was soll's, dachte er, man muss es sich nicht schwerer machen, als es sowieso schon ist.

»Was ist das für ein Geheimnis?«, fragte Binding mit bebender Stimme.

»Du musst etwas beschützen. Niemand darf wissen. Du musst es aufbewahren, verbergen vor Feind. An sicherem Ort. Du hast sicheren Ort?«

»Im Kommandoturm«, sagte Binding, »da gibt es einen unterirdischen Schutzraum, einen Bunker.«

»Sehr gut.«

»Was ist es? Was soll ich verstecken?«

Der Hauptmann ging zur Tür, öffnete sie, und kurz darauf zog er einen kleinen Gerätewagen herein. Auf dem Wägelchen, unter einem groben Tuch, lag etwas, den Umrissen nach vielleicht eine Kugel, so groß wie ein Fußball. Trotz des Tuches schien es dem Major, als ob das, was darunter war, pulsierte, ja lebte, es schien nach dem Major zu greifen, ihn verschlingen zu wollen und ihm gleichzeitig zu sagen, was er zu tun hatte.

»Wo sind wir hier«?

»Sieht aus wie eine große Garage.«

»Das sind Armeefahrzeuge. Wir sind auf einem Militärgelände.«

»Welche Seite?«

»Sieht man doch an den Autos. DDR.«

»Oh weh«, jammerte Tim, »wenn die uns hier erwischen, dann müssen wir alle in ein DDR-Gefängnis, und unsere Eltern sehen uns nie wieder.«

»Das wird nicht passieren. Folgt mir!«

Wir schlängelten uns zwischen Geländewagen und LKWs hindurch, bis wir an ein Tor gelangten. Vorsichtig öffnete ich sie einen Spaltbreit.

»Kennst du das hier?«, fragte ich René.

»Ja, mein Vater hat mich mal hierher mitgenommen. Da drüben ist der Kommandoturm.«

Die Anzeigen der Uhren wiesen alle zu diesem Turm. Sie leuchteten grellrot. Kein Zweifel, der größte Psycho-Projektor der Draconer befand sich dort drin.

»Warum sind wir nicht in dem Turm rausgekommen?«

»Weil es dort keinen Ausgang gab, der sich für uns hätte öffnen lassen.«

»Dummerweise müssen wir deshalb einmal quer über den Kasernenhof«, sagte Lucy.

»Und so wie ich es verstanden habe«, ergänzte Annett, »bleibt uns nicht mehr viel Zeit.«

»Ihr könnt ja hier warten«, schlug ich vor, »und ich erledige das alleine.«

»Ach ja? Und wenn sie uns zwischenzeitlich hier erwischen? Oder wenn sie dich erwischen? Wenn du dich in eine Wanze verwandeln musst und auf dem Rückweg aus Versehen totgetrampelt wirst?«, fragte Lucy erbost. »Dann hocken wir für immer im Osten fest. Nein, wir ziehen das jetzt gemeinsam durch!« Tim nickte zustimmend.

»Was ist mit euch?«, fragte ich René und Annett.

»Wahre Ritter kneifen nicht!«, entgegnete René.

Und Annett sagte: »Eine für alle, und alle für eine!«

»Na gut«, sagte ich, »aber René – sei gewarnt: Was jetzt kommt, wird dir nicht unbedingt gefallen. Schaut mal alle kurz weg!«

Ein kurzes Aufblitzen – und schon hatte ich meine Zorro-Gestalt aufgegeben und mich erneut verwandelt.

René drehte sich um. »Oh nein! Muss das sein?«

»Ich denke, es ist der einfachste Weg, von hier aus unbehelligt quer über den Hof zum Turm zu kommen.«

Auch die anderen starrten mich an.

»Der hat ja auch so eine Brille wie wir!«, entfuhr es Tim.

»Lass mich raten, René«, sagte Lucy, »Zorro sieht aus wie dein Vater, stimmt's?«

René nickte.

»Oh Mann, das muss echt gruselig für dich sein, René!«

Wir öffneten das Garagentor. Ich ging voran, und die anderen folgten mir. »Passt auf«, sagte ich zu Lucy und Tim, »ihr sagt nichts, und macht sonst alles, was René und Annett machen.«

So marschierten wir quer über den Hof. Es war nebelig und wurde langsam dunkel. Scheinwerfer waren angegangen, und durchstachen den Dunst. Zunächst trafen wir niemanden, aber auf halbem Weg kam uns ein Offizier entgegen.

»Das ist Major Binding«, flüsterte René, »der Stellvertreter meines Vaters, das ›fleißige Bienchen‹ nennt er ihn.«

Der Offizier blieb vor uns stehen, grüßte.

»Guten Abend, Genosse Oberst, ich dachte, Sie wären schon weg?«

»Guten Abend, Genosse Bienchen, ehm – Binding. Nein, ich führe diese Jungen Pioniere hier noch über das Gelände. Man kann die Jugend gar nicht früh genug für die Truppe begeistern! Sonst gehen uns noch die Offiziersschüler aus! Und dann hätte ich nur noch Sie zum Rumkommandieren, hahaha! Seid ihr bereit?«, rief ich.

Und die Kinder riefen: »Immer bereit!«

»Das ist sehr schön«, pflichtete der Major mir bei, »aber warum, wenn ich fragen darf, trägt Ihr Sohn eine Kettenrüstung und unterm Arm einen Eisenhelm?«

»Ehm ... thematischer Sonder-Pioniernachmittag. Geschichte der Landesverteidigung von den Bauernkriegen bis heute!«

»Hier in der Kaserne? Also ... die Vorschriften ...«

»Die Vorschriften, Genosse Hummel, dürfen den Sozialismus nicht aufhalten!«

»Da haben Sie natürlich recht«, sagte der Major und nickte unterwürfig. »Dann wünsche ich noch einen schönen Abend«, fügte er hinzu. Dabei lächelte er so seltsam, beinahe versonnen, als wäre er tief im Inneren sehr zufrieden mit sich.

»Komischer Vogel«, sagte ich, als er gegangen war.

Im untersten Stockwerk des ehemaligen Wasserturms, hielt nur ein einzelner Soldat Wache. Wir schauten möglichst unauffällig auf unsere Uhren. Die Dreiecke zeigten alle in Richtung einer schweren Eisentür, die sich neben dem Treppenaufgang zu den oberen Stockwerken des Turms befand. »Zum Schutzraum« stand darauf geschrieben.

»Will den Pionieren hier nur mal eben die Anlage zeigen. Machen Sie da mal auf«, schnauzte ich den Wachposten an. Auch der schien sich über unser Auftauchen zu wundern, sagte aber nichts, sondern öffnete uns wie befohlen die Eisentür.

Es ging eine eiserne Wendeltreppe hinab, die schließlich bei einer weiteren Stahltür endete. Hinter ihr lag ein langer Flur, der von ein paar schwachen Glühbirnen erhellt wurde. Die Wände waren aus blankem Beton. Der Flur führte zu einer nächsten Tür, auf der »Schutzraum« stand. Man musste zwei schwere Hebel zur Seite schieben, und zu zweit gelang es uns, die Tür aufzuziehen.

»Eigenartig, dass wir das Signal dieses Projektors orten konnten«, sagte Annett, »wo er doch unter der Erde versteckt ist.«

»Er muss sehr groß sein.«

Wir standen in einem großen, niedrigen Raum. Ein Tisch mit eingelassenen Konsolen, Telefonen und einer Anzeigentafel stand dort. Es war die Kommandozentrale, in die sich der Kommandeur im Fall eines Atomangriffs zurückziehen sollte. Auf der anderen Seite befand sich eine Tür, über der »Funkraum« stand.

»Mist«, sagte ich, »verschlossen. Dahinter muss der Projektor sein!«

»Und was nun, ›Herr Oberst‹?«, fragte Lucy.

»Ich werde mich wohl noch mal in eine Kakerlake verwandeln müssen, um unter dieser Tür durchzukriechen.«

In diesem Moment hörten wir eine Art hydraulisches Zischen, und als wir uns umdrehten, sahen wir, wie sich die schwere Eingangstür automatisch schloss, und die Riegel zuschnappten. In der nächsten Sekunde ging das Licht aus.

»Was ist jetzt los?«, fragte Lucy.

»Vielleicht ein Stromausfall.«

»Meine Taschenlampe geht nicht«, rief Tim.

»Meine auch nicht!«, rief Annett. »Und auch die Uhren sind ausgefallen!«

Da wurde mir klar, was passiert war. »Das war eine Art elektromagnetischer Impuls. Der hat die Batterien in euren Taschenlampen und die Uhren lahmgelegt.«

»Und was ist mit den Fernbedienungen?«

»Ich kann ja meine mal ausprobieren!«

»Nein!«, rief ich. »Vielleicht funktionieren sie nur noch ein einziges Mal. Und diesen einen Schuss brauchen wir noch.«

»Ich bin an der Bunkertür«, rief René, »aber ich kann die Riegel nicht bewegen. Ich krieg sie einfach nicht auf, die verdammte Tür!« René hämmerte verzweifelt gegen den Stahl.

»Lass es«, sagte ich, »kein Mensch bekommt die auf. Ein Gaisanisches Höhlennashorn bekäme sie vielleicht auf, aber ich kann mich in der Dunkelheit nicht verwandeln.«

»Was ist mit deinem Armband«, fragte Annett, »funktioniert das noch – kannst du von hier unten aus eine Tür öffnen?«

»Es funktioniert noch. Reine Maschinistentechnik, die hält auch so einen Impuls aus. Doch ohne Ausgang nützt es uns nichts. Alle Türen hier führen nirgendwo hin.«

Wir saßen in der Falle.

Und dann hörten wir die Stimme. Sie schien aus einem Lautsprecher zu kommen, aber gleichzeitig war sie auch in unseren Köpfen. Man konnte sich nicht einmal die Ohren zuhalten, um ihr zu entkommen.

»Die Tür ist hydraulisch verriegelt«, sagte die Stimme. Sie klang sanft, ruhig, ohne Eile, Wut oder Hohn. »Sie wird sich erst wieder öffnen«, fuhr die Stimme fort, »wenn alles vorbei ist. Dann könnt ihr Menschenkinder heraus- und an die Oberfläche eurer zerstörten Welt kommen.«

»Admiral Akondo, nehme ich an.«

»So ist es, Onari. Admiral Akondo von der Furchtlosen Schwadron. Ich bin hier, um meinen Planeten zu beschützen, aber warum bist du hier?«

»Ich bin hier, um diesen Planeten zu beschützen.«

»Das war keine gute Wahl. Ich nehme an, diese Maschinisten haben dich dazu angestiftet. Hast du dich eigentlich einmal gefragt, was sie in Wahrheit vorhaben? Warum sie so erpicht darauf sind, diesen kleinen Wasserplaneten, samt der mörderischen Spezies darauf, zu erhalten? Nein? Wie dem auch sei – jetzt sitzt du in der Falle. Und wirst mit den Menschen untergehen. Der Bunker ist für zwei Wochen versiegelt. Selbst wenn du diese Zeit überleben solltest – zwei Wochen sind weit jenseits deines Zyklus. Wir wissen, dass du dich im Dunkeln nicht verwandeln kannst. Du wirst also den Rest deines Lebens bleiben, was du gerade bist, Onari.«

»Ihr beschützt euren Planeten, indem ihr unseren zerstört?«, schrie Lucy.

»Nein, Menschenkind, ihr zerstört ihn selbst.«

»Das ist doch überhaupt nicht wahr! Ihr gaukelt den Menschen mit euren Psychomaschinen Dinge vor, damit sie sich gegenseitig angreifen.«

»So siehst du es. Doch wärt ihr nicht so voller Eroberungslust und Misstrauen, wolltet ihr euch nicht immer mehr nehmen, selbst, was euch gar nicht gehört, wärt ihr auch nie in diese Situation gekommen.«

»Ich bin nicht so!«, schrie Lucy. »Meine Freunde hier sind nicht so!«

»Ja, ja. Es mag Einzelne geben, die anders sind, aber in der Masse seid ihr doch immer alle gleich. Wir haben eure Art sehr genau studiert, Menschenkind. Wir wissen, was ihr getan habt. Ihr habt euren Planeten ausgeplündert, andere Spezies aus Fressgier oder zum Vergnügen ausgerottet. Auf eurer Welt kann man von euresgleichen getötet werden, wenn man nicht an dasselbe übersinnliche Wesen glaubt! Oder weil man reich ist, oder arm, oder weil man die falsche Hautfarbe hat, weil man das Falsche sagt, schreibt oder denkt, oder weil man versucht, über die lächerlichen Mauern zu steigen, die ihr zwischen euch errichtet habt!«

»Und das gibt euch das Recht, über uns zu urteilen?«, erwiderte Lucy. »Obwohl wir euch nichts getan haben? Wir sind nicht Einzelne, wir sind viele. Es gibt Hunderte Millionen Kinder auf der Welt! Die wollt ihr jetzt bestrafen, für etwas, das sie noch gar nicht getan haben, das sie vielleicht nie tun werden? Wir sind nicht wie unsere Eltern. Wir können uns ändern!«

Einige Sekunden lang herrschte Schweigen. Schließlich sagte Akondo: »Es tut mir leid. Wir haben zu große Angst, dass ihr uns eines Tages erobern werdet.«

»Was passiert jetzt?«, fragte Annett leise.

»Wir haben den Projektor hier unten mit der Funkanlage dieses Ortes verbunden. Das wird das Signal der Übertragung, die jetzt, in wenigen Augenblicken, beginnt, noch einmal verstärken. Dann wird der letzte Krieg eurer Spezies ausbrechen.«

»Haben wir einen letzten Wunsch?«, rief Lucy.

»Letzter Wunsch?«

»Das ist bei uns so Sitte. Jeder bekommt einen.«

Für einen Moment schien Akondo, obwohl man ihn ja nicht sehen konnte, irritiert.

»Ihr seid nicht in der Position, euch etwas zu wünschen. Und wenn du jetzt denkst, Erdenmädchen, dass du dir wünschen könntest, dass das alles nicht passieren wird, irrst du dich gewaltig.«

»Ich wünsche mir nur, dass ihr, die Draconer, nie mehr zur Erde zurückkehrt, sollten wir hier herauskommen.«

»Oh«, sagte der Admiral sanft, »dieser Wunsch sei euch gewährt. Denn ihr werdet nicht herauskommen. Zumindest nicht, bevor der Krieg über euch vorüber ist.«

Dies war das Letzte, was wir von Akondo hörten.

»Ich habe Angst.« Das war Tims Stimme.

»Komm zu mir«, sagte Lucy, »und ihr anderen auch. Hier her, setzt euch auf den Boden zu mir.«

Und dann setzten wir uns, ohne uns zu sehen, im Kreis auf den Boden, und jeder nahm des anderen Hand.

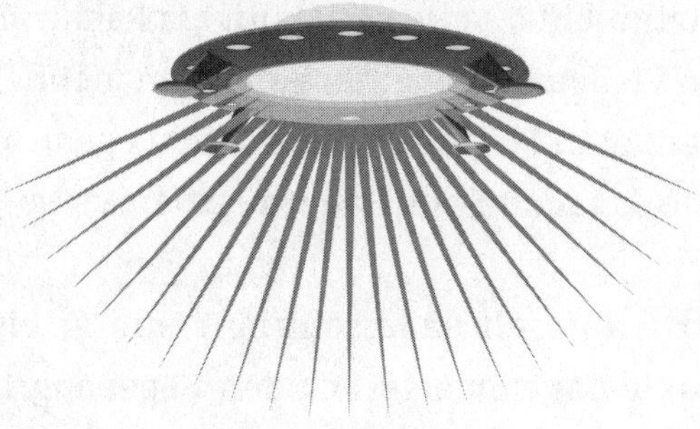

30. KAPITEL:

ÜBERRASCHENDE AUSSICHTEN

Spezialist Park wollte gerade in Ruhe in der kleinen Kantine des Horchpostens einen Kaffee trinken, als Gefreiter Miller in der Tür auftauchte.

»Chef, Sie müssen sofort kommen!«

»Kann man denn nicht einmal für fünf Minuten seine Ruhe haben!«, schimpfte Park, »sind die Panzer jetzt rosa?« Seine Kopfschmerzen waren wieder da, stärker als zuvor.

»Schön wär's. Nein, wir haben da ein Signal auf dem Radar!«

Im Beobachtungsraum sahen ihn die anderen Soldaten ängstlich an. Sie hatten nicht Angst vor ihm, Park, sondern vor dem, was sie auf dem Radarschirm gesehen hatten.

Park trat vor den Schirm.

Da war er.

Ein kleiner weißer Punkt, der auf sie zusteuerte. So schnell wie er sich bewegte, konnte es nur eine Rakete sein.

»Startpunkt?«

»Wissen wir nicht«, sagte der Mann am Radar. »Ist plötzlich aufgetaucht. Vielleicht von einer getarnten mobilen Abschussrampe. Die anderen Stationen haben nichts gemeldet.«

»Haben Sie das schon ans Hauptquartier weiter gegeben?«

»Nein.«

Park starrte auf den Radarschirm. Wenn er einen Angriff meldete, würde das unweigerlich den Gegenangriff auslösen, das wussten er und alle, die mit ihm im Raum waren. Und sie alle wussten auch, was das bedeutete

»Eine Störung?«

»Wir haben alles überprüft, nein.«

»Wie viel Zeit haben wir noch?«

»Vier Minuten, höchstens fünf. Wenn wir bis dahin den Angriff nicht gemeldet haben ...«

»... bleibt uns keine Zeit mehr für den Gegenschlag«, sagte Park. Fieberhaft überlegte er, was er tun sollte. Da fiel ihm etwas ein. »Der Waschbär ...«, murmelte er.

»Was für ein Waschbär, Sir?« Der Soldat am Radar sah Park verwirrt an.

»... Die Frage war nicht vollständig. Warum nur eine ... Warum nur eine ...?«

»Welche Frage?«

Park schnipste mit den Fingern. »Warum nur eine Rakete!«, rief er.

»Wie bitte?«

»Warum schicken die nur eine Rakete und nicht alle? Sie müssen doch wissen, dass sie nur diesen einen Schuss haben, bevor wir alle unsere Raketen zu ihnen schießen.«

»Wir müssen das jetzt melden!«

»Nein, wir warten noch!«

Ein Moment kann wie die Ewigkeit sein, und die Ewigkeit nur einen Moment lang. Im Universum gibt es Sterne, die Jahrmilliarden scheinen und dann innerhalb eines kosmischen Augenblicks verglühen. Die Zeit eures Lebens, Bewohner der Erde, ist im Vergleich zu all dem sehr, sehr kurz, und selbst die eines Onari nicht viel länger als ein Wimpernschlag. Darum sollten wir sie nutzen, solange wir noch in ihr sind, die Zeit, und tun, was getan werden muss, bevor wir verglühen.

Mir schien in der Dunkelheit des Bunkers eine kleine Ewigkeit vergangen, während wir uns dort an den Händen hielten, aber wahrscheinlich waren nur wenige Sekunden verstrichen, als René plötzlich sagte:

»Okay, Lucy, was ist dein Plan?«

»Ich habe keinen Plan.«

»Du hast keinen Plan, wie wir hier rauskommen? Was sollte das dann mit dem letzten Wunsch?«

»Ich weiß, dass wir hier herauskommen, aber ich weiß nicht wie.«

»Na toll«, brummte René leise, »ich verbringe mein letztes Stündlein neben einem Außerirdischen, der aussieht wie mein Vater, und einem Mädchen, das an Wunder glaubt.«

Trotzdem ließ er ihre Hand nicht los.

Wieder schwiegen wir, lauschten auf Geräusche über uns.

Da hörte ich in der Dunkelheit Tims leise Stimme:

»Kannst du nicht eine Tür öffnen, Zorro?«

»Nein«, antwortete ich, beinahe ein wenig verärgert, »das sagte ich ja bereits. Von diesem Raum aus gibt es keinen Ausgang. Wir würden wie vor einem verschlossenen Fenster sitzen.«

»Ja, ich weiß«, sagte Tim, »aber durch das Fenster käme Licht.«

Ich brauchte einen Moment, bis ich begriffen hatte.

Er hatte recht.

Die Idee war einfach.

Die Idee war genial.

Natürlich bestand die Möglichkeit, dass das Fenster sich zu einem besonders dunklen Ort auf der Erde öffnete, außerdem verbrauchte ein Öffnen ohne Ausgang mindestens das Zehnfache an Energie, sodass wir nur diesen einen Versuch haben würden. Aber was hatten wir zu verlieren? Ich richtete mein Armband auf den Eingang zum Bunker. Ein kurzes Klicken, dann sagte ich: »Sie ist offen, René, schnell!«

Die Riegel, die sich eben noch nicht bewegen ließen, riss René jetzt blitzschnell herum. Mit vereinten Kräften zogen sie alle vier die Tür auf.

Sie staunten nicht schlecht, was und vor allem wen sie auf der anderen Seite sahen. Doch zum Wundern blieb keine Zeit. Licht genug gab es nun. Blitzschnell verwandelte ich mich in ein Geisanisches Höhlennashorn. Ich drehte mich um, und riss die Tür, hinter der der Psycho-Projektor sein musste, einfach aus den Angeln. »Die Fernbedienungen, schnell!«, rief ich.

Dort war sie, die Kugel, beinahe so groß wie ein irdischer Kürbis. Sie war mit Kabeln an die Funkanlage angeschlossen. Das Ding strahlte ein pulsierendes Licht ab, und musste eine unheimliche Menge an falschen Gedanken senden können.

»Oh, mein Kopf!«, stöhnte René. »Ich glaub, er platzt gleich.«

»Feuer frei!«, brüllte ich, und hoffte inständig, dass ich mich nicht geirrt hatte, und in den Kondensatoren der umgebauten Fernbedienungen noch genügend Ladung für diesen einen, letzten Schuss war.

Vier Blitze züngelten und dann gab es ein hässliches, hohes Pfeifen, als die Kugel immer stärker vibrierte, und schließlich mit einem lauten Knall auseinanderflog.

»Es ist weg«, sagte der Soldat am Radarschirm.

Park sah ihm über die Schulter. Er rieb sich die Augen. Es stimmte. Es gab keine Rakete mehr, die auf sie zuflog.

»Hab ich ja gesagt«, sagte Spezialist Park mit gespieltem Gleichmut, »eine Störung, ein Fehlalarm.« Er war schweißgebadet.

Wir hatten uns wieder dem »Fenster« zugewandt. Es hatte sich in das Wohnzimmer einer kleinen Neubauwohnung in Ost-Marksdorf geöffnet. Die Tapeten waren auch für den hiesigen Geschmack nicht unbedingt das, was man geschmackvoll nennen konnte. Im Fernseher lief West-Fernsehen. Eine Musiksendung. Und vor dem Fernseher saß Berta, die Köchin. Sie hatte für die Grenztruppe vorgekocht und heute schon früher Feierabend gemacht. Gerade hatte sie sich in ein kleines Glas einen guten Schluck »Marksdorfer Bretterknaller« gekippt, jetzt zündete sie sich eine Zigarette an, nahm einen tiefen Zug und sagte dann etwas zu jemandem, den man nicht sehen konnte:

»Jetzt schau dir diese Flitzpiepen im Westen an! Musik nennen die das Rumgehoppe! Und wie die singen tun! Der Mann klingt wie eine Frau! So ein Gejaule! Was soll das da eigentlich heißen, was der da singt? Ju dreif mi kräsi? Was hast du gesagt? Du machst mich verrückt? Wieso mach ich dich jetzt auf einmal verrückt? Das ist Englisch und das singt der im Fernsehen? Ach so. Na, das wundert mich nicht, Erich, wirklich überhaupt nicht. Da würden wir auch verrückt werden, wenn wir so rumhüpfen würden, total verrückt würden wir alle werden.«

Und mit diesen Worten schloss sich die Tür wieder.

Doch es war nicht dunkel: Geisanische Höhlennashörner sind nämlich die einzigen Nashörner, die ich im Universum kenne, deren Nashörner zu mehr nutze sind, als die Autos oder Hoover-Gleiter von irgendwelchen Safari-Touristen zu zerbeulen. Sie leuchten, so ähnlich wie die Tentakel eurer Tiefseefische, ziemlich hell sogar.

Und so hatte ich mit meiner Verwandlung, wie ihr auf Erden sagt, gleich zwei Fliegen mit einer Klappe geschlagen. Geisanische Höhlennashörner sind nämlich auch ziemlich stark. Es machte mir jedenfalls keinerlei Mühe, die Bunkertür zu öffnen.

Zum Glück führte die letzte Tür am anderen Ende des langen Flurs von dieser Seite aus zu einem Ausgang – und so waren schließlich alle pünktlich zum Abendessen zu Hause.

»Was habt ihr den ganzen Nachmittag gemacht?«, fragte Irene ihre Kinder, als sie in der Küche in West-Marksdorf am Tisch saßen.

»Die Welt gerettet«, antwortete Tim.

»Und was noch?«

Lucy lächelte. »Reicht das nicht für einen Nachmittag?«

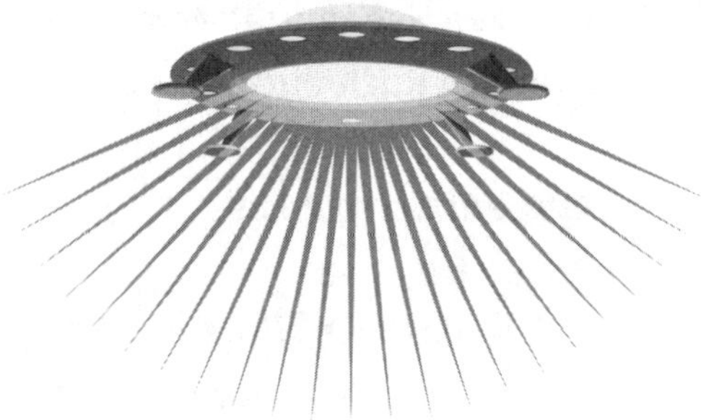

31. KAPITEL:

ABSCHIEDE UND WIEDERSEHEN

Durch die halb zugezogenen Vorhänge strömte Sonnenlicht in den Rittersaal der Burg Marksdorf. Es war wieder Samstag und draußen tauten Eis und Schnee, die Luft roch anders, der Frühling kündigte sich an.

»Bravo!«, rief ich. »Bravo! Ihr könnt stolz auf euch sein! Ihr wart einfach – unfassbar gut, ihr wart beinahe so gut ... beinahe so gut wie ich!«

Die vier lächelten, aber es war ein gequältes Lächeln. Selbst Tim ließ den Kopf hängen.

»Was ist denn mit euch los?«, fragte ich. »Ende gut, alles gut, oder? Und diesmal wirklich! Kein Scherz! Och, kommt schon, ein bisschen mehr Fröhlichkeit! He, Tim! Was lässt du den Kopf hängen? Dein letzter Einfall war genial! Er hat uns alle und euren Planeten gerettet!«

Lucy sah mich an. »Das ist ein Abschied, nicht wahr?«

Ich schaute in die Runde und nickte. »Tja, ich muss mich ...«

»... auf die Suche nach der letzten Gestalt machen?«, fragte Lucy. »Und wenn du sie schon gefunden hättest? Was dann?«

»Du meinst ... als ...? Oh, nein! Also der Zorro, ich meine, der Zorro, wie ihr ihn hier jetzt seht, das ist nur ...«

»Eine Figur aus einem Comic-Heft? Ein Mensch? Ein Mensch, der weder fliegen noch über das Wasser gehen kann, und noch nicht mal so alt wird wie eine gewöhnliche Schildkröte? Ist es das, was du sagen willst?«

»Tut mir leid, aber ich muss weiter. Das Raumschiff der Maschinisten wartet auf mich. Tausende Welten warten auf mich. Und einige davon müssen gerettet werden.«

»Es ist nicht nur das«, hob René an. »Wenn du weg bist, gibt es keine Türen mehr. Und wir werden uns erst wiedersehen, wenn wir alt und grau sind.«

Für einen Augenblick war ich völlig verwirrt. Aber so ist das manchmal, wenn man einen fremden Planeten besucht, und mehr weiß als die Ureinwohner. Man vergisst es, und denkt, sie wüssten es auch.

»Ach so!«, rief ich. »Das ist es! Wie konnte ich das vergessen? Oh, das ist kein Problem! Im nächsten Winter wird es hier keine Mauer mehr geben. Keinen Stacheldraht, keine Grenze. Nichts, was euch aufhält oder trennt.«

»Das ist Unsinn«, sagte René.

Tim schüttelte den Kopf. »Das sagst du nur so.«

»Damit wir nicht traurig sind«, meinte Lucy.

»Das glauben wir dir nicht«, sagte nun selbst Annett.

Und René fügte hinzu: »Honecker hat gesagt, die Mauer wird noch in hundert Jahren stehen.«

»Ja, ja, alte Männer und ihre Träume von Mauern. Kann ja sein, dass das nicht jedem gefällt, aber die Grenze wird verschwinden. Mit einer Wahrscheinlichkeit von 93,1%. Haben die Maschinisten berechnet. In einem Jahr wird jeder von euch von einer Seite zur anderen gehen, wie es ihm gefällt. Keine Türen mehr nötig.«

»Wer hat sich das ausgedacht?«

»Ausgedacht? Niemand. Ihr Menschen macht das einfach. Mit Mut und Zuversicht. So wie wir gestern die Welt gerettet haben.«

Und dann begann das Abschiednehmen. Wir umarmten uns und drückten uns. Alle hatten Tränen in den Augen.

Als ich vor René stand, griff ich in meinen Umhang und zog eine kleine, zusammengerollte Zeitschrift hervor.

»Hier, für dich.«

Es war der Zorro-Comic, den ich einst unter seinem Bett entdeckt hatte.

Ich deutete in Richtung der Türen: »Es ist Zeit.«

»Werden wir dich jemals wiedersehen?«, frage Tim.

»Ein altes Sprichwort in der Galaxis lautet: Wer noch lebt, sage nicht: Niemals! «

»Kommt mir irgendwie bekannt vor«, meinte Annett.

»Gut möglich«, sagte ich, »dass das schon einmal vor mir ein Reisender gesagt hat. Lebt wohl. Und passt auf euren kleinen Planeten auf!«

Und damit ging jeder von uns durch eine andere Tür zurück in seine Welt.

1989
UND WAS DANACH GESCHAH

Was bleibt noch zu erzählen? Vielleicht das:

Nicht lange nach den Ereignissen an der Grenze, von denen niemand außer den Kindern wusste, machten die Reinhardts einen Ausflug in den Zoo nach Erfurt. René betrachtete einen Panther, wie er in seinem Käfig am Gitter hin und her ging, und fragte seinen Vater, was er gemacht hätte, wäre er nicht Soldat geworden.

»Was für eine komische Frage«, sagte der Oberst, doch statt sie zu beantworten, schlug er vor, ein Eis zu essen.

Während sie im Zoo waren, durchsuchten einige Mitarbeiter der Staatssicherheit das Haus der Reinhardts, auf der Suche nach verbotenen »Druckerzeugnissen«, unter anderem über Superhelden. Aber da René sein letztes Heft heimlich mitgenommen hatte, fanden sie nichts.

Abends lag Oberst Rheinhardt wieder wach und schlaflos im Bett, und dachte über die Frage seines Sohnes nach.

Ja – was hätte er gemacht? Was hätte er gemacht, wenn nach der Sache mit Dieter seine Zeit bei den Grenztruppen vorbei gewesen wäre?

Major Binding bekam eines Abends in seinem Büro Besuch. Ein Mann in einem hellen Trenchcoat und mit einem Schlapphut saß ihm gegenüber. Er hatte graue Haut und helle Augen. Das war schon beunruhigend genug. Viel beunruhigender waren allerdings die zwei Typen, die er mitgebracht hatte und die jetzt an der Wand lehnten, beide mit seltsamen Gewehren im Arm, die aussahen wie Laserkanonen aus einem Science-Fiction-Film. Die Typen selbst ähnelten Wildschweinen! Das heißt, sie standen zwar auf zwei Beinen, hatten aber die Köpfe und die Hauer von Ebern.

»Ich bin Bruno Terraki«, sagte der Mann mit Hut, »und das, mein Freund, sind meine zwei besten Mitarbeiter. Es sind Pontrax von Toliman, und sie ballern gerne. Momentan sparen sie auf ihre erste Planetenkanone, mit denen es ihnen ein Leichtes wäre, diese mickrige blaue Murmel hier zu sprengen. Das erlaube ich ihnen natürlich nicht. Schließlich ist die Erde ein großer zukünftiger Absatzmarkt! Ihr kleinen Zweibeiner habt ein enormes Potenzial – als Kunden. Ihr kriegt den Hals nicht voll. Und was gibt es Schöneres für einen Kaufmann als einen Käufer, der nie genug haben kann? Allerdings müsst ihr Erdlinge euch auch an die Regeln halten, die für alle meine Kunden, auch die zukünftigen, gelten, verstehst du, Menschlein?«

Binding zitterte. War das ein Albtraum? War er verrückt? Wo

kamen die her? Pontrax, Toliman, Absatzmärkte, Regeln für Konsumenten? Was hatte das zu bedeuten, was wollten die?

»Was ich will? Nun, du hast da was«, fuhr Bruno Terraki fort, »das mal uns gehörte.«

Ohne seinen Blick von Terraki und seinen beiden Leibwächtern abzuwenden, griff Binding in die Schublade, und legte vorsichtig die Spionagesonde auf den Tisch.

Terraki lächelte und nickte zufrieden. »Ich sehe, du verstehst mich langsam. Und hier kommt die nächste Lektion: Wenn du nicht ernsthaften Ärger mit meinen beiden Freunden hier haben willst, dann darfst du von nun an niemals wieder an einer von unseren Sachen herumschrauben, -basteln oder bauen. Auch reparieren ist verboten! Verstanden?«

Gerd hörte an einem Freitag auf zu schweigen. Doch er erzählte Irene nichts davon, dass tatsächlich ein junger Mann im Zorro-Kostüm bei ihnen in der Wohnung gewesen war. Er wollte nicht, dass Lucy und Tim Ärger bekamen. Außerdem hatte er Angst, dass Irene ihn für verrückt halten könnte.

Dr. Drexler, der in der Kreisstadt eine Praxis betrieb, und gleichzeitig Schulpsychologe war, sprach mit Reiner und Marko. Der Fall war wirklich merkwürdig. Die beiden erzählten ihm exakt dieselbe Geschichte. Zunächst hatte er noch vermutet, die beiden hätten sich verabredet, ihm einen Streich zu spielen. Doch je länger er ihnen zuhörte, desto sicherer war er, dass Reiner und Marko wirklich glaubten, wovon sie ihm mit bebenden Lippen erzählten: Von einem Außerirdischen, der sich in einen Wolf verwandeln konnte, von Kindern, die aus der DDR einfach in den Westen spaziert waren, von magischen Digitaluhren, einem Ritter und einer Begleiterin im Kettenhemd, die Markos Spielkonsole mit Blitzen aus einer Fernsehfernbedienung zerstört und außerdem den Hund entführt hatten. Ganz klar eine gegenseitig induzierte wahnhafte Störung, eine »Folie à Deux«! Aber – auf so was muss man erst mal kommen! Er schüttelte erneut den Kopf – den Hund »entführt«, dieses Riesenvieh vom Metzger, wer sollte den denn haben wollen?

Einige Hundetagemärsche weiter nördlich, in Richtung des Polarsterns, hatte sich derweil ein sehr großer Hund auf den Fußabtreter vor die Eingangstür eines kleinen Hauses gelegt. Als die Frau, die ganz alleine in dem Haus lebte, am Morgen die Tür öffnete, um zur Arbeit zu gehen, wäre sie beinahe über ihn gestolpert.

»Wo kommst du denn her?«, wunderte sie sich, und fügte verärgert hinzu: »Hau ab, du blöde Töle, steh auf und hau ab!«

Aber der Hund stand weder auf, noch haute er ab, und als sie am Abend wiederkam, war er immer noch da, und am nächsten Morgen auch. »Hau endlich ab, du dummer Köter!«, rief die Frau. So ging das sechs Tage lang. Ab und zu stand der Hund wohl auf, um an einem nahen Bach zu trinken, doch gleich darauf war er wieder auf dem Fußabtreter.

Als die Frau am siebten Tag die Tür öffnete, lag der Hund, der mittlerweile ziemlich dürr war und sie traurig anschaute, immer noch davor.

»Also«, sagte die Frau, »dann komm halt rein. Ausnahmsweise! Du musst ja halb verhungert sein ... Aber bilde dir nicht ein, dass du auf dem Sofa schlafen kannst, oder so was!«

Da wusste der Hund, dass er angekommen war.

René fragte eines Tages in der Schule Jochen, ob er nicht einen Moment Zeit hätte, er wolle ihm was zeigen.

Gemeinsam gingen sie in die Küche. Berta, die stumme Köchin, stand wie meistens am Herd. René sagte zu Jochen: »Ich glaube, unsere Köchin, die Berta, ist nicht nur die dickste Berta weit und breit, sondern auch die versoffenste. Übrigens raucht sie wie ein Schlot, und erzählt jedem, was sie über uns gehört hat, das heißt, wenn sie mal nicht raucht, tratscht sie, sie ist ein richtiges Waschweib.« Bei »Waschweib« fuhr Berta aus der Haut: »Was fällt dir ein, du elender Lausebengel?!«

»Und außerdem«, verriet René dem verwirrten Jochen, »schaut sie gerne Westfernsehen.«

Bald schauten alle Westfernsehen und die Zeit, als man nicht von West- nach Ost-Marksdorf gehen durfte, ging zu Ende. Und bald war der Oberst auch kein Oberst mehr. Bagger kamen, und die Grenze, die er so lange bewacht hatte, wurde, bis auf ein Stückchen Mauer, das man zur Erinnerung stehen ließ, abgebaut.

Eines Abends kam René nach Hause und sein Vater saß in seinem Sessel und hielt eine kleine Medaille in der Hand. Er sah auf und schaute René lange an, bevor er sagte:

»Du hast mich doch mal gefragt, wofür ich meinen ersten Orden bekommen habe?«

René nickte.

Und dann erzählte der Oberst, der keiner mehr war, René die ganze Geschichte – auch, wie sie endete:

Nach den Schüssen auf den flüchtenden Dieter, der im Schneegestöber verschwunden war, hatten sie Renés Vater gleich abgeholt. Sie brachten ihn nicht in die Kaserne, sondern woanders hin. Es hieß nicht Gefängnis, aber es war eins. Dort wurde er in einem winzigen Raum ohne Fenster sehr lange befragt. Er sagte seinen Vernehmern immer wieder dasselbe: Als der Dieter abgehauen ist, da habe er geschossen, auf den Dieter. Aber das stimmte nicht ganz. Tatsächlich hatte er über den Dieter hinweggezielt. Und die ahnten das. Zwei Tage und Nächte lang wurde er verhört, und am Ende war er kurz davor, zuzugeben, dass er absichtlich danebengeschossen hatte. Das wäre Verrat gewesen, und er wäre ins Militärgefängnis gekommen, was schlimmer als die Hölle sein musste. Aber dann kam ein Offizier, und legte eine Zeitung aus dem Westen auf den Tisch des Vernehmers. In der Zeitung stand:

DDR-Grenzer schießt besten Freund nieder!
Rücksichtsloser Schusswaffengebrauch an der Zonengrenze! Opfer nur knapp dem Tod entronnen!

Ein Foto zeigte Dieter im Krankenhaus, mit verbundenem Oberschenkel. Nur einen Zentimeter weiter rechts, hieß es in dem Artikel, und Dieter wäre auf der Stelle verblutet. Da wurde dem Offiziersschüler Reinhardt klar, dass sein Freund sich selbst ins Bein geschossen hatte, um ihn zu schützen. Er hätte das nie gedacht, zitierte die Zeitung den Verletzten, dass sein bester Freund wirklich ohne zu zögern abdrücken würde.

»Ich hab natürlich gedacht, dass ich trotzdem Ärger bekomme«, erzählte Renés Vater und schüttelte den Kopf, »aber den bekamen andere, der Kompaniechef zum Beispiel. Mir haben sie diese Auszeichnung hier verliehen.«

Nachdenklich drehte er die Medaille um.

»Weißt du, was aus Dieter geworden ist?«, fragte René.

Einige Wochen danach stieg am Bahnhof einer kleinen Stadt tief im Westen ein großer, schwerer Mann aus dem Zug und ging den Bahnsteig entlang, bis er vor einem anderen Mann stand, der genauso alt war wie er. Lange sagten die beiden nichts. Dann sagte der Mann, der auf dem Bahnsteig gewartet hatte:

»Mensch Wolfgang, hast dich gar nicht verändert.«

Und Herr Reinhardt erwiderte: »Du auch nicht, Dieter.«

Die wenigen Menschen, die auf den nächsten Zug warteten, drehten sich zu den beiden um, einige runzelten die Stirn, einige lächelten, die meisten schüttelten verwundert den Kopf. Schließlich passierte es dort nicht jeden Tag, dass zwei große, erwachsene Männer sich in den Armen lagen, mit Tränen in den Augen, minutenlang, schweigend.

Zwei Sommer nachdem die Grenze verschwunden war, trafen sich die vier Freunde auf der Burg Marksdorf. Lucy war mittlerweile Schulsprecherin im Gymnasium, Tim war enorm gewachsen und trainierte im selben Verein Judo wie René, der Landesmeister im Schwergewicht geworden war, Annett hatte eine neue Brille bekommen und einen Vorentscheid von »Jugend forscht« gewonnen.

»Kaum zu glauben«, sagte Lucy, »hier haben wir ihn das letzte Mal gesehen.« Die vier standen in dem großen Rittersaal, durch den gerade eine Touristengruppe aus Japan geführt wurde. René blieb vor einer der Rüstungen stehen und strich mit seiner Hand über deren Helm. »Und dieses schwere Ding hier hatte ich mal auf dem Kopf!«

»Nicht berühren!«, rief der Museumsaufseher.

René drehte sich um und zwinkerte ihm zu: »Schakkalack.«

Die vier gingen zu der Tür mit dem Schild »Zur Aussichtsplattform«, und wenig später standen sie oben auf dem Burgfried. »Gerade eben dachte ich«, sagte Lucy, »wir sind am falschen Ort herausgekommen, wir sollten eigentlich ganz woanders stehen.«

»So was kenn ich. Neulich hab ich auf der Straße sogar mit Zeus, dem Hund gesprochen!«, sagte Annett.

»Und?«, fragte René.

»Er hat mich leider nur doof angeguckt. Und ich glaube, sein Besitzer hält mich jetzt für verrückt!«

Alle mussten sie lachen.

Es war früher Abend, im Osten ging bereits der Mond auf, ein heller Stern glitzerte über den Wipfeln der Bäume am Horizont.

»Immer wenn ich nicht schlafen kann«, gab Tim zu, »geh ich rüber zum Schrank und mach ihn auf, aber da sind nur meine Klamotten drin, und dann frage ich mich, ob er eines Tages wiederkommt.«

»Ja«, gestand Annett und schaute dabei zu dem einsam funkelnden Stern, »so geht's mir auch oft.«

So ging es jedem von ihnen.

Wenn es René so ging, und er abends nicht einschlafen konnte, dann holte er manchmal das Heft hervor. Wäre man dann ein Vogel, ein Rabe zum Beispiel, und würde auf einem Ast auf dem Baum vor seinem Zimmer sitzen, dann könnte man ihn dort durch das Fenster sehen: Ein nicht mehr ganz so dicker Junge, der in seinem Bett auf dem Bauch liegt, bis zum Hals in seine Decke gehüllt. In der Hand hält er eine Taschenlampe und leuchtet damit auf das Comic-Heft, das vor ihm liegt. Er hat eine Brille auf, mit dicken, schweren Gläsern, und seine Lippen bewegen sich lautlos, während er das Ende der Geschichte liest:

ZORRO – Die Legende lebt.

Die Arbeit des Autors am vorliegenden Buch wurde vom Deutschen Literaturfonds gefördert.

Zähringer, Norbert:
Zorro Vela
ISBN 978 3 522 18530 1

Einbandgestaltung: Max Meinzold
Innentypografie: Bettina Wahl
Reproduktion: DIGIZWO GbR, Stuttgart
Druck und Bindung: GGP Media GmbH, Pößneck

FSC www.fsc.org MIX Papier aus verantwortungsvollen Quellen FSC® C014496